Umschlaggestaltung: Stephan Ossenkopp/ChatGPT

Blog: ossenkopp.substack.com
Kontakt: multipolarewelt@pm.me

ISBN: 978-3-7693-5714-1

Auch als E-Book erhältlich

Stephan Ossenkopp

Die Multipolare Welt

Wie BRICS, BRI, SCO & Co die Welt umgestalten

Bibliografische Information der Deutschen Nationalbibliothek: Die Deutsche Nationalbibliothek verzeichnet diese Publikation in der Deutschen Nationalbibliografie; detaillierte bibliografische Daten sind im Internet über dnb.dnb.de abrufbar.

Verlag: BoD · Books on Demand GmbH, In de Tarpen 42, 22848 Norderstedt, bod@bod.de

Druck: Libri Plureos GmbH, Friedensallee 273, 22763 Hamburg

INHALT

Vorwort

„Immer interessant, was du über BRICS und die Neue Seidenstraße erzählst. Schreib das doch mal auf." So entstand auf Bitten eines Freundes Anfang 2024 in einem Berliner Restaurant der Blog „Die Multipolare Welt". Im Laufe des Jahres entstand eine Reihe von kleinen Reportagen, von denen 62 zunächst zu einem E-Book und dann zu diesem Taschenbuch zusammengefasst wurden. Die Reihenfolge ist chronologisch und muss im jeweiligen zeitlichen Kontext gelesen werden. Die multipolare Welt, das ist die Welt der BRICS-Staaten, der Eurasischen Wirtschaftsunion, der Vereinigung Süd- und Ostasiatischer Staaten, Zentralasiens, Afrikas und des globalen Südens insgesamt. Hier entstehen riesige Infrastrukturprojekte, technologische Durchbrüche und überdurchschnittliches Wachstum durch Handel und Industrialisierung, um die Unterentwicklung so schnell wie möglich zu überwinden.

So entstehen auch Brücken zwischen Kulturen und Systemen, die zum Teil sehr unterschiedlich sind, aber eines gemeinsam haben: Sie wollen in einer Welt leben, die gleiche Chancen für alle bietet, ohne einen Hegemon, der willkürlich eine „regelbasierte Ordnung" zu seinen Gunsten festlegt. Das bedeutet im Umkehrschluss, dass der Westen den Anspruch auf ewige Gültigkeit seiner Macht und seiner Vorstellungen vom Zusammenleben der Nationen aufgeben und einen Neuanfang wagen muss. Diese neue Multipolare Welt, die so heißt, weil die Bezugspunkte nicht auf einen einzigen Pol, den Westen, zulaufen, sondern in alle möglichen Richtungen weisen, ist dem Westen keineswegs feindlich gesinnt. Sie will keine Rache für aufgezwungene Kriege, Regimewechsel, Apartheid und Kolonialismus. Sie will diese

Phänomene als Überbleibsel einer falschen feudalen Epoche jedoch endgültig beseitigen.

Am Ende soll eine friedliche Welt stehen, in der alle Nationen den eigentlichen Auftrag der UN-Charta verwirklichen können, nämlich einen Chor gleichberechtigter Nationen zu haben, der die große Aufgabe zu bewältigen hat, weltweit alle Rückständigkeit und Armut, d.h. den Mangel an produktiven Arbeitsplätzen, Energie, Bildungs- und Gesundheitseinrichtungen usw. hinter sich zu lassen. Ob diese positive Vision, die von der überwiegenden Mehrheit der Menschheit bereits auf den Weg gebracht wurde, Wirklichkeit wird, hängt nicht zuletzt von der Antwort des Westens ab. Betrachtet er die Multipolarität der Welt durch seine berüchtigte neurotische Brille als Bedrohung, kann es leicht zu einem unabsehbaren Chaos mit ungewissem Ausgang für alle kommen. Unternimmt der Westen jedoch ernsthafte Schritte, um im Dialog mit der Mehrheit der Menschheit Anknüpfungspunkte für eine Zusammenarbeit zu finden, könnte eine Epoche anbrechen, die alles in den Schatten stellt, was die Vergangenheit an Renaissancen und Friedenszeiten hervorgebracht hat.

Dieses Buch soll nur eine erste Neugier wecken. Neugierige Menschen wollen Wissen. Und wir im Westen wissen noch so gut wie nichts über die Multipolare Weltordnung.

Stephan Ossenkopp
23. Dezember, 2024

Ägyptens BRICS-Perspektive

Das neue BRICS-Mitglied Ägypten im Fokus von China und Russland

28. Januar, 2024

Seit dem 1. Januar 2024 ist der nordafrikanische Staat Ägypten Mitglied der BRICS und damit eines von fünf neuen Mitgliedern dieser wachsenden Gruppe von Schwellenländern. Ägypten hat mehr als 110 Millionen Einwohner und eine Fläche von mehr als einer Million Quadratkilometern. Die Hauptstadt Kairo ist die größte afrikanische und arabische Metropole.

Ägyptens Wirtschaft basiert vor allem auf Landwirtschaft, Tourismus, Erdöl, Erdgas und dem Suezkanal. Das Land ist der größte Baumwollproduzent Afrikas und der zweitgrößte Orangenexporteur der Welt. Die wichtigsten Handelspartner sind China, die USA, die EU und die Golfstaaten.

Insofern sind die ersten Schritte, die die BRICS-Partnerländer im Rahmen der neuen Mitgliedschaft Ägyptens unternehmen werden, von besonderer Bedeutung. Der Beitritt Ägyptens zur BRICS-Gruppe kam nicht völlig überraschend: Ägypten ist seit März 2023 Mitglied der von den BRICS gegründeten New Development Bank (NDB) und will dort verstärkt Anleihen auf den BRICS-Märkten begeben und Entwicklungsfinanzierung zu günstigeren Konditionen erhalten.

Der ägyptische Finanzminister Mohammed Maait sprach davon, dass Ägypten eine langfristige Beziehung mit der New Development Bank anstrebe, gerade angesichts der jüngsten Herabstufung der Kreditwürdigkeit Ägyptens durch die in

Washington ansässige Ratingagentur Standard and Poor's. Denn die Finanzierung von Krediten auf den westlich dominierten Finanzmärkten werde immer teurer.

Umso wichtiger ist es, dass sich die ägyptische Ministerin für Planung und wirtschaftliche Entwicklung, Hala El-Said, am 25. Januar mit der Direktorin der NDB, der ehemaligen brasilianischen Präsidentin Dilma Rousseff, getroffen hat. Frau Rousseff soll sich optimistisch über das Kooperationspotential geäußert haben. Ägypten will sich vor allem darauf konzentrieren, öffentliche Investitionen in die weniger entwickelten Regionen und Gemeinden zu lenken, um den Lebensstandard und den Zugang der Bevölkerung zu öffentlichen Dienstleistungen deutlich zu verbessern.

Die Energiekooperation mit der Russischen Föderation ist ein weiterer entscheidender Faktor für die Mitgliedschaft Ägyptens bei den BRICS: Erst kürzlich nahmen der ägyptische Präsident Abdel Fattah al Sisi und der russische Präsident Vladimir Putin an einer Zeremonie zum Startschuss für die Arbeiten am vierten Reaktorblock des von Russland gebauten Kernkraftwerks Dabaa teil.

Da Preisschwankungen im Energiesektor Länder wie Ägypten und andere Schwellen- und Entwicklungsländer besonders hart treffen, sieht Präsident al Sisi in dem gemeinsam mit Russland entwickelten Nuklearprogramm eine besonders sichere, preiswerte und langfristige Energieversorgung für die Zukunft Ägyptens. Der russische Präsident betonte zudem, dass das Kernkraftwerk Dabaa enorme positive Auswirkungen auf die ägyptische Wirtschaft haben werde. Russland kooperiere mit Ägypten auch im Lebensmittelbereich, vor allem in der neu errichteten Industriezone am Suezkanal. Russland hat die

Aufnahme Ägyptens in die BRICS-Gruppe von Anfang an unterstützt.

Anfang des Jahres besuchte auch der chinesische Außenminister Wang Yi Ägypten als erste Station seiner Afrikareise. China möchte gerne die Beziehungen zu Ägypten zu einem Modellfall nicht nur für die Zusammenarbeit innerhalb der BRICS-Gruppe, sondern auch für die Beziehungen zwischen China und Afrika und China und der arabischen Welt machen.

Mitte Februar wird der brasilianische Präsident Lula da Silva im Rahmen seiner Afrikareise Ägypten einen ersten Besuch abstatten. Anschließend wird er ein weiteres BRICS-Land, Äthiopien, besuchen.

Etwas Gescheites aus dem Westen

Ein Team von Forschern in den USA sagt die Wahrheit über die BRICS-Länder

30. Januar, 2024

Manchmal erreichen uns überraschend scharfsinnige Botschaften aus westlichen Quellen, wie in diesem Fall von der Tufts University, einer privaten Forschungsuniversität in der Nähe von Boston in den USA. Dort hat man eine spezielle Task Force eingerichtet, die sich mit den BRICS und dem Phänomen aufstrebender Mächte beschäftigt. Bereits zum letzten BRICS-Gipfel in Südafrika im Sommer 2023 veröffentlichten die Forscher dieser Bostoner Task Force Ergebnisse, die der Regierung und einigen Hardlinern in den etablierten Institutionen in Washington zuwiderliefen.

Mihaela Papa und andere Autoren machten zwar deutlich, dass die BRICS-Gruppe in den Augen derer, die die uneingeschränkte Fortsetzung der globalen Führungsrolle der USA beanspruchen, überwiegend negativ wahrgenommen wird. Die BRICS würden die Strategie des Weißen Hauses, Russland durch Sanktionen zu schwächen, unterlaufen und die Dominanz des US-Dollars als Weltreservewährung Stück für Stück anfechten. Gerade die Erweiterung der BRICS wäre dem Herrschaftsanspruch der US-Führung deshalb ein Dorn im Auge.

Doch eine mehrjährige Untersuchung von Papa, Zhen Han und Frank O'Donnell im Rahmen des "Rising Power Alliances Project" habe gezeigt, dass die gängige Sichtweise, die BRICS seien beispielsweise eine von China dominierte Gruppe, völlig falsch sei. Vielmehr seien die BRICS ein Bündnis von Ländern, die gemeinsame Interessen wie Entwicklung und das Streben nach einer multipolaren Weltordnung ohne die Dominanz einer einzelnen Macht verfolgten.

Studien über die Anfänge der BRICS würden zeigen, dass sie sich als Brücke zwischen der industrialisierten Welt und den Entwicklungsländern positioniert hätten. Die BRICS hätten sich nie antiamerikanischer Rhetorik bedient und seien immer ein Forum für Ideen und nicht für Ideologien gewesen.

Die Tufts University hat sogar einen Index entwickelt, um den Grad der Konvergenz der BRICS-Staaten zu messen: In 47 Politikfeldern, die zwischen 2009 und 2021 untersucht wurden - zum Beispiel Wirtschaft, Sicherheit und Entwicklung - konnte man eine Vertiefung der Konvergenz und eine verstärkte Zusammenarbeit feststellen, vor allem bei der industriellen Entwicklung und im Finanzwesen.

Eine weitere Erkenntnis: die Konvergenz der BRICS-Staaten habe nicht automatisch zu größeren Spannungen mit den USA geführt. Es sei auch widerlegt worden, dass die BRICS von China dominiert oder getrieben würden, viele der chinesischen Ideen wie ein Freihandelsabkommen innerhalb der BRICS hätten keine Unterstützung bei den anderen Mitgliedern gefunden.

Ein Zäsurpunkt sei 2015 unter der BRICS-Präsidentschaft Russlands eingetreten, als die Sanktionen gegen Moskau massiv verschärft wurden und die Russische Föderation sich ihrerseits verstärkt China zuwandte und die BRICS als alternative Referenzgruppe zu westlichen Institutionen und Märkten ausloten wollte.

Darüber hinaus hätten die BRICS ihre Bemühungen verstärkt, den Dollar als Handelswährung zugunsten der nationalen Währungen ihrer Mitgliedsländer zu ersetzen. Dies geschehe jedoch nicht, um den Dollar anzugreifen und seine Position als Weltreservewährung zu schwächen, sondern, um die wirtschaftliche Zusammenarbeit der BRICS-Länder zu erleichtern.

Die Sanktionen des Westens gegen russische Banken und der Ausschluss Russlands aus dem Zahlungsverkehrssystem SWIFT haben diese Entwicklung natürlich massiv beschleunigt. Auch die angedrohte Beschlagnahmung von Auslandsguthaben und Devisen, die Russland, der Staat und russische Staatsbürger im Ausland halten, hat diese Entwicklung enorm forciert. Dies sind jedoch Entwicklungen, die den BRICS nachträglich aufgezwungen wurden und rational nachvollziehbar sind.

Die Studien und Papiere dieses Forschungsteams um Mihaela Papa sind jedenfalls einen Blick wert. Sie stehen in deutlichem Kontrast zur Anti-China- und Anti-Russland-Rhetorik Washingtons. Es zeigt auch, dass nicht alle Forschungseinrichtungen in den USA und anderswo im Westen die sich formierende multipolare Welt als Bedrohung oder gar als Feind sehen und dass es wichtig wäre, den vernünftigen Stimmen im Westen mehr Gehör zu verschaffen.

Kurzer Blick nach Moskau

Erstes BRICS-Treffen 2024 in der russischen Hauptstadt

1. Februar, 2024

In der russischen Hauptstadt Moskau kommen derzeit die Unterhändler der BRICS-Staatengruppe, auch Sherpas genannt, zu ihrem ersten Gipfeltreffen zusammen. Ich habe mir die rund einstündige Eröffnungsrunde angesehen und fasse hier einige wesentliche Punkte zusammen:

Nach der Begrüßung durch den russischen Außenminister Sergej Lawrow übernahm der stellvertretende russische Außenminister Sergej Rjabkow den Vorsitz. Mit der Aufnahme von fünf neuen Mitgliedern war der Runde Tisch deutlich angewachsen. Saudi-Arabien fehlte allerdings noch. Rjabkow erwähnte Saudi-Arabien trotzdem explizit in der Liste der neuen Mitglieder, obwohl es in der letzten offiziellen Stellungnahme aus Riad vor einer Woche noch hieß, das Land überdenke die Angelegenheit.

Rjabkow betonte in seiner Einführung die Bedeutung der Zusammenarbeit der BRICS-Staaten in Bereichen wie Handel, Finanzen, Technologie, Sicherheit und Weltraum und schlug vor, die Verwendung nationaler Währungen und die Nutzung künstlicher Intelligenz innerhalb der BRICS zu fördern.

Der Vertreter Südafrikas, Professor Anil Sooklal, betonte, dass in einer stark fragmentierten globalen Welt die Stärkung und Reform des Multilateralismus durch die BRICS enorm wichtig sei; die Weltgemeinschaft und insbesondere der globale Süden blickten auf die BRICS, die in dieser Schicksalsstunde der Menschheit eine entscheidende Führungsrolle übernommen hätten; die BRICS, so Sooklal, würden eine neue internationale Ordnung schaffen, die gerecht, fair und inklusiv sei, damit der globale Süden nicht ständig an den Rand der Weltgemeinschaft gedrängt werde.

Ahmed Al Badawi vom Außenministerium der Vereinigten Arabischen Emirate betonte, dass sich die VAE als neues Mitglied für Handel und kulturellen Austausch zwischen den BRICS-Ländern im Nahen Osten und denen in Afrika einsetzen wollen.

Ana Maria Bierrenbach aus Brasilien verwies auf die umfangreiche Agenda von über 250 Treffen, die unter der BRICS-Präsidentschaft Russlands geplant sind und zu bedeutenden Fortschritten in den Bereichen Wissenschaft, Technologie, Gesundheit und finanzielle Zusammenarbeit führen werden.

Der stellvertretende chinesische Außenminister Ma Zhaoxu sagte, sein Land werde sich gegen Unilateralismus und Protektionismus stellen und alle Maßnahmen des De-Coupling und De-Risking ablehnen. China wolle auch den Bereich der Künstlichen Intelligenz besonders fördern und erwäge die Einrichtung eines KI-Entwicklungs- und Kooperationszentrums für die BRICS-Staaten mit Sitz in China.

Vize-Außenminister Ragui El-Etreby aus der Arabischen Republik Ägypten bedankte sich insbesondere bei Russland und

China für die Aufnahme seines Landes. Ägypten wolle sich in allen Gremien und Arbeitsgruppen der BRICS einbringen, um die Zusammenarbeit in den Bereichen Investitionen, Handel, industrieller Fortschritt, Verbesserung des Seeverkehrs und der Logistik zu vertiefen und die großen Herausforderungen in den Bereichen Energie und Umwelt anzugehen.

Der Gouverneur der Nationalbank Äthiopiens, Mamo Mihretu, erklärte, es sei die wichtigste Priorität für sein Land, die wirtschaftliche Partnerschaft und das historische Band der Freundschaft und Solidarität mit den BRICS-Staaten zu stärken. Kooperativer Multilateralismus sei für Äthiopien in den Bereichen Gesundheit, Bildung, Wissenschaft, Landwirtschaft und Technologie besonders wichtig.

Der Sekretär des Außenministeriums der Republik Indien, Herr Abishkek Singh, begrüßte die neuen Mitglieder in der BRICS-Familie und fügte hinzu, dass die neuen Mitglieder eine verstärkte Stimme des globalen Südens bildeten und durch Konsultationen und die Förderung des gegenseitigen Verständnisses, des gegenseitigen Respekts und der Gleichberechtigung ein Markenzeichen für die BRICS-Länder geschaffen hätten.

Irans stellvertretender Außenminister Mehdi Safari erklärte, die BRICS wollten für eine gerechtere, demokratischere und multilaterale Welt arbeiten und den Wohlstand der Menschen in ihren Ländern sichern. Er dankte Russland für die hervorragende Gastfreundschaft und fügte hinzu, der Iran wolle sich besonders in den Bereichen Wirtschaft, Finanzen, politische Sicherheit und zwischenmenschlicher Austausch engagieren. Auch die Stärkung der New Development Bank sei ein besonderer Fokus des Landes.

Die Gouverneurin der russischen Zentralbank, Elvira Nabiullina, stellte derweil in einem ausführlichen Interview mit Sputnik International die Gründung einer neuen supranationalen Ratingagentur unter den BRICS-Mitgliedern und den Kampf gegen Geldwäsche vor.

Äthiopien bei den BRICS: Last oder Gewinn?

Was bedeutet die neue Mitgliedschaft Äthiopiens bei den BRICS?

2. Februar, 2024

Äthiopien - war das nicht das von Bürgerkriegen und Armut gebeutelte Entwicklungsland? So jedenfalls hat es sich nachhaltig in die hierzulande verbreitete Wahrnehmung eingeprägt. Vieles daran ist sicher richtig, aber es ist nicht die ganze Wahrheit. Und nun ist Äthiopien auch noch in das rasant wachsende und global immer wichtiger werdende BRICS-Bündnis aufgenommen worden. Wird das Land deren Entwicklung bremsen oder fördern?

Die Deutsche Welle berichtete am 10. Januar, dass Äthiopiens erste Tage als BRICS-Mitglied alles andere als sorgenfrei seien und das Land einen schwierigen Start in die neue Ära habe. Zu den Rückschlägen zählten die Herabstufung der Kreditwürdigkeit und die notwendigen Hilfspakete des IWF. Gleichzeitig jedoch wird der äthiopische Finanzminister zitiert, der bei einem Auftritt im chinesischen Staatsfernsehen sagte, Äthiopien wolle die Beziehungen zu seinen neuen Partnern, deren Wirtschaft so schnell wachse, massiv ausbauen.

Susanne Stollreiter von der Friedrich-Ebert-Stiftung in der äthiopischen Hauptstadt Addis Abeba wird mit den Worten zitiert: "Äthiopien ist geopolitisch sehr wichtig und hat mit seiner großen Bevölkerung auch in Zukunft viel Potenzial für ein schnelles Wirtschaftswachstum". Wichtiger Verbündeter Äthiopiens seien die Vereinigten Arabischen Emirate, ebenfalls ein neues BRICS-Mitglied. Mit China, Brasilien und Südafrika unterhalte das Land bereits seit Jahren gute Beziehungen, so dass neue Handels- und Investitionspartnerschaften aufgebaut werden könnten.

Ein Experte der Konrad-Adenauer-Stiftung, Lukas Kupfernagel, erklärt, dass die Mitgliedschaft Äthiopiens in der von den BRICS gegründeten New Development Bank (NDB) das Land zunehmend aus der Abhängigkeit des IWF führen könnte, da die NDB Kredite ohne politische Konditionalität vergebe. "Dann ändert sich natürlich die Gemengelage", so Kupfernagel.

Einen noch differenzierteren Ton schlägt der Diplomat Gurjit Singh an, der am 25. Januar einen bemerkenswerten Beitrag für die Observer Research Foundation in der indischen Hauptstadt Neu-Delhi schrieb: Äthiopien sei ursprünglich ein Liebling der USA gewesen, weil es sich für den Kampf gegen den Terrorismus in Somalia habe instrumentalisieren lassen. Inzwischen hätten die USA das Land aber fallen gelassen und die über eine halbe Milliarde Dollar an jährlichen Exporten in die USA seien in Gefahr. Äthiopien müsse sich nun andere Optionen sichern.

Der äthiopische Premierminister Abiy Ahmed Ali habe sich eindringlich an Südafrika gewandt, das 2023 die BRICS-

Präsidentschaft innehatte. Mit dessen Unterstützung konnte Äthiopien in die Mitgliederliste aufgenommen werden.

Äthiopien ist das zweitbevölkerungsreichste und flächenmäßig das zehntgrößte Land Afrikas. Singh schreibt, dass Äthiopiens Wirtschaft nach zwei Jahren bewaffneten Konflikts mit der Provinz Tigray ruiniert sei und die Friedensgespräche in Tansania noch keinen Durchbruch gebracht hätten.

Die Strategie Äthiopiens, sein Heil in den BRICS und damit in der schnell wachsenden Gemeinschaft des globalen Südens zu suchen, ist daher nur allzu verständlich. Gurjit Singh, der übrigens auch Indiens Botschafter in Berlin war, kommt zu dem Schluss, dass Äthiopien in der jetzigen Situation Entwicklungshilfe, Schuldenerlass und ausländische Direktinvestitionen brauche.

Es bleibt zu hoffen, dass Äthiopien für seine Herausforderungen die volle Unterstützung der New Development Bank, Chinas, Russlands, Indiens, der Vereinigten Arabischen Emirate und Saudi-Arabiens erhält. Es wäre wünschenswert, wenn sich das in Deutschland und anderswo im Westen verankerte Bild Äthiopiens als ewig armes und konfliktreiches Land schnell revidieren würde. Deutschland könnte die Bemühungen Äthiopiens um wirtschaftliches Wachstum und Investitionen in Infrastruktur und Modernisierung unterstützen, aber dazu bedarf es einer veränderten Wahrnehmung der Weltlage in Berlin.

Lawrows beste Rede

Sergei Lawrow hielt beim jüngsten BRICS-Treffen eine außergewöhnliche Rede

3. Februar, 2024

Die Rede des russischen Außenministers Sergei Lawrow vor den BRICS-Sherpas am 31. Januar in Moskau war ein Musterbeispiel an Scharfsinn und kluger Einschätzung der aktuellen geopolitischen Lage. Der weltweit wohl einzigartige Diplomat formulierte eine nüchterne Analyse des Versagens des kollektiven Westens und zugleich eine optimistische Perspektive für die Zukunft der BRICS und der globalen Mehrheit.

500 Jahre lang, so Lawrow, habe der Westen seine Privilegien und seine Vormachtstellung genossen. Durch seine Kolonialkriege und die Ausbeutung anderer Nationen sei eine "Goldene Milliarde" entstanden, die ihren Wohlstand und ihre Macht für selbstverständlich halte. Diesen Status wolle der Westen heute um jeden Preis verteidigen.

Doch die BRICS-Agenda, so Lawrow, beziehe sich auf objektive Prozesse einer tiefgreifenden Transformation der internationalen Beziehungen. Sie spiegele die Entwicklung hin zu einer demokratischeren und gerechteren multipolaren Welt wider, die kulturelle und zivilisatorische Vielfalt respektiere und das Recht jeder Nation auf Selbstbestimmung garantiere.

Alle bisherigen Bemühungen, den Ukraine-Konflikt auf dem Verhandlungsweg zu lösen, seien von der NATO und dem kollektiven Westen kategorisch abgelehnt worden; sowohl die Dokumente Chinas, Südafrikas und Brasiliens als auch die gemeinsame Position Russlands und einiger afrikanischer Staaten, die im Juli 2023 in Sankt Petersburg vorgestellt wurden, seien vom Westen nicht zur Kenntnis genommen worden. Stattdessen, so Lawrow, habe man in kolonialistischer und imperialistischer Manier die strategische Niederlage Russlands sowohl wirtschaftlich als auch auf dem militärischen Schlachtfeld gefordert und betrieben und gleichzeitig an der Eindämmung Chinas gearbeitet.

Die enormen Summen, die Washington in seinen europäischen Satellitenstaaten für die Aufrüstung antirussischer Kräfte ausgegeben habe, stünden in krassem Gegensatz zu den vergleichsweise bescheidenen Mitteln, die der Westen dem globalen Süden für die Entwicklung und den Kampf gegen Armut und Hunger zur Verfügung stelle. Doch die Absicht, die alte Ordnung aufrechtzuerhalten, sie werde keine Früchte tragen, machte Lawrow deutlich.

„Wir sind Zeuge, wie die globale Mehrheit - die Staaten Eurasiens, des asiatisch-pazifischen Raums, des Nahen Ostens, Afrikas, Lateinamerikas und der Karibik - eine stärkere Stimme im Weltsystem einnimmt. Die meisten dieser Länder drängen darauf, dass ihre nationalen Interessen und ihre Identität anerkannt werden. Sie streben nach echter strategischer Unabhängigkeit, und zwar nicht in Isolation, sondern in Kooperation mit anderen freien und unabhängigen Staaten, die das Völkerrecht respektieren. Mit anderen Worten: Ihre nationalen Interessen haben jetzt Vorrang vor den Launen der alten Machtzentren." (Sergej Lawrow)

Der russische Außenminister machte auch deutlich, dass sich nicht nur die politischen Aktivitäten, sondern auch der Handel und die Investitionen vom euro-atlantischen Raum nach

Eurasien und in den asiatisch-pazifischen Raum verlagern. Deshalb sei das Motto der diesjährigen russischen BRICS-Präsidentschaft: Stärkung des Multilateralismus für eine gerechtere globale Entwicklung und Sicherheit. Russland sehe die BRICS als Prototyp einer multipolaren Welt.

Die Zahlen sprächen für sich: Das Bruttoinlandsprodukt der BRICS-Staaten erreicht gemessen an der Kaufkraftparität etwa ein Drittel des weltweiten Wertes und hat damit die G7-Staaten überholt; die BRICS-Staaten machen 30 Prozent der Landmasse und 45 Prozent der Weltbevölkerung aus; sie verfügen über einen substanziellen Anteil an der weltweiten Ölproduktion und andere Ressourcen mit diesem enormen Potenzial. "Wir können nicht passive Beobachter oder Mitläufer dieses historischen Prozesses sein", so Lawrow, "vor allem angesichts der Hoffnungen, die die Länder des globalen Südens und Ostens in die BRICS gesetzt haben". Die Gruppe habe die Fähigkeit, eine globale Agenda zu gestalten, indem sie konsequent die Interessen der globalen Mehrheit vertrete.

Die besondere Eindringlichkeit und Klarheit, mit der Außenminister Lawrow seine Thesen zur geopolitischen Weltlage vortrug, macht deutlich, dass das diplomatische, intellektuelle und zivilisatorische Schwergewicht längst auf der Seite der BRICS und ihrer Partner liegt.

Vergleicht man Lawrows Moskauer Rede mit den hohlen Phrasen, die in vielen politischen Zentren der EU und Angloamerikas von sich gegeben werden, so erfüllt einen die zunehmende Sinnentleerung westlicher Politik mit Entsetzen.

Hoffentlich wird der moralische und intellektuelle Bankrott westlicher Spitzenpolitiker und Diplomaten zu einem Erneuerungsprozess westlicher Politik führen; dazu muss der Kontrast zwischen der "Goldenen Milliarde" und der "Globalen Mehrheit" deutlicher gemacht werden.

Das Anachronismus-Syndrom

Die globale Mehrheit drängt auf Gleichberechtigung, der Westen muss umdenken

6. Februar, 2024

Professor Kerem Alkin brachte es neulich auf den Punkt: Das Modell der „Patronage" des Westens gegenüber den Entwicklungsländern, das nach dem Zweiten Weltkrieg und während des Kalten Krieges die Weltordnung dominierte, habe sein Verfallsdatum überschritten. Der in der Türkei geborene Alkin ist seit März 2021 Ständiger Vertreter der Türkei bei der 1961 gegründeten OECD (Organisation für wirtschaftliche Zusammenarbeit und Entwicklung).

In einem Meinungsbeitrag in der türkischen Tageszeitung Daily Sabah vom 30. Januar schrieb Botschafter Alkin: "Die Entstehung einer multipolaren Welt mit verschiedenen Machtzentren ist offensichtlich. Aber das anhaltende Vertrauen der dominierenden Persönlichkeiten des globalen Nordens in ein veraltetes Verständnis des globalen wirtschaftspolitischen Systems deutet auf ein Anachronismus-Syndrom hin." Eine brillante Formulierung.

In den 25 Jahren nach dem Ende des Kalten Krieges, so Alkin, habe man an die ewige Beständigkeit einer unipolaren Welt geglaubt. Doch in den knapp 20 Jahren danach sei die Erkenntnis gewachsen, dass der globale Süden eine unverzichtbare Rolle zu spielen habe. In allen Organisationen der Vereinten Nationen - der WTO, der ILO, des IWF, der Weltbank - sei der Druck zu spüren, den einst dominierenden Einfluss des globalen Nordens zurückzudrängen. Einseitige Positionen hätten keine Gültigkeit mehr. Wer sich dieser fundamentalen Wahrheit verschließe, leide an genau jenem Anachronismus-Syndrom, so Alkin. Die Rolle der Türkei sei es indes, sich für einen robusten Dialog und ein Netzwerk zwischen dem globalen Norden und dem globalen Süden einzusetzen.

Dies, so der an der Istanbuler Medipol Universität ausgebildete Professor Alkin, gelte umso mehr in einer zukünftigen Weltwirtschaft, in der die Bevölkerung Afrikas bis zum Jahr 2100 auf 4,4 Milliarden Menschen anwachsen und damit 39 Prozent der Weltbevölkerung ausmachen werde, und in der der wachsende Einfluss des asiatisch-pazifischen Raums und Afrikas im globalen wirtschaftlichen und politischen System eine unbedingte Neustrukturierung der Weltordnung erfordere.

Professor Alkins polemischer Feststellung ist voll und ganz zuzustimmen: Während bei uns immer noch die Erklärungen der G7-Staaten, die Verlautbarungen aus Washington, London, Brüssel, Paris und Berlin zum Maßstab genommen werden, sollte man den Blick auf die Perspektive des globalen Südens, auch globale Mehrheit genannt, richten.

Wer hat sich hierzulande schon einmal mit der Gruppe der 77 (G77) beschäftigt, der immerhin 134 Mitgliedsstaaten angehören? Wer bitte berichtet in den deutschen Medien über den jüngsten erfolgreichen Gipfel der Blockfreien Bewegung, die ebenfalls 121 Mitgliedsländer hat? Interessieren wir uns überhaupt für die Pressekonferenzen der Kabinettsmitglieder der BRICS-Staaten? Die Diagnose von Professor Alkin scheint zu stimmen: Im

Westen will man die Zeit anhalten oder gar zurückdrehen, hin zu einer Welt, in der sie das Sagen haben und alle anderen sich fügen. Ein unmögliches Unterfangen.

Das erste Ministertreffen der Gruppe der 77 fand übrigens vom 10. bis 25. Oktober 1964 in Algier statt, wo die Charta von Algier verfasst wurde, ein Dokument, das die Prinzipien der Einheit, der Zusammenarbeit und der Solidarität der Entwicklungsländer festschrieb. Man einigte sich darauf, wirtschaftliche und soziale Entwicklung anzustreben.

Später ging die Gruppe der 77 eine strategische Allianz mit China ein. So fand im April 2000 in der kubanischen Hauptstadt Havanna das erste Treffen der Gruppe der 77 mit China, auch Gipfel des Südens (South Summit) genannt, statt. Das zweite G77-China-Treffen fand im Juni 2005 in Doha, Katar, statt. Und von der westlichen Medienlandschaft weitgehend ignoriert, trafen sich die G77 und China vom 21. bis 22. Januar 2024 in Kampala, der Hauptstadt der Republik Uganda. Die G77 bilden zusammen mit China die größte Ländergruppe in der Generalversammlung der Vereinten Nationen.

Im Abschlussdokument des Gipfels von Kampala bekräftigten die Mitgliedsstaaten ihren Respekt für die Prinzipien der Charta der Vereinten Nationen und des Völkerrechts. Die Notwendigkeit der Achtung der Prinzipien der Gleichheit aller Staaten, der nationalen Souveränität, der territorialen Integrität, der politischen Unabhängigkeit der Nationen, einschließlich des Verbots der Einmischung in die inneren Angelegenheiten. Das Recht auf Selbstbestimmung der Völker, die unter Kolonialherrschaft, Besatzung oder anderen Formen der Herrschaft fremder Mächte leben, wurde ebenfalls bekräftigt.

Diese 134 Staaten hatten auch den Mut, Israel als Besatzungsmacht des palästinensischen Territoriums, einschließlich Ost-Jerusalems, wegen seiner Menschenrechtsverletzungen zu verurteilen. Sie prangerten die schreckliche humanitäre Katastrophe an, die gravierenden sozioökonomischen Zustände, einschließlich der weit verbreiteten extremen Armut und des beispiellosen Ausmaßes an Gewalt an der palästinesischen Zivilbevölkerung. Sie verurteilten ebenso die Zerstörung und Vernichtung von Leben, der zivilen Infrastruktur, des Gesundheitswesens, des Wasser- und Energiesektors und der Kommunikationssysteme. Klar ist: die überwältigende Mehrheit der Menschheit lehnt das Vorgehen Israels gegen die Palästinenser ab.

Die Dokumente des Gipfels des Südens lesen sich wie eine Antithese zur sogenannten regelbasierten Ordnung, die die Spitzen der EU und der angloamerikanischen Welt aufrechterhalten wollen. Hinter diesem Begriff verbirgt sich ein willkürliches, widersprüchliches und von Doppelstandards geprägtes Regelwerk, dessen Interpretation allein der Westen bestimmt und dessen Vorteile allein dem globalen Norden zugute kommen.

Die 156 Artikel der Abschlusserklärung des South Summit können hier bei weitem nicht vollständig wiedergegeben werden. Ein genaues Studium des Dokuments sollte allen am Pluralismus und an einer friedlichen Weltordnung Interessierten, vor allem im Westen, als Leitfaden dienen.

Antonio Guterres, der Generalsekretär der Vereinten Nationen, bewies immerhin Weitblick, als er in seiner Rede in Kampala sagte: "Dieser Gipfel ist die Stimme des globalen Südens, und eines meiner Hauptziele ist es, dafür zu sorgen, dass wir die internationalen Institutionen reformieren, damit der globale Süden die Bedeutung erhält, die der heutigen Realität entspricht".

Es liegt nicht im Interesse Deutschlands, ebenfalls im Anachronismus-Syndrom zu verharren: Deutschland sollte sich nicht der Aufrechterhaltung einer überholten, auf willkürlichen Regeln basierenden Ordnung verschreiben und die damit verbundene Gewalt, Konflikte, Kriege und Vertreibungen dulden oder gar fördern. Der Druck auf Deutschland, im Interesse des globalen Südens zu handeln, wird von Tag zu Tag größer, ob Berlin das zur Kenntnis nimmt oder nicht.

Anfang vom Ende des Dollars?

Die Entdollarisierung des Welthandels schreitet unaufhaltsam voran.

7. Februar, 2024

Die einen fürchten sie als gewaltiges Erdbeben, die anderen sehnen sie als Rettungsanker herbei. Die Abkoppelung von Teilen der Weltwirtschaft vom Dollar als Handelswährung nimmt deutlich an Fahrt auf.

Der Anteil der Zahlungen Russlands in nationaler Währung mit den BRICS-Ländern ist bereits auf 85% hochgeschnellt. Vor zwei Jahren waren es noch 26%, so die Chefin der russischen Zentralbank Elwira Nabiullina. Gleichzeitig hat sich der Handel Russlands mit den BRICS-Ländern in den letzten zwei Jahren von 20% auf 40% verdoppelt.

Für Russland ist die De-Dollarisierung vor allem eine Folge der Sanktionen des Westens gegen die russische Wirtschaft: Die US-Notenbankchefin Janet Yellen hatte damals angekündigt, dass Russland ab 2022 keinen Zugang mehr zu seinen internationalen Dollar-Devisen und zum internationalen Zahlungssystem SWIFT haben würde, was die Fähigkeit Russlands zur Finanzierung seiner Militäraktionen erheblich einschränken würde, so jedenfalls das Kalkül der US-Regierung.

Heute bezahlt Russland ein Viertel seines internationalen Handels mit dem chinesischen Yuan. Der bilaterale Handel mit China wird fast ausschließlich in Rubel und chinesischer Währung abgewickelt, und auch in anderen BRICS-Staaten wie dem Iran, den Vereinigten Arabischen Emiraten oder Saudi-Arabien wird ein wachsender Anteil der Zahlungen in anderen Währungen als dem Dollar abgewickelt.

Der Anteil des Dollars als Reservewährung der internationalen Zentralbanken ist auf unter 60% gefallen. Der Anteil der USA am Welthandel ist in den letzten 20 Jahren von über 20 % auf heute etwa 15 % gesunken, während der Anteil Chinas an der Weltwirtschaft von unter 9 % auf über 18 % gestiegen ist: All dies sind keine kurzfristigen Ausreißer, sondern ein gewaltiger und unumkehrbarer globaler Trend, ein Paradigmenwandel in Zeitlupe.

Zuletzt wurde bekannt, dass das russische Zahlungssystem SPFS 159 Partner in 20 Ländern gewonnen hat. Laut Nabiullina ist geplant, das russische SPFS-System mit ähnlichen Finanzinfrastrukturen in anderen Ländern zu verknüpfen. Dies wäre eine ernstzunehmende Alternative zum bisher dominierenden SWIFT.

Die Zusammenarbeit im Finanzsektor spielt bei den BRICS eine besonders wichtige Rolle. Die Gründung der New Development Bank war ein wichtiger Schritt in diese Richtung. Das bisher vom Westen, vor allem den USA, dominierte Monopol der Kreditvergabe an Entwicklungsländer hat damit eine Alternative bekommen.

In einer multipolaren Welt geht es nicht darum, eine neue Form der Dominanz zu schaffen, sondern darum, dass alle souveränen Nationen gleichberechtigt miteinander Handel treiben können und jeder seinen eigenen Vorteil daraus zieht. Die zu starke Dominanz des US-Dollars hatte zur Folge, dass Amerika einen riesigen Wasserkopf der Finanzwirtschaft aufbaute und gleichzeitig seine Industrien durch Outsourcing in Billiglohnländer abbaute. Nur durch die alternativlose Dollar-Nachfrage und die daraus resultierende künstliche Stärke des Dollars konnte dieses System überhaupt am Laufen gehalten werden. Das Resultat: die meisten Länder sind deutlich ärmer und hochverschuldet.

Mit zunehmender Entdollarisierung und wachsender Nachfrage nach anderen Währungen müssen die USA schleunigst über ein neues Modell nachdenken oder sich wieder auf das traditionelle Industriemodell verlassen: Ohne moderne Infrastruktur, ohne bezahlbare öffentliche Gesundheits- und Bildungseinrichtungen, nur mit der spekulativen Finanzwirtschaft und einem militärisch-industriellen Komplex, dessen Profite auf der Zerstörung anderer Länder beruhen, haben die USA und der Rest der Menschheit keine Zukunft.

Transatlantische Wahnvorstellungen

Die Neue Zürcher Zeitung sieht das Böse in Russland, China und Iran

8. Februar, 2024

Die Neue Zürcher Zeitung (NZZ) druckte am 5. Februar eine Kolumne des Transatlantikers Ulrich Speck über Russland, China und den Iran. Ein Paradebeispiel für wahnhaftes Denken und eine manichäische Weltanschauung. Man sieht die Welt auf ewig in einen Kampf zwischen Gut und Böse verstrickt. In den Köpfen von Transatlantikern wie Speck steht die Pax Americana auf der einen und eine Allianz der Autokratien auf der gegnerischen Seite.

Nach einer langen "Analyse" kommt der Autor zu dem haarsträubenden Schluss: "So bleibt nur der Weg der Abschreckung und Eindämmung. Wer die regelbasierte oder liberale Ordnung erhalten und den Frieden sichern will, muss sich auf den Krieg vorbereiten, muss kriegstüchtig werden, wie es der deutsche Verteidigungsminister Pistorius gesagt hat, und muss den Autokratien klare Grenzen aufzeigen."

Der Artikel ist so voller Klischees, Illusionen und Vereinfachungen, dass man sich fragt, wie er es in eine angeblich weltoffene Tageszeitung wie die NZZ geschafft hat. Auch diese Zeiten scheinen vorbei.

Einen persönlichen Vorwurf kann man dem Autoren nur bedingt machen, denn er ist letztlich auch nur das Produkt seiner Karriere. Speck war laut eignen Informationen mehrere Jahre am American Institute on Contemporary German Studies in

Washington tätig. Nach Angaben des Transatlantic Leadership Network war Speck Senior Visiting Fellow beim German Marshall Fund of the United States in Berlin, der sich vor allem mit transatlantischen Beziehungen und globaler Ordnung beschäftigte.

Die Transatlantic Academy des German Marshall Fund in Washington D.C. hat ihn ebenso geprägt wie andere Think Tanks ähnlicher Couleur wie Carnegie Europe, die Heinrich Böll Stiftung oder das im Kalten Krieg entstandene Radio Free Europe, Radio Liberty.

All dies wird im Artikel der NZZ natürlich nicht erwähnt. Herr Speck wird lediglich als außenpolitischer Experte vorgestellt. Er selbst bezeichnet sich auf seinem LinkedIn-Profil gar als "unabhängigen außenpolitischen Analysten". Bei der NZZ ist er mitverantwortlich für den Newsletter NZZ Pro Global, der einen Blick in die Zukunft der Weltwirtschaft und Geopolitik verspricht. In diesem regelmäßig erscheinenden, kostenpflichtigen Rundbrief soll Ulrich Speck aktuelle "geopolitische Analysen", Zukunftstrends und Szenarien für den "Wissensvorsprung" des Lesers beisteuern.

Herr Speck ist auch als Buchautor in Erscheinung getreten, u.a. als Herausgeber von "Empire Amerika - Perspektiven einer neuen Weltordnung". Dieses Buch wurde Ende November 2003, also nur wenige Monate nach Beginn des Irak-Krieges, im Deutschlandfunk vorgestellt. Deutschlandfunk-Autor Hermann Theißen bezeichnete das Buch als Teil der Diskussion darüber, ob die Politik der USA als imperialistisch bezeichnet werden könne und darüber, wie man den Begriff Imperialismus von seiner negativen Konnotation befreien könne.

In den seitdem vergangenen 20 Jahren scheint Herr Speck sein Weltbild nicht an die neuen Realitäten angepasst zu haben. Er schreibt, Russland und China würden sich enger mit dem Iran verbünden, „das in die Shanghaier Organisation für Zusammenarbeit (SCO) und in die BRICS aufgenommen wurde". Das stimmt zwar, aber in seinen Ausführungen geht er nicht näher auf die Motive der BRICS-Staaten oder der Shanghai Cooperation Organisation ein, sondern sieht in der neuen globalen geopolitischen Konstellation schlicht eine eine neue "Achse" und bedient damit gängige Klischees.

Denn diese Achse aus revisionistischen Autokratien wolle das als schwach empfundene Amerika verdrängen und sich als neuer Hegemon etablieren. Das gegnerische Lager sei geprägt von Unzufriedenheit mit der bestehenden Ordnung, durchdrungen von Macht- und Expansionsstreben, und irgendwie wollen diese Länder nicht einsehen, dass dieser Pax Amerikana, also der amerikanisch geprägten gesicherten Ordnung, weiterhin zu trauen ist.

Die einzige Strategie gegen diese dunklen Mächte ist nach Speck Abschreckung und Eindämmung. Alles andere wäre Appeasement. Gleichzeitig müsse man sich auf den Krieg vorbereiten, eben um den Frieden zu erhalten, so die Neocon-Logik.

Was Speck verkennt oder ausblenden will: Die von der Mehrheit der Menschheit angestrebte multipolare Weltordnung, also eine Ordnung, in der alle Nationen volle Souveränität genießen, lehnt Dominanz, Hegemonie oder Unilateralismus ab.

China und Russland werden heute im globalen Süden gerade deshalb so anerkannt, weil sie sich als gleichberechtigte Partner anbieten. Die BRICS sind eben kein Militärbündnis, es gibt auch kein supranationales Sekretariat, das die Belange der BRICS von oben steuert und damit die Souveränität der Staaten einschränkt.

Gerade das Prinzip der Nichteinmischung in innere Angelegenheiten ist ein hohes Gut in der multipolaren Welt. Es geht nicht um Wahlbeeinflussung, Regimewechsel, Unterwanderung durch NGOs und Medien. Es geht auch nicht darum, dass China, Russland oder Iran Hunderte von Militärbasen auf der ganzen Welt errichten. Weder der Rubel noch der Yuan oder andere Währungen wollen die Welt beherrschen.

Das Weltbild von Ulrich Speck steht nur stellvertretend für die große Schar anderer eingeschworener Transatlantiker. Sie soll den Leser psychologisch so steuern, dass er dem immer höheren Verteidigungsetats der USA und der NATO kritiklos zustimmt. Und auch die neue Kriegskasse der Ampelkoalition in Berlin soll damit rationalisiert werden. Um Deutschland kriegstüchtig zu machen, bedarf es eben zunächst einer Welle psychologischer Gehirnwäsche, um die bekannten Freund- und Feindbild-Schemata fortzuschreiben.

Abgesehen davon, dass die überwältigende Mehrheit der Menschheit diesen Weg nicht mitgehen wird, führt er ohnehin in die Sackgasse oder in den Dritten Weltkrieg. Und auch diejenigen Teile der europäischen Bevölkerung, die jetzt durch die Kürzungen der Staatshaushalte in die Existenzkrise getrieben werden, werden sich von den Argumenten Specks und ähnlicher Transatlantiker bestimmt nicht einfangen lassen.

Speck sollte sich fragen, welche Zukunftsperspektive seine "geopolitische Analyse" überhaupt noch hat.

Putin: BRICS entwickeln sich sehr schnell

Präsident Putin über die De-Dollarisierung und die Stärke der BRICS

9. Februar, 2024

In seinem viel beachteten Interview mit dem russischen Präsidenten Wladimir Putin stellte Tucker Carlson auch Fragen zur Rolle des Dollars und zu den BRICS - hier die Antworten des russischen Präsidenten in deutscher Übersetzung:

Tucker Carlson: Nehmen wir nur ein Beispiel - den US-Dollar, der die Welt in vielerlei Hinsicht geeint hat, vielleicht nicht zu Ihrem Vorteil, aber ganz sicher zu unserem. Wird er als Reservewährung, als universell akzeptierte Währung verschwinden? Wie haben die Sanktionen Ihrer Meinung nach die Stellung des Dollars in der Welt verändert?

Wladimir Putin: Wissen Sie, den Dollar als Instrument der außenpolitischen Auseinandersetzung zu benutzen, ist einer der größten strategischen Fehler der politischen Führung der USA. Der Dollar ist der Eckpfeiler der Macht der USA. Ich denke, jeder versteht sehr gut, dass egal wie viele Dollars gedruckt werden, sie schnell in der ganzen Welt verteilt werden. Die Inflation in den USA ist minimal. Sie liegt bei 3 oder 3,4 Prozent, was meiner Meinung nach für die USA völlig akzeptabel ist. Aber sie werden nicht aufhören zu drucken. Was sagt uns die Verschuldung von 33 Billionen Dollar? Es geht um die Emission.

Aber das ist die Hauptwaffe der USA, um ihre Macht in der Welt zu erhalten. In dem Moment, in dem die politische Führung beschlossen hat, den Dollar als politisches Kampfinstrument einzusetzen, wurde dieser amerikanischen Macht ein Schlag versetzt. Ich will es nicht mit harschen Worten ausdrücken, aber das ist eine Dummheit und ein schwerer Fehler.

Schauen Sie sich an, was in der Welt passiert. Selbst die Verbündeten der Vereinigten Staaten sind dabei, ihre Dollarreserven abzubauen. Angesichts dieser Situation sucht jeder nach Möglichkeiten, sich zu schützen. Aber die Tatsache, dass die Vereinigten Staaten restriktive Maßnahmen gegen bestimmte Länder ergreifen, wie die Einschränkung von Transaktionen, das Einfrieren von Vermögenswerten usw., gibt Anlass zu großer Sorge und sendet ein Signal an die ganze Welt.

Worum geht es? Bis 2022 wurden rund 80 Prozent der russischen Außenhandelstransaktionen in US-Dollar und Euro abgewickelt. Rund 50 Prozent unserer Transaktionen mit Drittländern wurden in US-Dollar abgewickelt, heute sind es nur noch 13 Prozent. Es waren nicht wir, die die Verwendung des US-Dollars verboten haben. Es war die Entscheidung der Vereinigten Staaten, unsere Transaktionen in US-Dollar einzuschränken. Ich halte das im Interesse der Vereinigten Staaten selbst und ihrer Steuerzahler für völlig unsinnig, weil es der amerikanischen Wirtschaft schadet und die Macht der Vereinigten Staaten in der Welt untergräbt.

Übrigens machten unsere Transaktionen in Yuan etwa 3 Prozent aus. Heute sind es 34 Prozent unserer Transaktionen in Rubel und etwa genauso viel, etwas mehr als 34 Prozent, in Yuan.

Warum haben die USA das getan? Meine einzige Vermutung ist Selbstüberschätzung. Wahrscheinlich dachten sie, es würde zu einem totalen Zusammenbruch führen, aber nichts ist zusammengebrochen. Außerdem denken andere Länder, darunter auch Ölproduzenten, darüber nach und akzeptieren bereits Zahlungen für Öl in Yuan. Verstehen Sie überhaupt, was hier vor sich geht? Weiß das irgendjemand in den Vereinigten Staaten? Was machen Sie? Sie schotten sich ab ... das sagen alle Experten. Fragen Sie irgendeinen intelligenten und denkenden Menschen in den Vereinigten Staaten, was der Dollar für die Vereinigten Staaten bedeutet? Ihr zerstört ihn mit euren eigenen Händen.

Tucker Carlson: Ich denke, das ist eine faire Einschätzung. Die Frage ist: Was kommt als Nächstes? Vielleicht wird eine Kolonialmacht durch eine andere ersetzt, die weniger sentimental und nachsichtig ist? Besteht zum Beispiel die Gefahr, dass die BRICS-Staaten vollständig von der chinesischen Wirtschaft dominiert werden? Auf eine Weise, die ihrer Souveränität nicht zuträglich ist. Sind Sie darüber besorgt?

Wladimir Putin: Wir haben diese Geschichten vom Schwarzen Mann schon einmal gehört. Das ist eine Boogeyman-Geschichte. Wir sind Nachbarn Chinas. Nachbarn kann man sich nicht aussuchen, genauso wenig wie man sich nahe Verwandte aussuchen kann. Wir haben eine gemeinsame Grenze von 1000 Kilometern. Das ist das Erste.

Zweitens: Wir haben eine jahrhundertelange Geschichte der Koexistenz, wir sind daran gewöhnt.

Drittens: Chinas außenpolitische Philosophie ist nicht aggressiv, sondern sucht immer den Kompromiss, und das können wir sehen.

Der nächste Punkt ist folgender. Man erzählt uns immer wieder die gleiche Horrorgeschichte, und auch jetzt ist es wieder so, wenn auch in beschönigter Form, aber es ist immer noch die gleiche Horrorgeschichte: Die Zusammenarbeit mit China nimmt immer mehr zu. Die Geschwindigkeit, mit der die chinesische

Zusammenarbeit mit Europa zunimmt, ist höher und größer als die chinesisch-russische Zusammenarbeit.

[...] Aber lassen Sie mich den vorherigen Gedanken zu Ende führen. Wir haben uns mit meinem Kollegen und Freund, Präsident Xi Jinping, das Ziel gesetzt, in diesem Jahr 200 Milliarden Dollar im gegenseitigen Handel mit China zu erreichen. Diese Marke haben wir überschritten. Nach unseren Zahlen beträgt unser bilateraler Handel mit China bereits 230 Milliarden Dollar, die chinesischen Statistiken sprechen von 240 Milliarden Dollar.

Und noch etwas ist wichtig: Unser Handel ist sehr ausgewogen und komplementär in den Bereichen Hochtechnologie, Energie, wissenschaftliche Forschung und Entwicklung. Er ist sehr ausgewogen.

Was die BRICS-Länder betrifft, deren Vorsitz Russland in diesem Jahr übernommen hat, so entwickeln sie sich insgesamt sehr schnell.

Wenn ich mich recht erinnere, lag der Anteil der G7-Staaten an der Weltwirtschaft 1992 bei 47 %, während er 2022 nur noch etwas über 30 % betragen wird. Die BRICS-Länder hatten 1992 nur einen Anteil von 16 Prozent, heute ist ihr Anteil größer als der der G7. Das hat nichts mit den Ereignissen in der Ukraine zu tun. Das liegt an den Trends der globalen Entwicklung und der Weltwirtschaft, die ich eben erwähnt habe, und das ist unvermeidlich. Das wird immer so sein, das ist wie mit dem Sonnenaufgang - man kann ihn nicht verhindern, man muss sich anpassen. Wie passen sich die USA an? Mit Gewalt: Sanktionen, Druck, Bombardierungen, Einsatz von Militär.

Das ist Selbstüberschätzung. Ihr politisches Establishment begreift nicht, dass sich die Welt unter objektiven Umständen verändert, und um Ihr Niveau zu halten - auch wenn jemand, pardon, die Vorherrschaft anstrebt - müssen Sie rechtzeitig und kompetent die richtigen Entscheidungen treffen.

(Die Übersetzung aus dem Englischen ins Deutsche wurde vom Autor Stephan Ossenkopp angefertigt. Eventuelle Fehler verantwortet allein der Autor.)

Die Macht des Globalen Südens

Über Bedeutung und Zukunft der Welt jenseits des Westens

11. Februar, 2024

Der globale Süden (Global South) ist ein Begriff, der in der westlichen Welt eher unbekannt ist. Doch welche Länder gehören zum globalen Süden? Sind es die Länder der südlichen Hemisphäre? Sind es die armen Länder, die Entwicklungsländer? Die Weltbank stuft den globalen Süden größtenteils als Länder mit niedrigem oder mittlerem Einkommen ein, aber der Begriff Globaler Süden ist kein rein finanzmathematischer: Er geht vielmehr auf die Idee zurück, dass die Länder, die jahrhundertelang von starken Mächten aus Europa, das aus Ihrer Sicht im Norden liegt, kolonialisiert und ausgebeutet wurden, eine gemeinsame solidarische Stimme finden und sich selbst organisieren.

Als Gründungsdatum wird oft die Asien-Afrika-Konferenz im indonesischen Bandung im Jahr 1955 genannt, auf der sich 29 Staaten, allen voran China und Indien, trafen und ihre Interessen abstimmten: China wurde durch Premierminister Zhou Enlai vertreten, Indien durch seinen Premierminister Jawaharlal Nehru. Das wichtigste Thema der Konferenz war der

Widerstand gegen Kolonialismus und Rassendiskriminierung. Auf der Konferenz von Bandung entstand auch die Idee der Unabhängigkeit von Machtgruppierungen, aus der die so genannte Blockfreie Bewegung hervorging: Sie wollten sich während des Kalten Krieges weder auf die Seite der NATO noch auf die des Warschauer Paktes schlagen - eine Haltung, die viele dieser Länder bis heute prägt.

Indien und China brachten die 5 Prinzipien der friedlichen Koexistenz in die Asien-Afrika-Konferenz ein, die bis heute von großer Bedeutung sind und auch die Grundlage für die BRICS und die Shanghai Cooperation Organisation bilden. Die 5 Prinzipien lauten: Gegenseitige Achtung der territorialen Integrität und Souveränität, gegenseitige Nichtaggression, gegenseitige Nichteinmischung in die inneren Angelegenheiten des anderen, Gleichberechtigung und Zusammenarbeit zum gegenseitigen Nutzen, friedliche Koexistenz.

All dies erlebt heute eine Renaissance. Die Ideen der Konferenz von Bandung werden heute im globalen Süden wiederbelebt. Der indische Premierminister Narendra Modi hat im Rahmen des G20-Gipfels in Indien 2023 den "Voice of the Global South for Human Development"-Gipfel veranstaltet und erklärt, Indien werde die Stimme des globalen Südens sein.

Statt dass der indische G20-Gipfel nur von westlichen Themen wie der Verurteilung Russlands aufgrund des Krieges in der Ukraine oder der Forderung nach Gefolgschaft bei den Sanktionen gegen Russland dominiert worden wäre, konnte Indien vor allem die Interessen der Entwicklungsländer in den Vordergrund rücken: nachhaltige Kreditvergabe, Ernährungssicherheit, Gesundheitsinfrastruktur, Reform der multilateralen Banken und vieles mehr. Zudem hat die Afrikanische Union einen ständigen Sitz in der G20 erhalten.

Indien will sich als Brücke zwischen dem globalen Süden und seinen Partnern im Westen, vor allem den USA und Frankreich, etablieren. Kishore Mahbubani, ein bekannter Autor und Gelehrter an der National University of Singapore, schrieb kürzlich einen bemerkenswerten Artikel, in dem er die Frage stellte, ob wir uns auf das Ende der westlichen Vorherrschaft zubewegen. Er zitierte Narendra Modi auf einem Gipfeltreffen im Januar 2023, bei dem er erklärte: "Wir, der globale Süden, haben das größte Interesse an der Zukunft, da sich das acht Jahrzehnte alte Modell der globalen Governance allmählich verändert."

Mahbubani betonte, dass 88% der Weltbevölkerung außerhalb des Westens in den Ländern leben, die heute zum globalen Süden gezählt werden, und dass diese Länder, vor allem in Lateinamerika, Afrika und Asien, nicht länger passive Teilnehmer auf der Weltbühne seien, sondern in vielerlei Hinsicht unabhängig vom Westen handelten. Ähnliches ließe sich über die Versuche des Westens sagen, China zu isolieren und eine starke internationale Allianz für die Sanktionen gegen Russland zu schmieden.

Mahbubani weist darauf hin, dass, obwohl viele Länder des Südens wirtschaftlich angeschlagen sind, es Anzeichen dafür gibt, dass die Menschen in den Ländern des Südens, insbesondere in Asien, ungewöhnlich optimistisch in die Zukunft blicken. Fast 70 Prozent der Jugendlichen in Ländern mit niedrigem und mittlerem Einkommen glauben, dass es ihnen und ihren Nachkommen einmal besser gehen wird, im Westen sind es nur 31 Prozent.

Auf die Frage, warum das so ist, antwortet Mahbubani: "Von den 3,5 Milliarden Menschen, die in China, Indien und den asiatischen Staaten leben, hatten im Jahr 2000 nur 150 Millionen Menschen einen mittleren Lebensstandard, heute sind es 1,5 Milliarden. In weniger als 10 Jahren wird die Mittelschicht in diesen Ländern auf 3 Milliarden angewachsen sein.

Natürlich gibt es auch Konflikte zwischen diesen Ländern, von denen der Grenzkonflikt zwischen Indien und China vielleicht einer der bekanntesten ist. Der Vizepräsident des Center for China and Globalization, Professor Victor Gao, schrieb kürzlich, dass Indien und China sich zu komplementären Ländern entwickeln müssen, die sich von den Schatten des Kolonialismus befreien und sich auf ihren gegenseitigen Nutzen konzentrieren sollten. Grenzstreitigkeiten seien nicht das Werk von China oder Indien, sondern die Folge und das Ergebnis des britischen Empire während seiner Kolonialzeit. Er begrüßte die Äußerungen des indischen Außenministers Subrahmanyam Jaishankar vom 30. Januar, dass Indien keine Angst vor China haben müsse.

Mit Blick auf die kleineren Länder im indopazifischen Raum argumentierte Gao, dass weder Indien noch China irgendeine Form von Dominanz ausüben sollten. Dies betreffe Länder wie Bhutan, Sri Lanka oder die Malediven, aber auch den langen Konflikt zwischen Indien und Pakistan. Aus chinesischer Sicht sei es absolut wichtig, gute, freundschaftliche und nachbarschaftliche Beziehungen mit Indien zu entwickeln, während man gleichzeitig konstruktive Beziehungen mit Pakistan, Bangladesch und Sri Lanka anstrebe. Der Präsident der Malediven, Mohammed Muizzu, habe China kürzlich einen Besuch abgestattet. China habe betont, mit allen Ländern Südasiens gute und für beide Seiten vorteilhafte Beziehungen pflegen zu wollen.

Fazit: Wenn die 5 Prinzipien der friedlichen Koexistenz im gesamten globalen Süden verankert werden, wenn sich die Idee der Blockfreiheit durchsetzt, wenn Sicherheit und Entwicklung für alle souveränen Staaten der Welt angestrebt und garantiert werden, dann wird das Paradigma, unter dem die Weltgemeinschaft in Zukunft leben wird, ein ganz anderes sein als Dominanz, Hegemonie und Kolonialismus, ob in alten oder neuen Formen, die uns in den letzten 500 Jahren das Leben so schwer gemacht haben.

Erweiterung, und dann?

Die BRICS expandieren und proklamieren, doch es kommt jetzt auf die Wirtschaft an

15. Februar, 2024

Die Erweiterung der BRICS auf nunmehr 10 Länder hat viele beeindruckt. Aber es ist noch ein langer Weg, denn letztlich dreht sich alles um die Frage der wirtschaftlichen Entwicklung. Neben der Euphorie, dass die Entwicklungsländer endlich einen Weg zu mehr Unabhängigkeit gefunden haben, stellt sich für viele immer mehr die Frage, wie man die schwachen Länder des globalen Südens schneller entwickeln kann und welche Instrumente man dafür braucht.

Der Journalist Isidoros Karderinis schrieb in Ghanas größter Wirtschafts- und Finanzzeitung "Business and Financial Times" über die beeindruckende Expansion der BRICS-Staaten. Man sei nun sogar in den Nahen Osten vorgedrungen, wo die traditionellen Verbündeten des Westens säßen. Dies sei ein Zeichen größerer Eigenständigkeit. Diese Länder verfügten über einen großen Teil der fossilen Rohstoffe der Welt und über erhebliche finanzielle Mittel.

Ägypten sei mit seinen 105 Millionen Einwohnern und seiner strategischen Kontrolle über den Suezkanal, das östliche Mittelmeer und das Rote Meer eine Macht in Nordafrika. Äthiopien mit seinen 108 Millionen Einwohnern verfüge über riesige Wasserressourcen und sei der größte Kaffeeproduzent Afrikas und der zweitgrößte Maiserzeuger. Der Iran mit seinen knapp 90 Millionen Einwohnern sei der achtgrößte Erdölproduzent der Welt und verfüge über ein großes wissenschaftliches und militärisches Potenzial.

Saudi-Arabien hat nur etwas mehr als 30 Millionen Einwohner, verfügt aber allein über 17% der weltweiten Erdölreserven. Auch die Vereinigten Arabischen Emirate besitzen große Mengen an Erdöl und Erdgas und liegen bei der Erdölproduktion weltweit an siebter Stelle. Karderinis sieht Algerien, Kongo, Bolivien, Venezuela, Indonesien und Kasachstan als nächste Beitrittskandidaten, die beim nächsten BRICS-Plus-Gipfel im Oktober 2024 in der russischen Stadt Kazan eine Schlüsselrolle spielen werden.

Die Finanzanalystin Jai Hamid weiß sogar von 34 Nationen, die bis zum 1. Februar 2024 ihre Absicht erklärt hätten, der BRICS-Gruppe beizutreten; diese Information beziehe sich auf Äußerungen der südafrikanischen Außenministerin Naledi Pandor. Vor allem im Bereich der finanziellen Zusammenarbeit würden die BRICS-Länder das Wesen der globalen finanziellen Dynamik neu definieren. Es sei ein Signal für eine multipolare Weltordnung, die verspreche, den globalen Wirtschaftskompass neu zu kalibrieren, insbesondere in diesem Jahr, in dem sich die

BRICS unter der Präsidentschaft Russlands in einer entscheidenden Phase befänden.

Hamid meint: Es ist ein Angebot für eine ganz andere Vision von Global Governance und internationaler Zusammenarbeit, eine, die den Status quo in Frage stellt und ein neues Paradigma für die weltweite Entwicklung vorschlägt. Das Thema Nr. 1 lautet aber letztlich: Wie bringen wir die wirtschaftliche Entwicklung in den so lange zurückgebliebenen und ausgeplünderten globalen Süden, also in die Länder der großen Mehrheit der Menschheit, die bisher als Entwicklungsländer in den internationalen Entscheidungsgremien wenig Beachtung fanden.

Kürzlich erschien ein lesenswerter Bericht der Finanzjournalistin Rachel Richards auf der Website World Finance, die sich vor allem der Weltwirtschaft und der Finanzindustrie widmet. Richards kommt zu dem Ergebnis, dass die BRICS, insbesondere nach ihrer Erweiterung um fünf neue Mitglieder, zwar eine sehr heterogene Gruppe sei, die jedoch ein wichtiges Prinzip eint, nämlich der Wunsch nach mehr Entwicklung, mehr Wachstum und mehr Handel.

Die neuen Mitglieder hätten alle bereits enge Beziehungen zu Peking aufgebaut. Auch Saudi-Arabien und die Vereinigten Arabischen Emirate, sonst vor allem Partner der USA, hätten ihre Beziehungen neu kalibriert. China ist nun für beide Länder der größte Handelspartner. Äthiopien sei ein wichtiger Kooperationspartner für Chinas "Belt and Road"-Initiative oder "Neue Seidenstraße". 16 Milliarden Dollar habe China bereits zwischen 2002 und 2010 in das Land investiert. Mit der Erweiterung, so Richards, sei die Einflusssphäre der Gruppe größer als je zuvor, und trotz aller Differenzen innerhalb der BRICS Plus sei klar: Man wolle eine Alternative zum geopolitischen Status quo des

Westens, man wolle endlich eine Stimme sein, die stark genug sei, um nicht mehr ignoriert zu werden.

Der Analyst Yaroslav Lissovolik vom Russian International Affairs Council (RIAC), einer Denkfabrik von Diplomaten, hat es sich zur Aufgabe gemacht, die Herausforderungen der BRICS-Expansion zu untersuchen und Szenarien für die weitere Entwicklung des BRICS-Paradigmas und des globalen Südens zu diskutieren. Zu diesem Zweck hat er zusätzliche Wissenschaftler wie Victoria Panova hinzugezogen. Diese weist darauf hin, dass man sich bei den BRICS-Staaten längst zum Ziel gesetzt hat, eine Verrechnungseinheit, eine Reservewährung und eine digitale Währung ins Leben zu rufen, ein Prozess, der mit der diesjährigen Präsidentschaft Russlands oder mit der nächsten Präsidentschaft Brasiliens im Jahr 2025 abgeschlossen sein könnte.

Panova weiter: Der Gipfel in Johannesburg im vergangenen Jahr sollte vor allem die Frage klären, wie wir mehr Wirtschaftswachstum in die Mitgliedsländer der BRICS bringen können. Ein Konsens scheint zu sein, dass man Handelsbarrieren abbauen will, aber dazu fehlen noch konkrete Initiativen. Wenn man auch die Länder des globalen Südens einbeziehen will, muss man einen klaren Weg aufzeigen können, wie man Wirtschaftspolitik koordiniert. Ein Schwerpunkt sei dabei die Zusammenarbeit zwischen der Eurasischen Wirtschaftsunion EAEU und mit der Shanghai Cooperation Organization SCO, so Panova.

Die Analystin Evelina Fokina macht indes deutlich, dass eine stärkere Institutionalisierung der BRICS notwendig sei und die Länder enger zusammenarbeiten müssten. Ein wichtiger Ansatzpunkt sollte bei China und Indien liegen, insbesondere bei Projekten zur Vernetzung, d.h. bei der Infrastruktur. China und Indien hätten komplementäre Ansätze: China konzentriere sich mehr auf die Transportwege von Ost nach West, während Indien eher die Nord-Süd-Achse bevorzuge; eine Wirtschaftspartnerschaft zwischen China und Indien könne einen Weg für mehr Wachstum in den Entwicklungsländern aufzeigen, um endlich schrittweise die Armut zu beseitigen. Chinas und Indiens Prioritäten könnten darin bestehen, ihre Entwicklungsstrategien mit dem globalen Süden abzustimmen, ehrgeizige Ziele für ihren bilateralen Handel zu formulieren, Chinas Belt and Road Initiative mit Indiens Konnektivitätsprojekten zu verknüpfen und den Weg für mehr Handelsliberalisierung zu ebnen.

Die Studie kommt zu dem Schluss, dass, wenn China und Indien eine starke Wirtschaftspartnerschaft aufbauen, dies die wichtigste Transformation in der Weltwirtschaft für mehr Wohlstand sein könnte. Dies erfordere jedoch eine ehrgeizige Wirtschaftsagenda. Es sei daher davon auszugehen, dass die kommenden Jahre im Gefolge der zahlreichen politischen Appelle, die BRICS zum Sprachrohr des globalen Südens auf der Weltbühne zu machen, davon geprägt sein werden, das Wachstums- und Entwicklungspotenzial der BRICS-Länder viel stärker zu entfalten. Denn das ist es, was die BRICS-Staaten, die Länder des globalen Südens, und letztlich auch große Teile des Westens dringend benötigen.

Russlands eurasische Zukunft

Russland integriert sich in Eurasien. Es zu isolieren ist ein absurder Gedanke

18. Februar, 2024

Russlands groß-eurasische Strategie macht seine Eindämmung unmöglich. Zu diesem Schluss muss eigentlich jeder kommen, der sich nicht ausschließlich von der Meinung westlicher Politiker und Medienvertreter über Russland leiten lässt. Schaut man sich stattdessen die maßgeblichen strategischen Konzepte an, ergibt sich ein ganz anderes Bild. Für viele im Westen wäre es ein erheblicher Schock, wenn man sich des Ausmaßes der Selbsttäuschung bewusst würde, aber die Realität ist nun einmal die Realität.

Der Programmdirektor des Waldai-Diskussionsclubs, Timofei Bordachev, hat kürzlich einen aufrüttelnden Strategiebericht verfasst. Darin geht es um die Bedeutung der strategischen Ausrichtung Russlands beim Aufbau einer groß-eurasischen Partnerschaft. BRICS plus spielt dabei ebenfalls eine zentrale Rolle. Russland hat seit dem 1. Januar dieses Jahres bekanntermaßen den Vorsitz der BRICS-Gruppe inne. Höhepunkt wird das Treffen der Staats- und Regierungschefs im Oktober in der tatarischen Hauptstadt Kasan sein. Dem Waldai-Diskussionsclub gehören übrigens mehr als 1000 Vertreter der internationalen Wissenschaft aus 85 Ländern an. Die USA sind ebenso präsent wie Ägypten, Iran, China, Japan, Israel, Großbritannien und Frankreich.

Bordachev argumentiert, dass Russlands Strategie, sich nach Eurasien und darüber hinaus zu orientieren, völlig unabhängig vom Verhalten des Westens sei, insbesondere natürlich in der Ukraine-Krise. Die Strategie, die sich "Greater Eurasia" nennt, nutzt die Vorteile der geostrategischen Lage Russlands, um weitreichende internationale Partnerschaften in Wirtschaft, Diplomatie, Wissenschaft, Politik und Zivilgesellschaft aufzubauen. Die Vereinigten Staaten von Amerika und Europa, so beschreibt Bordachev, seien dagegen eher relativ isoliert. Das betrifft ihre geografische Lage, denn die USA liegen zwischen Pazifik und Atlantik, während Europa an den nordwestlichen Rand des eurasischen Kontinents gedrängt ist. Es betrifft aber auch die abnehmende Bedeutung und Glaubwürdigkeit des Westens in der multilateralen und bilateralen Vernetzung.

Die Zusammenarbeit im groß-eurasischen Raum schaffe den Rahmen für eine neue internationale Ordnung, deren zentrale politische Plattformen die BRICS seien, deren Erweiterung, so Bordachev, das wichtigste internationale Ereignis des Jahres 2023 gewesen sei. Die russische Führung werde sich voll auf die Entwicklung der BRICS und die Stärkung der internationalen Zusammenarbeit im groß-eurasischen Raum konzentrieren. Natürlich werde die militärische Stärke der USA gegenüber der großen Mehrheit nicht außer Acht gelassen, aber ein Angriff auf Mitglieder dieser groß-eurasischen Partnerschaft, etwa auf den Iran, hätte eine entsprechend heftige Gegenreaktion zur Folge, kalkuliert Bordachev.

Die Entscheidungen und Reaktionen der BRICS-Staaten bzw. der groß-eurasischen Partnerschaft werden zwar nicht zentral gesteuert, aber, so Bordachev, das Selbstverständnis der Staaten, die die Mehrheit in der Welt bilden, beruhe auf dem Recht, unabhängige Entscheidungen zu treffen. Der Begriff "Weltmehrheit" oder "World Majority" ist ein wichtiger Begriff im Vokabular eurasischer Intellektueller. Im Westen spielt er allerdings kaum eine Rolle, sieht man sich doch nach wie vor als das Maß aller Dinge.

Aufgrund seiner besonderen geografischen Lage sei Russland in den meisten regionalen Foren und Formaten präsent, und auch der Kooperationsprozess zwischen der Eurasischen Wirtschaftsunion und China, das insbesondere seine Belt and Road Initiative vorantreibe, schreite voran. Generell, so Bordachev, biete der Reichtum an Interaktionen zwischen den Ländern des Großraums Eurasien eine enorme Anzahl an vielversprechenden außenpolitischen Feldern. All dies sei nicht durch ein Ursache-Wirkungs-Scharnier mit dem Verhalten des Westens verbunden, sondern der Prozess sei eigenständig und entwickle eine unabhängige Dynamik.

Einer der profiliertesten Befürworter der Hinwendung Russlands zu Eurasien ist Professor Sergej Karaganow. Er proklamiert die Sibirisierung Russlands. Würde Peter der Große heute leben, so Karaganow, würde er eine neue Hauptstadt gründen, diesmal in Sibirien. Für Karaganow, Dekan der Fakultät für Weltpolitik an der russischen Eliteuniversität HSE, bedeutet das allerdings keine Abkehr vom westlichen Erbe. Dennoch sieht er die dreihundertjährige Aneignung der europäischen Kultur durch die russische als einen abgeschlossenen Prozess. Heute ist es Russland, sagt Kaganow, das das Gute der europäischen Kultur bewahren will, während Europa selbst seine eigene Hochkultur immer weiter zerstört. Ohne den europäischen Einfluss wären Tolstoi, Puschkin, Gogol, Blok und viele andere Giganten der russischen Kulturgeschichte nicht möglich gewesen.

Das dürfe aber nicht darüber hinwegtäuschen, so Karaganow in einem weitsichtigen Grundsatzpapier, dass ein neues Kapitel in der Geschichte Russlands aufgeschlagen worden sei: die Entwicklung Sibiriens als Drehscheibe nach Osten. Sibirien verfüge über gigantische Rohstoffreserven, fruchtbares Land, Wälder, nahezu unbegrenzte Süßwasserressourcen. Dort könne man eine sibirische Maschinenbauindustrie auf moderner Basis aufbauen, neue Routen auf den Meridian-Linien sollten gebaut werden, der Nördliche Seeweg sollte Südsibirien mit China und Südostasien verbinden, die westsibirischen Regionen vor allem mit Indien, anderen Ländern Südasiens und dem Mittleren Osten. Eine der Achsen des internationalen Nord-Süd-Verkehrskorridors, der von St. Petersburg über den Iran bis an die Westküste Indiens führt, wird demnächst sogar fertiggestellt.

Karaganow plädiert für ein nationales Programm zur Entwicklung von Oststudien, einschließlich der Kenntnis orientalischer Sprachen, Völker und Kulturen an russischen Schulen: Das kulturell und religiös offene Russland habe einen gigantischen Wettbewerbsvorteil. Im Gegensatz zu den Europäern habe die sibirische Kultur den Osten nie unterworfen oder versklavt. So wie Alexander der Große, Galilei, Dante, Machiavelli oder Goethe in den kulturellen Schatz Russlands eingegangen seien, müssten in Zukunft Sun Tzu, Konfuzius, Tagore, Al-Kwarizmi, Ibn Sina und andere östliche Genies in den Kanon der russischen Kultur aufgenommen werden.

Diese Wendung nach Osten ist wahrscheinlich eine der wichtigsten Weichenstellungen auf dem Weg zu einer wirklich multipolaren Welt. Wenn das Projekt gelingt, ohne dass der untergehende Westen einen dritten Weltkrieg anzettelt, dann ist Groß-Eurasien ein riesiges Betätigungsfeld für den Aufbau von

Infrastruktur, Industriezentren, Kulturmetropolen und für den Dialog der klassischen Kulturen und gebildeten Völker.

BRICS-Beitritt der Türkei?

Die Tür zu den BRICS steht der Türkei offen. So ein bekannter russischer Ökonom

22. Februar, 2024

Die Türkei könnte der BRICS-Gruppe beitreten. Das würde viele überraschen und hätte sicherlich weitreichende Konsequenzen. Die Türkei ist immerhin langjähriges NATO-Mitglied und verfügt über beachtliche militärische Fähigkeiten. Auch wenn es sich bei den BRICS nicht um einen Militärblock handelt, würde ein solcher Schritt von der NATO als Sicherheitsproblem eingestuft werden. Die Türkei ist aber auch eine Brücke zwischen Ost und West, Nord und Süd. Ihre Außenpolitik folgt nicht den Schwarz-Weiß-Schemata mancher ihrer NATO-Verbündeten wie der USA oder Deutschlands. Insofern ist zumindest eine abgestufte Partnerschaft oder ein Assoziierungsabkommen mit den BRICS denkbar.

Die Diskussion über eine BRICS-Mitgliedschaft der Türkei ist schon länger im Gange. Kürzlich hat das Thema jedoch an Brisanz gewonnen, als der prominente russische Ökonom Sergej Glazyev dem Sender CNN Türk ein Interview gab. Glazyev ist Mitglied der Kommission der Eurasischen Wirtschaftsunion, zuständig für Makroökonomie. Er ist einer der führenden Architekten des neuen Finanzsystems der BRICS-Länder.

Im Interview stellt Glazyev zunächst fest, dass die vom Westen verhängten Sanktionen eine stimulierende Wirkung auf die russische Wirtschaft gehabt hätten: Das Bruttoinlandsprodukt sei 2023 um 3,6% gestiegen, die Investitionsströme um 10%, die Einzelhandelsumsätze und der Konsum um 5%. "Es gibt keine Krise", so Glazjev wörtlich. Der Handel mit asiatischen Ländern habe sich deutlich verbessert, ebenso die Beziehungen zwischen Russland und der Türkei: Der Handel zwischen Russland und der Türkei habe sich im vergangenen Jahr sogar verdoppelt.

Fast alle BRICS-Länder würden in ihren Landeswährungen handeln. Dafür hätte man eine neue Infrastruktur und Übertragungssysteme geschaffen. Jetzt ginge es darum, eine neue internationale Währung für den Außenhandel der BRICS-Länder zu begründen. Es werde gerade an einem eigenen Handels- und Preissystem gearbeitet, denn die BRICS-Länder seien die wichtigsten Produzenten und Konsumenten von Rohstoffen. Der nächste Schritt sei die Schaffung eines eigenen Mechanismus zur Festsetzung der Rohstoffpreise, um der westlichen Spekulation ein Ende zu setzen; man wolle stabile und leicht zugängliche Märkte. Die BRICS-Länder stünden im Zentrum eines wissenschaftlich-ökonomischen Durchbruchs, so Glazyev.

Dann die Frage der Journalistin Büşra Arslantaş: Vor 6 Jahren habe der türkische Präsident Erdogan am BRICS-Gipfel teilgenommen, der 2018 in Südafrika stattfand, und damals sei gesagt worden, dass die Türkei den BRICS beitreten könne. Ob Glazyev diese Möglichkeit sehe. Seine Antwort: „Ich denke, dass die Türkei ein sehr guter Partner ist, der uns helfen kann, eine entwickelte Wirtschaft aufzubauen. Es hängt von der Türkei ab, ob sie den BRICS beitritt oder nicht. Ich möchte Sie daran erinnern, dass die Tür der BRICS immer offen ist. Letztes und dieses Jahr sind viele Länder den BRICS beigetreten. In diesem Jahr hat Russland den BRICS-Vorsitz inne und ich denke, das ist ein sehr guter Zeitpunkt, um darüber zu sprechen."

Nach dem BRICS-Gipfel 2023 in Südafrika wurde in der türkischen Presse offen über einen möglichen Beitritt der Türkei zur Allianz diskutiert. Einige Autoren rieten jedoch zur Vorsicht, da bisher noch kein NATO-Land den BRICS beigetreten sei. Andererseits könnte man es später bereuen, die Chancen der BRICS jetzt nicht genutzt zu haben. Die Türkei habe sich den Sanktionen gegen Russland nicht angeschlossen, versuche auch zwischen China und dem Westen zu vermitteln. Auf der anderen Seite hat man Bedenken, welche Folgen es haben könnte, wenn man sich durch einen solchen Schritt dem vom Westen sanktionierten Russland zu sehr annähert, hieß es.

Was die Beziehungen der Türkei zur Europäischen Union betrifft, so könnte die Ernüchterung auf türkischer Seite kaum größer sein: Seit den 1980er Jahren, als die Türkei die Mitgliedschaft in der EU beantragte, wird hin und her diskutiert, die Tür hat sich für die Türkei nie geöffnet. Insofern hat die Türkei mit Europa noch ein Hühnchen zu rupfen: Eine Vollmitgliedschaft in den BRICS oder zumindest eine ernsthafte Diskussion über engere Beziehungen ist auch die logische Konsequenz aus den Enttäuschungen, die die Türkei mit ihren westlichen Partnern erlebt hat.

Professor Efe Can Gürcan schrieb vor einigen Tagen in seiner Meinungskolumne in der türkischen Tageszeitung Daily Sabah, dass es klug wäre, wenn die Türkei ernsthaft über einen Beitritt zu den BRICS nachdenken würde. Die Türkei mit ihrer über tausendjährigen Zivilisation sei eine wichtige Brücke zwischen Ost und West. Darüber hinaus sei das Land ein Knotenpunkt für

Handel und Energieversorgung. Auch die klare Haltung der Türkei im Gaza-Krieg und die jüngsten Annäherungen an arabische Partner wie Ägypten und Saudi-Arabien fielen ins Gewicht. Die Türkei habe zwischen Russland und der Ukraine vermittelt, Stichwort Weizendeal, und sei federführend bei der Initiative des Mittleren Korridors, einer südlich verlaufenden Seidenstraße zwischen Europa und China.

Beim nächsten BRICS-Gipfel in der russischen Stadt Kazan sollen weitere Mitglieder aufgenommen werden. Neben Vollmitgliedschaften wurden auch andere Formate angekündigt. Details sind noch nicht bekannt, aber es könnte sein, dass wie bei anderen multilateralen Organisationen der Status eines Dialogpartners oder eines Beobachterlandes geschaffen wird. Unabhängig davon, für welche Form der Assoziierung sich die Türkei letztlich entscheidet, wäre es ein großer Schritt: eine Abkehr vom Westen, eine stärkere Hinwendung zum globalen Süden und zu den wachstumsstarken Schwellenländern.

Eine Teilnahme am rohstoff- und handelsbasierten Finanzsystem der BRICS wäre vorteilhaft für die Türkei, die bisher eher der Logik westlicher Zentralbanken folgt. Sollte die Türkei gute Erfahrungen mit einer BRICS-Mitgliedschaft machen, wäre eine klare und dauerhafte Schwerpunktverlagerung der Türkei mehr in Richtung des globalen Südens und Asiens zu erwarten. Der Westen muss aufpassen, dass er seine wichtigsten Partner nicht verliert.

Der Westen fürchtet Lula

Lula da Silva ist die vehementeste Stimme für die Interessen des Globalen Südens

25. Februar, 2024

Nach den Wahlen 2022 war der brasilianische Präsident Luiz Inacio Lula da Silva im Westen beliebt. Bundeskanzler Olaf Scholz betonte mehrfach, dass er für Deutschland ein wichtiger strategischer Partner sei. Das hat sich inzwischen geändert. Die Neue Zürcher Zeitung schrieb vor wenigen Tagen gar, Lula stehe „autoritären Regimen heute näher [...] als westlichen Demokratien" und positioniere sich „an der Seite von Diktaturen wie Russland, China oder Venezuela".

Die jüngsten Äußerungen Lulas auf einer Pressekonferenz am Rande des Gipfels der Afrikanischen Union in der äthiopischen Hauptstadt Addis Abeba haben das Verhältnis zusätzlich belastet. Lula hatte deutlich gemacht, dass er das militärische Vorgehen Israels gegen die Palästinenser, ein Krieg zwischen einer hochgerüsteten Armee auf der einen und Frauen und Kindern auf der anderen Seite, als Völkermord ansieht. Er zog sogar eine Parallele zum Massenmord an den Juden durch die Nationalsozialisten.

Auch wenn dieser konkrete Vergleich für besonders starke Empörung gesorgt hat, ist die Bezeichnung "Völkermord" die Auffassung der Mehrheit der Regierenden weltweit. Dies zeigt sich in der großen Welle der Unterstützung für die Anklage Südafrikas gegen Israel vor dem Internationalen Gerichtshof. Sie spiegelt sich aber auch in einer Vielzahl von

Abschlusserklärungen von Gipfeltreffen der Länder des Globalen Südens wider. Dabei geht es um weit mehr als einen momentanen Schlagabtausch. Lula ist vielmehr zu einem der vehementesten Verfechter einer neuen internationalen Ordnung geworden. Und zwar eine, die ganz anders aussieht als alles, was der Westen sich vorzustellen vermag.

Am 22. Februar veröffentlichte die Tageszeitung Die Welt einen Leitartikel mit der denkwürdigen Überschrift: "In Brasilien offenbart sich die neue Weltordnung". Das habe das jüngste Treffen der G20-Außenminister in Brasilia gezeigt: Deutschland und die EU nähmen gegenüber dem globalen Süden immer mehr die Rolle von Zaungästen ein. Der Autor Tobias Käufer stellt fest, dass die Lesart des Westens zu Themen wie dem Krieg in der Ukraine oder dem Tod von Alexej Nawalny in Ländern wie Brasilien, aber auch in vielen anderen Schwellen- und Entwicklungsländern, kaum noch verfangen würde. Dass ausgerechnet Brasilien, also der einstige Liebling Europas und der USA, nun eine Führungsrolle bei der vermeintlichen Machterosion des Westens spielt, habe die Europäer "kalt erwischt".

Roberto Goulart, Experte für internationale Beziehungen an der Universität Brasilia, wird zitiert, der die BRICS und die Rolle Chinas dafür verantwortlich macht, dass die USA und Europa zunehmend aus Bereichen verdrängt werden, in denen sie früher wirtschaftlich und politisch absolut dominierten. Aus Brüssel oder Berlin wollten sich die Brasilianer auch nichts mehr sagen lassen. Brasilien werde sich nicht als billiger Lieferant von grünem Wasserstoff für Europa einspannen lassen. in fast allen außenpolitischen Konflikten habe Brasilien inzwischen eine Gegenposition zur EU eingenommen.

Ein weiterer Experte, Wellington Almeida, wird mit den Worten zitiert, für Europa und die USA gehe es in Afrika vor allem um humanitäre Hilfe, während China Infrastruktur, Straßen, Häfen und Energiesysteme baue. Pekings Engagement schaffe Arbeitsplätze. Der Bedeutungsverlust des Westens in Afrika sei unumkehrbar: "Die Afrikaner sagen, die Chinesen bringen uns Dinge, die wir brauchen, sie haben uns nicht kolonialisiert. Und dann fragen sie sich, was gibt uns Europa: nichts, nichts."

Auf dem Gipfel der Afrikanischen Union, auf dem Lula seine scharfen Äußerungen machte, ging es um weit mehr als die Verurteilung des Massakers der israelischen Armee an zehntausenden Zivilisten im südlichen Gazastreifen. Lula forderte einen Waffenstillstand, sofortige ungehinderte humanitäre Hilfe, die Freilassung aller Geiseln und sprach sich kategorisch gegen jede Vertreibung der Palästinenser von ihrem Land aus. In einem ausführlichen Pressestatement nach dem Treffen Lulas mit dem ägyptischen Präsidenten Abdel Fattah El Sisi sagte er: "Was wir diskutieren sollten, ist die globale Nahrungsmittelproduktion, Wirtschaftswachstum, Einkommensverteilung, Schaffung von Arbeitsplätzen, anstatt immer nur über Kriege zu reden." Er forderte eine umfassende Reform des UN-Sicherheitsrates, da dieser in seiner jetzigen Konstellation nicht in der Lage sei, Kriege zu verhindern.

Brasilien sei entschlossen, Partnerschaften mit allen Staaten einzugehen, die sich für die notwendigen Veränderungen in den Institutionen der internationalen Ordnung einsetzten. Bis vor kurzem habe sich die Außenpolitik Brasiliens nur auf die USA und Europa konzentriert und den Rest der Welt vergessen, doch nun wolle sich Brasilien den Ländern Afrikas und des Nahen Ostens wieder stärker zuwenden. Mit Ägypten ist Brasilien nun eine strategische Partnerschaft eingegangen, die eine Zusammenarbeit in Landwirtschaft, Verteidigung, Wirtschaft, Wissenschaft, Technologie und vielen anderen Bereichen zum gegenseitigen Nutzen vorsieht.

Auch für Brasiliens globale Allianz gegen Hunger und Armut wirbt Lula da Silva bei all seinen Besuchen. Er will bei der Entschuldung Afrikas helfen und die afrikanischen Länder stärker in die Diskussionen der G20 einbinden. Die Konsolidierung der BRICS als wichtigste Plattform der Schwellenländer sei unweigerlich ein Schritt in Richtung einer multipolaren Welt, dazu gehöre auch die Schaffung einer gemeinsamen Transaktionswährung für Handel und Investitionen und die Überwindung der weltweiten Abhängigkeit von einer einzigen Währung, dem Dollar.

Klar ist, dass der brasilianische Präsident nicht nur punktuell auf die dramatische Situation in Gaza, in der Ukraine oder an vielen anderen Orten hingewiesen hat, sondern dass er insgesamt zum Sprachrohr für den Wunsch der Entwicklungsländer geworden ist, sich von den modernen Formen des Kolonialismus zu befreien, die alle unterentwickelten Länder immer noch rückständig halten und sie der Ausbeutung durch den globalen Norden und Europa ausliefern. In seiner Rede in Addis Abeba bekräftigte Lula: "Wir wollen die Rolle der Länder des Globalen Südens beim Aufbau einer gerechteren Welt ohne ideologische Blöcke stärken."

Es ist diese Rolle Lula da Silvas, die den Westen so nervös und misstrauisch macht. Hierzulande ist man nicht darauf vorbereitet, dass sich die ärmeren Staaten nun zusammenschließen und sich erfolgreich gegen die regellose und ungerechte Ordnung positionieren, die dem Westen so lange alle Privilegien gesichert hat. Bis heute fühlt man sich im Westen technisch, wirtschaftlich, ideologisch, kulturell überlegen. Es ist noch gar nicht so lange her, dass Josep Borrell, der Außenbeauftragte der Europäischen Union, Europa als einen schönen Garten und alles andere vor allem als einen Dschungel bezeichnete. Vielleicht ist es aber auch genau umgekehrt: Die Welt will als Ganzes ein schöner Garten werden, und Europa muss von den Schlingpflanzen der Arroganz und des kolonialistischen Denkens befreit werden.

"Unberechenbare Emporkömmlinge"

Westliche Medien weiten Kampagne gegen neue BRICS-Mitglieder aus

29. Februar, 2024

Die Vereinigten Arabischen Emirate standen bisher selten in der Kritik westlicher Meinungsmacher. Sie galten als hundertprozentiger Partner transatlantischer Interessen. Doch seit sie am 1. Januar dem BRICS-Bündnis beigetreten sind, scheint diese Schonfrist abgelaufen zu sein. Die Neue Zürcher Zeitung, die endgültig zum Sprachrohr der alten unipolaren Ordnung geworden ist, veröffentlichte kürzlich einen umfassenden verbalen Angriff auf den Golfstaat.

Die westlichen Eliten tappen damit in die nächste Falle. Galt die bisherige Linie vor allem der Eindämmung Russlands und Chinas, folgen nun die kleineren und mittleren Staaten. Brasiliens Präsident Lula da Silva, einst als Erlösung vom rechtskonservativen Trump-Freund Bolsonaro gefeiert, ist nun für seine klare Parteinahme für den Globalen Süden berüchtigt. Im Westen hat er sich damit eher unbeliebt gemacht. Auch die neutrale und oft Washington-kritische Haltung Südafrikas, allen voran seiner Außenministerin Naledi Pandor, ist in westlichen Machtzirkeln nicht unumstritten. Indien bekommt ebenfalls sein Fett ab, da es selbst unter Druck des Westens sein strategisches Bündnis mit Russland nie aufgegeben hat.

Argentiniens BRICS-Ambitionen wurden von Präsident Milei bereits gedämpft. Auch auf Saudi-Arabien wird Druck ausgeübt. Nun sind die VAE an der Reihe. Die Neue Zürcher Zeitung stellte zunächst fest: „Die Emirate sind neben Saudi-Arabien traditionell der wichtigste militärische Partner der USA in der arabischen Welt, sie waren an den meisten amerikanischen Militäroperationen der vergangenen Jahrzehnte beteiligt. 5000 US-Militärs sind in den Emiraten stationiert." In der Ukraine-Krise hätten sich die Emirate jedoch neutral verhalten und seien nun auch noch dem Staatenbündnis BRICS beigetreten. Diese neue „Unabhängigkeit" der Emirate und anderer Mittelmächte sei „eine der großen Herausforderungen der nächsten Jahrzehnte". Während die Hauptaufgabe nach wie vor in der Isolierung Russlands und Chinas bestehe, müsse man nun "die Emporkömmlinge im Auge behalten", so die NZZ arrogant.

Besonders schockierend findet die Neue Zürcher, dass die Arabischen Emirate in Afrika investieren. China habe in den vergangenen Jahren bereits Milliarden in Straßen und Eisenbahnen auf dem afrikanischen Kontinent gesteckt, weshalb amerikanische Diplomaten so eifrig wie lange nicht mehr durch Afrika reisten, auch die Europäer. Doch nun kommen die reichen Ölstaaten, aber auch Indien und die Türkei nach Afrika. Das scheint dem Westen gar nicht zu schmecken. Die Mittelmächte, so heißt es, seien "unberechenbar" geworden.

Was die Emirate als neues BRICS-Mitglied wirklich vorhaben, hat ihr Wirtschaftsminister Abdullah bin Touq Al Marri sogar auf dem Weltwirtschaftsforum in Davos kundgetan. Interessanterweise wurde selbst auf dieser Eliteveranstaltung des liberalen Westens ein Forum unter dem Titel „BRICS in Expansion" eröffnet. Anwesend auf dem Panel waren auch eine indische Ministerin, der südafrikanische Finanzminister und ein chinesischer Energieunternehmer. Al Marri sagte: "Der Beitritt zu BRICS zielt darauf ab, neue Möglichkeiten für unsere Exporteure und Hersteller auf dem Weltmarkt zu schaffen, den internationalen Handel zu beschleunigen, den Marktzugang zu sichern, die Integration von Unternehmen in globale Wertschöpfungsketten zu erleichtern und die Investitionsströme zu erhöhen".

Die VAE wollen sich offensichtlich von ihrer Rolle als reiner Öllieferant und Militärstützpunkt für die USA und andere westliche Länder lösen. Sie streben eine Diversifizierung ihrer Wirtschaft an und wollen ihre Wettbewerbsfähigkeit auf regionaler und globaler Ebene verbessern. Al Marri machte deutlich, dass es darum gehe, „die Exporte außerhalb des Ölsektors" zu steigern und „neue Partnerschaften in verschiedenen Wirtschaftssektoren" zu ermöglichen. Die BRICS-Staaten seien „eine wichtige Quelle für ausländische Investitionen in Sektoren wie Transport, Finanzdienstleistungen, Technologie und saubere Energie".

Die Zahlen sprechen für sich: Nach der Erweiterung repräsentieren die BRICS 46% der Weltbevölkerung und 25% der Weltexporte. Natürlich horchen alle auf, wenn sie sehen, dass eine Zusammenarbeit mit den BRICS Wachstum bedeutet und eine Zusammenarbeit mit Europa Stillstand oder Rückschritt. Die Wirtschaft der Vereinigten Arabischen Emirate ist 2022 um fast 8%

gewachsen, davon fast 6% außerhalb des Ölsektors im ersten Halbjahr 2023. Die Emirate sind durch Flugverbindungen mit 400 Städten weltweit verbunden. Sie besitzen einige der größten Schifffahrtslinien der Welt und legen in 88 Häfen weltweit an.

Dr. Ebtesam Al-Ketbi ordnete die Rolle der Emirate innerhalb der BRICS folgendermaßen ein, als sie im November 2023 auf einem Wirtschaftsforum in Abu Dhabi sprach: "Der globale Süden spielt eine immer wichtigere Rolle auf der Weltbühne. Die Mittelmächte können als Bindeglied zwischen den kleineren und den größeren Akteuren fungieren." So hat beispielsweise Indien mit den Vereinigten Arabischen Emiraten ein Rahmenabkommen zur Zusammenarbeit bei Zahlungssystemen unterzeichnet. Indien bezahlt sein Öl aus den Emiraten nun teilweise in Rupien.

Die Emirate, die über ein Staatsvermögen von mehr als einer Billion US-Dollar verfügen, könnten zudem dazu beitragen, die Entwicklungsbank der BRICS, die sogenannte New Development Bank, stärker zu kapitalisieren. Dr. Al-Ketbi kommt zu dem Schluss, dass der globale Norden nur dann ein positives Engagement mit dem globalen Süden eingehen kann, wenn er bereit ist, sich diesen neuen, sich verändernden geopolitischen Realitäten zu stellen und eine Win-Win-Beziehung mit anderen souveränen Staaten aufzubauen. Dr. Al-Ketbi ist Beraterin des Gulf Cooperation Council und wurde 2019 zu einer der 50 einflussreichsten Frauen in der arabischen Welt gekürt.

Erst vor wenigen Tagen wurde bekannt, dass eine Investment-Holding aus Abu Dhabi 35 Milliarden Dollar in Großprojekte in Ägypten investieren will. Das Geld soll in die Entwicklung einer Küstenregion 350 Kilometer nordwestlich von Kairo fließen. Die Vereinbarung zwischen dem privaten Fonds und der ägyptischen Regierung wurde in der neuen Verwaltungshauptstadt

Kairo unterzeichnet. Interessanterweise ist die neue Verwaltungshauptstadt durch chinesische Investitionen entstanden.

Besondere Tragweite dieser Mega-Investition: Seit Monaten drängt der Internationale Währungsfonds darauf, dass Ägypten seine Währung abwertet und neue IWF-Hilfskredite aufnimmt. Doch nun zeigen die Mittelmächte im BRICS-Bündnis, dass sie sich auch unabhängig von westlicher Hilfe finanzieren können. Vielleicht gibt es einen Zusammenhang zwischen dieser neuen Unabhängigkeit - von der Neuen Zürcher Zeitung auch "Unberechenbarkeit" genannt - und dem neuerdings besonders negativen Ton der westlichen Presse gegenüber den Vereinigten Arabischen Emiraten und ähnlichen „Emporkömmlingen".

Das neue Finanzsystem - eine schwere Geburt

Die Weichen für ein neues Finanzsystem zu stellen, kostet Kraft und Nerven

3. März, 2024

Am 27. Februar trafen sich zum ersten Mal die Finanzminister und Notenbankchefs aller zehn BRICS-Länder. Das Treffen fand am Rande des G20-Ministertreffens in der brasilianischen Stadt Sao Paulo statt. Der russische Finanzminister Anton Siluanow stellte zu Beginn die Prioritäten und Ziele der russischen BRICS-Präsidentschaft zur Reform des internationalen Währungs- und Finanzsystems vor.

Wörtlich sagte Siluanow: „Das derzeitige System basiert auf der bestehenden westlichen Finanzinfrastruktur, weist gravierende Mängel auf und wird zunehmend als Instrument für politischen und wirtschaftlichen Druck missbraucht." Das System sorge für geoökonomische Fragmentierung und missbräuchliche Handelsbeschränkungen. Nur durch die Schaffung einer unabhängigen Finanzinfrastruktur könne die Autonomie und finanzielle Souveränität der Entwicklungsländer gestärkt werden, so Siluanow.

Einerseits werde man bis Ende des Jahres einen Bericht erarbeiten, der eine Liste von Initiativen und Empfehlungen an die BRICS-Staatschefs enthalten soll. Gleichzeitig würden bereits jetzt konkrete Schritte unternommen. Dazu gehöre eine multilaterale Abwicklungs- und Zahlungsplattform, die sogenannte BRICS-Bridge. Diese soll die unterschiedlichen Finanzmärkte der BRICS-Mitgliedsstaaten zusammenführen und den gegenseitigen Handel vorantreiben. Besonderes Augenmerk legten die Teilnehmer jedoch auf die Verwendung der nationalen Währungen.

Es gibt zwei herausragende Stimmen, die das Projekt dieser neuen Finanzarchitektur mit seinen Elementen wie nationale Währungen, eigene Zahlungssysteme, Handelsvereinbarungen etc. analysiert haben. Paolo Nogueira Batista Junior, ein brasilianischer Ökonom und ehemaliger Vizepräsident der Neuen Entwicklungsbank NDB. Batista war zwischen 2007 und 2015 Direktor für Brasilien beim Internationalen Währungsfonds. Die zweite Person ist Sergei Glasjew, ebenfalls Ökonom und derzeit Minister für Integration und Makroökonomie in der Eurasischen Wirtschaftskommission. Grundsätzlich sind die Vorschläge der beiden Ökonomen sehr ähnlich, wobei Glasjew einen entscheidenden Schritt weiter geht. Dazu gleich mehr.

Batista leistete einen bemerkenswerten Beitrag zu einer Podiumsdiskussion auf der 20. Jahrestagung des Waldai-Clubs in Russland. Der Titel des Panels: BRICS als Prototyp einer neuen internationalen Architektur. Batista kritisierte dort scharf, dass das Denken in den Finanzinstitutionen der BRICS-Staaten noch im alten System gefangen sei. Dies sei auch der Grund, warum die New Development Bank, die bereits 2015 als BRICS Entwicklungsbank gegründet wurde, bisher kaum Fortschritte gemacht habe.

Grund dafür sei auch, dass der damalige brasilianische Präsident Bolsonaro eine führungsschwache Person an die Spitze der New Development Bank entsandt habe. Batista wörtlich: "Technisch schwach, westlich orientiert, ohne Führungsqualitäten und ohne Vorstellung davon, wie man geopolitische Initiativen übernimmt". Mit der anschließenden Ernennung von Dilma Rousseff habe sich zwar etwas Grundlegendes geändert, aber ihre Amtszeit endet bereits im Juli 2025.

Die Projekte der New Development Bank würden hauptsächlich in Dollar abgewickelt, so Batista. „Wie können wir als BRICS glaubwürdig von Entdollarisierung sprechen, wenn unsere wichtigste Finanzinitiative immer noch ganz überwiegend in Dollar arbeitet?" Auch der von den BRICS gegründete Währungsfonds CRA liege im Dornröschenschlaf. Die Zentralbanken würden das Potenzial dieser Institution bis heute ungenutzt lassen.

Für eine gemeinsame BRICS-Währung schlägt Batista vor, mit einer Verrechnungseinheit zu beginnen. Diese wird durch einen Währungskorb gedeckt. Der Anteil jeder Währung entspräche in etwa dem relativen wirtschaftlichen Gewicht des jeweiligen Landes. Mit dieser Verrechnungswährung würden die Neue Entwicklungsbank und der CRA arbeiten. Die neue Währung, die vorläufig R5 oder R5+ getauft wurde, muss keine physische Währung sein, die in Form von Münzen und Papier ausgegeben wird. Sie ist zunächst digital und ersetzt nicht die Währungen der BRICS-Staaten, sondern zirkuliert parallel zu ihnen in internationalen Transaktionen. Es entsteht keine Zentralbank der Zentralbanken wie etwa in der Europäischen Union, sondern die Zentralbanken der BRICS-Staaten bleiben bestehen und behalten die souveräne Verantwortung für die Währungsaufsicht.

Batista spricht sich allerdings dagegen aus, dass die Währung auch durch Gold oder andere Rohstoffe gedeckt wird. Als Grund nennt er die Instabilität ihrer Preise. Stattdessen sollten Anleihen im Namen der BRICS-Staaten ausgegeben werden. Diese sind frei konvertierbar in die Währung. Die CRA und die NDB würden eine wichtige Rolle dabei spielen, die Währung in Umlauf zu bringen, Kredite zu vergeben und Währungsswaps einzurichten. All dies würde in den nächsten Wochen und Monaten intensiv diskutiert werden. Dazu sei eigens ein BRICS Think Tank Network for Finance eingerichtet worden.

Sergei Glasjew, der seit langem Pläne für die Einführung eines alternativen Finanzsystems entwickelt, schlägt einen doppelten Korb als Unterlegung der BRICS-Währung vor: einen Währungskorb und einen Rohstoffkorb. Die neue Währung wäre also ein Index aus Rohstoffen und nationalen Währungen. Dazu ist ein weiterer wichtiger Schritt nötig, denn die Rohstoffpreise werden durch westliche Spekulation bestimmt. Sergej Glasjew: „Wir produzieren diese Rohstoffe, wir konsumieren sie, aber wir haben keinen eigenen Preismechanismus, der Angebot und

Nachfrage in Einklang bringt {...[es ist unmöglich, eine strategische Planung für die wirtschaftliche Entwicklung zu machen, wenn man die Preise der grundlegenden Rohstoffe nicht kontrolliert". Man solle sich konsequenterweise von den westlichen Rohstoffbörsen trennen und zu der Idee langfristiger Vereinbarungen zurückkehren, bei denen eine Preisformel zwischen den Vertragspartnern ausgearbeitet wird. Das habe man mit Öl gemacht, das habe man mit Erdgas gemacht, und es habe funktioniert.

"Man braucht jemanden, der sich verantwortlich fühlt", sagt Glasjew. Er schlägt vor, eine internationale Arbeitsgruppe einzurichten, die Vertragsentwürfe ausarbeitet. Man könnte seiner Meinung nach die Neue Entwicklungsbank beauftragen, dieses neue Modell, die neue Währung und die internationalen Verträge auszuarbeiten. Russland an sich ist bereits völlig unabhängig. Russland hat sein eigenes Swift, das SPFS, es gibt Devisenbörsen und Kommunikation zwischen den Zentralbanken.

Das gleiche Modell könne auf die BRICS übertragen werden. Es brauche nur den politischen Willen und Personen, die die Verantwortung tragen. Ein Problem sei laut Glasjew, dass viele Beamte durch den IWF und seine Ideologien ausgebildet und beeinflusst worden seien. Ihnen sei es egal, ob Preise manipuliert werden oder Wechselkurse auf und ab schwanken. „Sie halten das für den natürlichen Lauf der Dinge, es ist eine Art religiöse Sekte, und religiöse Sekten schaffen keine Innovationen." Die Schaffung einer BRICS-Währung und eines neuen internationalen Finanzsystems ist daher weniger ein technisches Problem als vielmehr ein ideologischer Paradigmenwechsel. Es ist keine leichte Geburt, aber die Sache ist sicher nicht mehr aufzuhalten.

"Wir brauchen keinen Hegemon, sondern Multipolarität"

Jeffrey Sachs und zahlreiche andere sprachen beim Antalya Diplomatic Forum

6. März, 2024

Wer an Antalya denkt, assoziiert vielleicht Badestrände und das Tor des römischen Kaisers Hadrian. Doch in der türkischen Mittelmeerstadt findet jedes Jahr ein renommiertes diplomatisches Forum statt: das Antalya Diplomacy Forum. Hier treffen sich Regierungschefs, Minister, Diplomaten, Wirtschaftsführer, Akademiker und Think Tanks, um aktuelle geopolitische Fragen umfassend und tiefgründig zu diskutieren.

Auch beim diesjährigen Forum, das vom 1. bis 3. März stattfand, gab es wieder zahlreiche Plenarsitzungen, runde Tische und Paneldiskussionen. Die Themen waren vielfältig: Frieden im Nahen Osten, internationaler Handel, das Potenzial Afrikas, Multilateralismus, Zusammenarbeit in Eurasien und vieles mehr.

Ich möchte die Paneldiskussion herausgreifen, die den Titel trug: Den globalen Süden verstehen. Teilnehmer waren die südafrikanische Außenministerin Naledi Pandor, die brasilianische Außenministerin Maria Da Rocha, Professor Jeffrey Sachs von den Vereinten Nationen und Herr Isiaka Imam, Generalsekretär der D-8, einem Zusammenschluss von acht Schwellen- und Entwicklungsländern.

Im Mittelpunkt stand die Rolle der Vereinten Nationen. Naledi Pandor sprach über die Erfahrungen ihres Landes mit Unterdrückung und Kolonialismus. Alle müssten mit gleichen

Maßstäben gemessen werden, es dürfe keine Straffreiheit geben. Südafrika habe Israel wegen seiner Verbrechen vor den Internationalen Gerichtshof gebracht. Aus dem Westen kämen Heuchelei und Doppelmoral. Man könne doch die Allgemeine Erklärung der Menschenrechte nicht nur auf die einen anwenden, aber nicht auf die anderen. Eine Reform der Vereinten Nationen sei dringend notwendig.

Frau Da Rocha betonte, dass im internationalen System die Interessen aller berücksichtigt werden müssten und dass die wichtigsten Themen der Kampf gegen Hunger, Armut, Umweltzerstörung und die Schaffung einer besseren Global Governance seien.

Professor Jeffrey Sachs machte deutlich, dass es Europa, Großbritannien und die USA gewesen seien, die seit dem 19. Jahrhundert diese Dominanz ausgeübt hätten. Europa habe Afrika unter sich aufgeteilt und die Welt erobert. Das britische Empire war die mächtigste Kriegsmaschine, die die Welt je gesehen habe. Nun hätten die USA diese Rolle als Welthegemon übernommen.

Gleichzeitig seien die Vereinten Nationen gegründet worden. Aber Washington habe nicht begriffen, dass wir in einer neuen multipolaren Welt lebten. Sie lebten wie in einer Blase, bezahlt vom militärisch-industriellen Komplex, während der Rest der Welt gerechtere Institutionen wolle.

D-8 Generaldirektor Imam macht deutlich, dass die Weltöffentlichkeit den Westen mit Überdruss und Misstrauen betrachte. Viele Organisationen im globalen Süden würden derzeit an die Öffentlichkeit gehen und wirtschaftliche Entwicklung einfordern. Was man wolle, seien neue Chancen für die Regionen, statt mit den Mächtigen zu konkurrieren. Die Zeiten seien vorbei, in denen der Westen oder irgendjemand sich einfach die Rohstoffe aus Afrika hole. Man wolle eigene Produktion und Industrie und die Abhängigkeit beenden.

Diese kurze Beschreibung kann sicherlich nicht das eigene authentische Erleben der Veranstaltung ersetzen, daher sei an dieser Stelle empfohlen, diese in den entsprechenden sozialen Medien zu verfolgen. Ein besonders eindrücklicher Austausch fand am Ende des Panels zum globalen Süden statt: Auf die Frage eines türkischen Botschafters antwortete Professor Jeffrey Sachs eindrucksvoll über die Rolle der BRICS, die Macht des globalen Südens und den entscheidenden historischen Moment, der sich derzeit entfaltet:

Frage eines Botschafters: "Ich denke, die eigentliche Frage für einen Experten für internationale Beziehungen ist: Wie könnte der globale Süden eine Institution werden und eine Rolle in der internationalen Politik spielen, so dass sein Gewicht spürbar wird? Wie könnte der globale Süden eine Organisation werden, wie zum Beispiel die Bewegung der Blockfreien Staaten während des Kalten Krieges?"

Professor Jeffrey Sachs: "Zählen wir doch mal die Stimmen, um das zu einzuordnen. Es gibt die reiche Welt - nennen wir sie die Länder mit hohem Einkommen oder die nordatlantischen Länder. In den USA leben 335 Millionen Menschen, in der Europäischen Union 450 Millionen, in Großbritannien und anderen Ländern etwa 50 Millionen. Wir reden hier über 10 % der Weltbevölkerung in der Gruppe, die die Welt regiert hat. Wenn man dagegen vom globalen Süden spricht: Nehmen Sie die G77 plus China, das sind 134 Länder mit 80 % der Weltbevölkerung. Nehmen Sie die BRICS: Die fünf ursprünglichen BRICS-Länder haben einen Anteil von 32 % an der Weltproduktion nach Kaufkraftparität, verglichen mit 30 % für die G7. Wenn man die fünf neuen BRICS-Mitglieder hinzuzählt, sind es 37% des BIP, verglichen mit 30% für die G7. An Macht und Einfluss mangelt es nicht.

Natürlich muss man sich Gehör verschaffen, aber es gibt viele Möglichkeiten, sich Gehör zu verschaffen. Die BRICS sind eine sehr wichtige und meiner Meinung nach sehr konstruktive Gruppe, die G77 plus China ist eine sehr wichtige und sehr konstruktive Gruppe. Zählen wir die Stimmen, nutzen wir die UN als Ort der Abstimmung und sagen wir diesen 10 % der Welt: "Kommt darüber hinweg! Ihr habt die Welt 200 Jahre lang regiert. Es reicht." Das wird sich sehr schnell ändern. Lasst uns nur aufpassen, dass wir uns nicht selbst in die Luft sprengen, bevor die Veränderung eintritt, und mit "wir" meine ich mein eigenes Land, die USA, und ein paar andere, die damit aufhören sollten, und denen der Rest der Welt zu verstehen geben sollte, dass sie diese Kriege nicht mehr weiterführen können".

Entscheidung für Pakistan?

Pakistan will BRICS-Mitglied werden - China und Russland sollen dabei helfen

8. März, 2024

Es ist seit langem im Gespräch. Pakistan strebt eine Mitgliedschaft in der BRICS-Staatengruppe an. Da über die Aufnahme neuer Mitglieder einstimmig entschieden wird, sind einige Hürden zu überwinden. Als Pakistan 2022 lediglich an einem hochrangigen Dialog über globale Entwicklung teilnehmen wollte, der am Rande eines BRICS-Online-Gipfels stattfand, blockierte Rivale Indien dessen Teilnahme. Dennoch gratulierte Pakistan anschließend dem Gastgeber China, der einer seiner engsten Verbündeten ist.

Pakistan ist mit über 220 Millionen Einwohnern das fünftbevölkerungsreichste Land der Welt. Die Bevölkerung ist überwiegend jung, mit einem hohen Anteil an Menschen unter 30 Jahren. Im Jahr 2020 betrug das nominale BIP des Landes rund 305 Mrd. USD. und ist damit eine der größten Volkswirtschaften Südasiens. Das Land kämpft derzeit allerdings mit starken Wachstumseinbrüchen und in die Höhe schnellenden Verbraucherpreisen. Zudem hat man sich, was ausländische Schulden angeht, zu sehr vom Internationalen Währungsfonds abhängig gemacht.

Trotzdem oder gerade deshalb strebt das Land die Mitgliedschaft in der neuen Gruppe der aufstrebenden Schwellenländer an. Ende November 2023 bestätigte das pakistanische Außenministerium erstmals öffentlich seine Bewerbung um die Mitgliedschaft in den BRICS. Zur Begründung hieß es, Pakistan könne eine wichtige Rolle bei der Verbesserung der internationalen Zusammenarbeit spielen. Außerdem hoffe man, dass die BRICS-Staaten die pakistanische Bewerbung voranbringen und ihrem Anspruch als Organisation des inklusiven Multilateralismus gerecht werden würden.

Mitte Februar dieses Jahres besuchte nun der Vorsitzende des pakistanischen Verteidigungsausschusses, Senator Mushahid Hussain, Moskau. Er zeigte sich optimistisch, dass Pakistan mit russischer Hilfe den BRICS beitreten könne. Hussain traf sich mit Russlands Nummer zwei, dem ehemaligen Präsidenten Dmitri Medwedew, um über die, wie er sagte, "unbegrenzten Möglichkeiten der pakistanisch-russischen Zusammenarbeit" zu sprechen, insbesondere über gemeinsame Projekte in den Bereichen

Energie und wirtschaftliche Anbindung in der südasiatischen Region, einschließlich Afghanistan.

In einer Rede vor der Russischen Diplomatischen Akademie betonte Hussain, dass es keine grundlegenden Interessenkonflikte zwischen Pakistan und Russland gebe. Pakistan habe sich im Ukraine-Konflikt neutral verhalten und sich der Stimme enthalten. Pakistan zähle zu den vier besonders wichtigen mittelgroßen muslimischen Ländern, zu denen auch Iran, Saudi-Arabien und die Türkei gehörten, die eine entscheidende Rolle bei der Lösung regionaler Probleme und Konflikte spielen könnten.

Die große Frage ist, inwieweit Pakistan seine engen strategischen Verbindungen zu China und Russland nutzen kann, um beim nächsten BRICS-Gipfel im russischen Kazan im Oktober dieses Jahres endlich als Mitglied aufgenommen zu werden. Vor allem China gilt als Pakistans "starker Partner". Die enormen Investitionen Chinas in den China-Pakistan Economic Corridor, ein Prestigeprojekt der Neuen Seidenstraße, haben die Verflechtungen zwischen beiden Ländern besonders verstärkt.

Optimistisch stimmt, dass sowohl Indien als auch Pakistan Mitglieder der Shanghaier Organisation für Zusammenarbeit sind. Es ist also möglich, dass Rivalitäten und Gegensätze zugunsten eines übergeordneten Ziels, nämlich der Stabilisierung und Erweiterung der multipolaren Ordnung, in den Hintergrund treten. Pakistan hat sogar den Vorsitz im Rat der Regierungschefs der Shanghaier Organisation inne. Seit Pakistan im Oktober letzten Jahres den Vorsitz der SCO übernommen hat, fanden bereits über 20 Veranstaltungen statt, weitere 60 sollen folgen, wobei der Schwerpunkt auf wirtschaftlicher, finanzieller und humanitärer Zusammenarbeit liegt. Konkret geht es um den

Bau von Straßen, Eisenbahnen, Flugverbindungen und die Entwicklung der digitalen Wirtschaft.

Die Shanghaier Organisation für Zusammenarbeit hat neun Mitglieder, Belarus soll noch in diesem Jahr als zehntes hinzukommen. Die endgültige Entscheidung dafür soll auf dem SCO-Gipfel in Astana im Sommer 2024 fallen. Auch bei der Gründung einer gemeinsamen Entwicklungsbank soll es Fortschritte geben, jedenfalls berichtete die Zeitung Belutschistan Times Ende Januar, dass Finanzexperten bereits an dem Thema arbeiten.

Tiefgreifende globale Veränderungen

Chinas Außenminister Wang Yi hielt eine strategisch wichtige Pressekonferenz ab

10. März, 2024

Es erfordert viel Mühe und Aufmerksamkeit, sich mit den Konturen der neuen multipolaren Welt zu beschäftigen. Sich allein ein authentisches Bild von der chinesischen Wirtschaftspolitik oder den politischen Strategien Russlands zu machen, erfordert viel zusätzliche Arbeit und Zeit, die man in der Regel nicht hat. Wie viel mehr gilt das für die Beschäftigung mit multilateralen Organisationen wie BRICS, ASEAN, CELAC, SCO, und den vielen anderen Formaten aus dem Globalen Süden.

In der Nichtbeachtung dieses historischen globalen Bruchs mit der Dominanz des Westens liegt nicht zuletzt der tiefere Grund dafür, dass Deutschland seine Zukunft zu verpassen droht. Die kollektive Aufmerksamkeit konzentriert sich hierzulande auf die Analyse hausgemachter und regionaler Probleme und Konflikte. Politische Lösungen werden kaum diskutiert und oft gar nicht mehr erwartet. Doch der Ausweg liegt nicht oder nicht mehr nur im Verlassen auf die eigenen Kräfte. Es bedarf einer umfassenden strategischen Neuorientierung, eines Paradigmenwechsels.

Das neue Paradigma existiert bereits. Es wirkt, es wird von Tag zu Tag stärker. Es koordiniert seine Kräfte. Die Volksrepublik China spielt dabei eine entscheidende Rolle. Zugegeben, es bedarf einiger Konzentration, um sich über dieses Land jenseits der von den deutschen Mainstream-Medien verbreiteten Meinungen und "Narrative" zu informieren. Wer setzt sich schon hin und studiert beispielsweise die große Pressekonferenz des chinesischen Außenministers Wang Yi am Rande der Sitzung des 14. Volkskongresses am 7. März dieses Jahres?

Nun, Die Multipolare Welt hat dies getan. Vorläufiges Fazit: Seine Antworten waren keineswegs vom Antagonismus gegenüber dem Westen oder von autokratischen Herrschaftsansprüchen geprägt. Im Gegenteil: Es ging vor allem um Kooperation, Koordination, Multilateralismus, BRICS, die Neue Seidenstraße, Diplomatie, Handel, Technologie und Entwicklung.

So äußerte sich Wang Yi gegenüber der russischen Nachrichtenagentur Rossija Segodnja wie folgt: „Hegemonismus findet in der heutigen Welt keine Unterstützung, Spaltung führt nirgendwohin". Damit ist eindeutig ausgedrückt, dass kein Land aus der bisher von den USA dominierten unipolaren Welt in eine neue unipolare Welt unter der Dominanz Chinas eintreten will. Aber als Vorurteil hält es sich in Europa hartnäckig. Der Minister betont auch immer wieder, dass die Beziehungen zwischen China und Russland ein neues Modell für die Beziehungen zwischen mächtigen Staaten geschaffen haben. Ansätze aus der Zeit des

Kalten Krieges wurden als obsolet und überholt über Bord geworfen.

Für den bilateralen Handel hatten sich China und Russland das Ziel gesetzt, im Jahr 2023 die Marke von 200 Milliarden US-Dollar zu erzielen. Tatsächlich wurde die Rekordsumme von 240 Milliarden US-Dollar erreicht. Wang Yi wörtlich: „Russisches Erdgas versorgt viele chinesische Haushalte und in China gebaute Autos fahren auf russischen Straßen". In diesem Jahr feiern China und Russland den 75. Jahrestag der Aufnahme diplomatischer Beziehungen und das chinesisch-russische Kulturjahr. Höhepunkt ist zudem, dass Russland in diesem Jahr den BRICS-Vorsitz innehat und China ab der zweiten Jahreshälfte 2024 den Vorsitz der Shanghaier Organisation für Zusammenarbeit übernehmen wird.

Die wichtigste Solidarität und das größte diplomatische Betätigungsfeld für China seien die Länder des globalen Südens. China sei in seiner Diplomatie selbstbewusster und unabhängiger geworden, sagte Wang. China wolle sich uneingeschränkt für die Rechte und Interessen der Entwicklungsländer einsetzen. Ausführlich erläuterte der Minister, wie sich China eine geordnete multipolare Welt vorstellt. Im Gegensatz zu der vom Westen viel beschworenen regelbasierten Ordnung, in der Regeln selektiv angewendet werden, nirgendwo festgeschrieben sind und Spannungen und Antagonismen erzeugen, setzt China auf gleiche Regeln für alle, unabhängig von der Größe und Stärke eines Landes.

Wang Yi wörtlich: „Eine geordnete multipolare Welt bedeutet, dass alle die Ziele und Prinzipien der Charta der Vereinten Nationen respektieren und die allgemein akzeptierten grundlegenden Normen der internationalen Beziehungen aufrechterhalten sollten. Multipolarität bedeutet nicht mehrere Blöcke, Zersplitterung oder Unordnung. Alle Länder müssen innerhalb des von den Vereinten Nationen geschaffenen Systems handeln und ihre Zusammenarbeit im Rahmen dieser Global Governance organisieren."

Dies bezieht sich natürlich in erster Linie auf die Rolle der USA und anderer westlicher Länder. Das Gipfeltreffen zwischen dem chinesischen Präsidenten Xi Jinping und US-Präsident Joe Biden wird in China als relativer Erfolg gewertet. Dennoch machte Minister Wang deutlich, dass die USA ihre falschen Darstellungen gegenüber China fortsetzten. „Wenn die USA das eine sagen und das andere tun, wo bleibt dann die Glaubwürdigkeit als mächtiges Land? Wenn es jedes Mal zittert, wenn das Wort China fällt, wo bleibt da das Selbstbewusstsein als mächtiges Land? [...] Wenn die USA davon besessen sind, die Entwicklung Chinas zu unterdrücken, werden sie sich am Ende selbst schaden."

Ähnlich äußerte sich der Minister zu den Beziehungen zwischen China und der EU. Man habe zwar im vergangenen Jahr anlässlich des 20. Jahrestages der umfassenden strategischen Partnerschaft zwischen China und der EU alle Dialoge und Austauschformate auf allen Ebenen wiederbelebt. Zudem gebe es sehr viele gemeinsam erfolgreiche Projekte wie die Eisenbahnverbindung zwischen Budapest und Belgrad, die Entwicklung des Hafens von Piräus und die Peljesak-Brücke in Kroatien. Irritierend sei jedoch, dass die EU China gleichzeitig als Partner, Konkurrenten und Systemgegner bezeichne. Das sei so, als ob man auf eine Ampel zufahre und gleichzeitig das grüne, das gelbe und das rote Licht leuchte.

Im Gegensatz dazu entwickeln sich die verschiedenen multilateralen Foren des globalen Südens rasant. Das chinesisch-arabische Kooperationsforum feiert sein 20-jähriges Bestehen. Das China-CELAC-Forum geht in sein zehntes Jahr produktiver Zusammenarbeit. Und im Herbst wird in China ein weiterer FOCAC-Gipfel stattfinden, das wichtigste chinesisch-afrikanische Kooperationsforum. Auf die Frage einer lateinamerikanischen Nachrichtenagentur nach der Bedeutung der Zusammenarbeit zwischen China und den Ländern des globalen Südens antwortete der Minister: "Die Erweiterung der BRICS spiegelt den kollektiven Aufstieg des globalen Südens und die beschleunigte Entwicklung der Welt in Richtung Multipolarität wider. Der globale Süden, bestehend aus Schwellen- und Entwicklungsländern, macht mittlerweile mehr als 40 Prozent der Weltwirtschaft aus und verändert die globale Wirtschaftslandschaft tiefgreifend". Diese Veränderungen seien so dramatisch wie seit einem Jahrhundert nicht mehr.

Im vergangenen Jahr wuchs die chinesische Wirtschaft um 5,2 Prozent und trug damit rund ein Drittel zum Weltwirtschaftswachstum bei. Das Land wird auf absehbare Zeit die treibende Kraft bleiben. Gleichzeitig vernetzt es sich über die Neue Seidenstraße immer enger mit anderen Schwellen- und Entwicklungsländern mit konkreten Ergebnissen: Die China-Laos-Eisenbahn, der China-Pakistan-Wirtschaftskorridor und die Gaspipeline durch Zentralasien, aber auch Industrieparks mit Malaysia und der erfolgreiche Bau der Hochgeschwindigkeitsstrecke zwischen Jakarta und Bandung in Indonesien sind Leuchtturmprojekte dieser Initiative.

Es ist zu hoffen, dass sich in Deutschland immer mehr Menschen über diese Entwicklung informieren und daraus Schlüsse für die wirtschaftliche und politische Zukunft des Landes ziehen. Der sprichwörtliche deutsche Karren steckt tief im Dreck. Mit den alten Glaubenssätzen zur Lösung der Krise kommen wir nicht trockenen Fußes aus der Krise. Auch Deutschland braucht eine positive und produktive Partnerschaft mit den Schwellen- und Entwicklungsländern des globalen Südens. Gemeinsame Projekte, Handelsbeziehungen, kultureller Austausch und die Einbettung in eine gleichberechtigte und gerechte multipolare Ordnung sollten das erklärte Ziel aller in der heutigen Zeit sein.

Russland und Brasilien: unzertrennlich

Über die gescheiterte Strategie, Russlands BRICS-Partner zu spalten

14. März, 2024

Andrij Melnyk hat einen flammenden Brief an Lula da Silva geschrieben. Der berüchtigte ehemalige ukrainische Botschafter in Berlin ist seit Juni diplomatischer Vertreter der Ukraine in Brasilien. Melnyk lässt sich derzeit dafür einspannen, den brasilianischen Präsidenten gegen Russland in Stellung zu bringen und die ukrainische Position zu unterstützen. Es geht um die Vorbereitung von Friedensverhandlungen, allerdings unter Ausschluss russischer Verhandlungspartner. Botschafter Melnik forderte Lula in seinem Brief geradewegs zu einem Bruch mit Russland auf.

Dies ist Teil der augenscheinlichen Strategie der G7-Staaten, Druck auf die internationalen Partner Russlands auszuüben, um doch noch eine Isolierung und Ächtung Russlands für seine

Militäroperation in der Ukraine zu erreichen. Der Tagesspiegel berichtete vor wenigen Tagen, dass man in Berliner Regierungskreisen davon ausgehe, dass es nicht einfach sein werde, die Staatschefs des globalen Südens für den vom Westen angestrebten Verhandlungsgipfel zu gewinnen. Zudem lägen die Positionen zum Vorgehen Israels gegen die Palästinenser meilenweit auseinander. Man wolle über die BRICS-Staaten Druck aufbauen, heißt es.

Doch dieser Ansatz, die Staatschefs und Spitzenpolitiker des globalen Südens und der BRICS-Staaten umzudrehen, ist eigentlich von vornherein zum Scheitern verurteilt. Noch Ende Februar dieses Jahres traf sich beispielsweise der russische Außenminister Sergei Lawrow mit seiner brasilianischen Amtskollegin Maria da Rocha zum 12. Treffen der russisch-brasilianischen Regierungskommission für Handel, Wirtschaft, Wissenschaft und technische Zusammenarbeit.

Die Gespräche hätten in der für die russisch-brasilianischen Kontakte typischen freundschaftlichen und vertrauensvollen Atmosphäre stattgefunden und sich auf die weitere Stärkung des bilateralen politischen Dialogs und der praktischen Zusammenarbeit in wirtschaftlichen, kulturellen und humanitären Fragen konzentriert. Die brasilianische Außenministerin unterstrich die dynamische Entwicklung der Beziehungen zwischen beiden Ländern und die Tatsache, dass beide innerhalb der BRICS-Plattform eine zentrale Rolle auf der weltpolitischen Bühne spielen würden.

Gleichzeitig wurde bekannt, dass der brasilianische Präsident Lula da Silva den russischen Präsidenten Wladimir Putin im Oktober beim BRICS-Gipfel in Russland persönlich treffen wird - das erste Treffen der BRICS-Staaten, bei dem der russische

Präsident persönlich anwesend sein wird, seit dem Ausbruch des Krieges in der Ukraine im Februar 2022. Zum BRICS-Gipfel in Südafrika war der russische Präsident nicht persönlich angereist, sondern hatte sich von Außenminister Lawrow vertreten lassen.

Beim vergangenen G20-Gipfel in der brasilianischen Hauptstadt Brasilia empfing Präsident Lula den russischen Außenminister sogar in seinem Präsidentenpalast. Im Rahmen des G20-Gipfels hob Lawrow insbesondere die russisch-brasilianische bilaterale Zusammenarbeit als zentrales Element einer umfassenderen Strategie zur Stärkung des Einflusses der Entwicklungsländer auf der Weltbühne hervor. Lawrows Einsatz für mehr Einfluss des globalen Südens im UN-Sicherheitsrat wurde von Brasilien und vielen anderen Partnern wiederholt begrüßt.

Es gibt aber auch handfeste wirtschaftliche Gründe, warum Brasilien seine Partnerschaft mit Russland weiter ausbauen will. Vor wenigen Tagen erschien dazu sogar ein Artikel in der Deutschen Welle. Etwas ernüchtert musste man feststellen, dass die brasilianischen Wirtschaftsstatistiken recht gut aussähen. Mit einem Wirtschaftswachstum von 2,9 Prozent im Jahr 2023 und einem Bruttoinlandsprodukt von knapp 2,2 Billionen US-Dollar würde die brasilianische Wirtschaft wieder zu den Top Ten der größten Volkswirtschaften der Welt gehören.

Die Agrarindustrie verzeichnete ein Rekordwachstum von mehr als 15 Prozent, wobei russische Düngemittellieferungen besonders wichtig sind. Allerdings ist China wirtschaftlich noch wichtiger als Russland, vor allem als Abnehmer brasilianischer Exporte, im Gegenzug investiert China stark in die brasilianische Automobilindustrie, Energie und Landwirtschaft. In der Automobilindustrie ist es nicht nur China. Milliardeninvestitionen aus aller Welt fließen nach Brasilien, das als Zukunftsmarkt für die internationale Automobilindustrie gilt.

Warum der Westen, auch Deutschland, angesichts dieser überwältigenden Faktenlage immer noch an dem Glauben festhält, Russland ließe sich durch Sanktionen in die Knie zwingen und seine politischen Partner ließen sich durch politischen Druck abwerben, bleibt ein Paradoxon. Gerade erst hat der amerikanische Ökonom James Galbraith von der University of Texas in Austin in einem ausführlichen Interview klargestellt, dass die Sanktionen gegen Russland ins Leere gelaufen sind bzw. dass Russland sich klug und flexibel auf die neue Situation eingestellt hat. Mit seiner riesigen Landmasse, seinen reichen Ressourcen, seiner beeindruckenden Kompetenz in Wissenschaft und Technologie sowie mit seinen globalen Handelspartnern China, Brasilien, den BRICS-Ländern und den afrikanischen Staaten habe sich Russland, so Galbraith, an die Herausforderungen der westlichen Sanktionen angepasst und diese gemeistert.

Der eingangs zitierte ukrainische Botschafter Melnik hätte sich den Brief also sparen können. Und auch die Bundesregierung in Berlin hätte inzwischen über das Scheitern ihrer Strategie nachdenken und Konsequenzen ziehen müssen. Die Sanktionen haben Deutschland als Industrieland geschwächt und die russische Industrie gestärkt bzw. vom Westen unabhängiger gemacht. Auch der Versuch des Westens, die vielfältigen Verbindungen und Kooperationen zwischen Russland und großen Teilen der Schwellen- und Entwicklungsländer zu kappen, wird nicht funktionieren. Wir leben nicht mehr in einer unipolaren Welt, nur Verhandlungen auf Augenhöhe zwischen dem Westen, Russland, China, Lateinamerika, Afrika und anderen Machtzentren können die Konflikte und Probleme der Welt lösen.

Sanktionen meistern: China lernt von Russland

China lernt von Russlands unkonventionellem Umgang mit westlichen Sanktionen

18. März, 2024

Russland hat nicht nur alle Sanktionen des Westens meisterhaft pariert, es ist auch zum Studienobjekt geworden. Ob sich das die Architekten der Sanktionspakete im Westen auch nur in ihren kühnsten Träumen vorgestellt haben? China analysiert derzeit bis ins kleinste Detail, wie es Russland gelungen ist, die westlichen Sanktionen nicht nur abzuwehren, sondern an ihnen sogar zu wachsen.

Ein sehr prominenter chinesischer Ökonom, Ding Yifan, schrieb kürzlich einen vielsagenden Artikel mit dem Titel „Vier Strategien gegen Sanktionen, bei denen China von Russland lernen kann". Dass Russland hier zum Vorbild und Präzedenzfall für China wird, dürfte den verdutzten Machern der Sanktionspakete schlaflose Nächte bereiten. Das Reich der Mitte wird auf möglicherweise kommende harte Sanktionen der USA und Europas wesentlich besser vorbereitet reagieren können.

Ding Yifan ist ein renommierter chinesischer Wirtschaftswissenschaftler mit langjähriger Erfahrung in internationalen Angelegenheiten. Er ist stellvertretender Direktor des Instituts für globale Trends im Entwicklungsforschungszentrum des Staatsrats. Er hat zahlreiche Beiträge zu Themen wie internationale

Wirtschaft, globale Beziehungen, europäische und amerikanische Politik und Globalisierung verfasst.

Ding stellt in seinem Papier zunächst fest, dass die konventionelle Antwort auf Sanktionen gegen die eigene Währung gewesen wäre, Maßnahmen zur Stabilisierung durch den Einsatz von Devisenreserven und Zinserhöhungen zu ergreifen. Das habe aber in der Vergangenheit nie funktioniert. Hätte Russland den gleichen Weg gewählt, wäre es höchstwahrscheinlich gescheitert. Stattdessen hat Russland den genialen Schritt unternommen, ihm unfreundlich gesinnte Staaten zu zwingen, Rubel zu kaufen, um ihre Handelsverträge, zum Beispiel über Energielieferungen, zu bezahlen. Dieser Schritt ließ die Nachfrage nach Rubel auf den internationalen Märkten in die Höhe schnellen und stabilisierte den Wechselkurs. Die russische Zentralbank konnte die Zinsen niedrig halten. Investitionen und Konsum wurden dadurch kaum beeinträchtigt. Auch China könnte ähnliche Reaktionen auf mögliche Sanktionen gegen die chinesische Währung Renminbi entwickeln.

Die zweite Strategie ist laut Ding die Sicherung der Lieferketten. Russland habe schnell gehandelt, um seine industriellen Kapazitäten auf einem hohen Niveau zu halten. Dies ermögliche nicht nur eine effiziente Versorgung des Militärs. Auch in der zivilen Wirtschaft gehe die Versorgung der Bevölkerung ohne Einschränkungen weiter. Drittens habe Russland erkannt, wie wichtig es sei, seine internationalen Beziehungen auszubauen. Gerade im Hinblick auf die Sanktionen des Westens habe sich kein einziges Land des globalen Südens diesen Sanktionen angeschlossen. Russlands Handelsbeziehungen und Geschäfte gingen ohne große Einschränkungen weiter. Gerade im Zeitalter des sogenannten Decoupling und Derisking, so der Autor Ding, sei das Verhalten Russlands ein anschauliches Lehrstück für China. Auch Chinas Handel mit nicht-westlichen Staaten habe die traditionellen Handelsbeziehungen mit dem Westen inzwischen überholt.

Der vierte strategische Punkt ist die Verringerung der Abhängigkeit von westlichen Währungen. Als Folge der Sanktionen war Russland nicht mehr in der Lage, Transaktionen mit anderen Ländern in westlichen Währungen wie dem Dollar oder dem Euro abzuwickeln. Russland hat sich daher vor allem der chinesischen Währung zugewandt. Die historische Tragweite dieses Szenarios ist vielleicht nicht allen im Westen bewusst. „Russland, das größte und ressourcenreichste Land der Welt, und China, die größte Produktionsmacht der Welt, sind nun eng miteinander verflochten. Die möglichen Folgen einer Vereinigung dieser beiden Länder sollten nicht auf die leichte Schulter genommen werden", so Ding Yifan.

Das sei auch der Grund, warum das Thema De-Dollarisierung beim BRICS-Gipfel 2023 in Südafrika eine so große Rolle gespielt habe. Grenzüberschreitende Devisentransaktionen unter Umgehung des Dollars werden die Handelsbeziehungen der BRICS-Staaten in naher Zukunft prägen. Ding Yifans Fazit: „Seit der Ukraine-Krise hat uns Russland mit unschätzbaren Erfahrungen versorgt. Wir können viele Lehren aus diesem Beispiel ziehen, die uns in die Lage versetzen werden, zukünftigen Finanz- und Wirtschaftssanktionen des Westens selbstbewusster und widerstandsfähiger zu begegnen".

Als EU-Kommissionspräsidentin Ursula von der Leyen Ende Mai 2022 ein Verbot von mehr als 90 Prozent aller russischen Ölimporte auf den Weg brachte, sagte sie übrigens: "Das ist ein wichtiger Schritt nach vorne". Heute, fast zwei Jahre später, muss man sich fragen: Für wen?

Modi spricht mit Putin

Was der Westen nicht versteht: Es geht um Respekt und Unabhängigkeit

21. März, 2024

Die Wahlen in Russland wurden von westlichen Politikern und Medienkommentatoren einhellig als inszeniert abgetan. Deshalb hat im Westen auch niemand dem russischen Präsidenten Wladimir Putin zum Wahlsieg gratuliert. Aufgeregt stellen westliche Medien nun fest, dass der chinesische Präsident Xi Jinping zu den ersten Staatschefs gehörte, die Putin nach Bekanntgabe seines Wahlsieges beglückwünschte. Meinungsmacher wie Christina zur Nedden in der Tageszeitung Die Welt vom 19.3. spinnen daraus eine autokratische Verschwörung. Sie schreibt Russland und China ein gemeinsames Feindbild zu, nämlich die Ablehnung einer freiheitlich-demokratischen Weltordnung. Frau zur Nedden hat - was nicht weiter verwunderlich ist - eine journalistische Ausbildung an der London School of Economics mit Stationen in Maastricht und Hong Kong absolviert.

Wie passt es da ins Bild, dass auch der indische Premierminister Narendra Modi zu den ersten gehörte, die Wladimir Putin zu seinem Erdrutschsieg bei den Präsidentschaftswahlen Gratulationen aussprachen? Von einer Verschwörung antidemokratischer Kräfte ist in unseren Medien in diesem Zusammenhang nichts zu lesen. Indien gilt im westlichen Verständnis als prowestliche

Demokratie. In diesem Widerspruch erkennt der reflektierende Mensch, dass das westliche Narrativ vom Kampf der Demokratien gegen die Autokratien eine reine Fiktion ist.

In Wirklichkeit geht es darum, dass die kurze Interimsphase, die zwischen der Auflösung der Sowjetunion und heute liegt, an ihr Ende gekommen ist. Die Träume, das Wunschdenken, die Phantasien einer immerwährenden unipolaren Weltordnung des liberalen Westens sind an den Klippen der Realität zerschellt. Fukuyamas Ende der Geschichte war selbst nur ein Wimpernschlag.

Verlässt man den engen Pro-NATO-Kontext und sucht nach Quellen, die den neuen multipolaren strategischen Kontext widerspiegeln, kommt man zu realistischeren Erkenntnissen. Es ist bedauerlich, dass die deutschen Mainstreammedien ihrem Publikum immer wieder Gespenstergeschichten servieren. Die Dämonisierung und Verunglimpfung anderer politischer Ordnungen und regionaler multilateraler Gebilde soll Feindbilder schaffen, um letztlich die Umstellung Deutschlands und der NATO-Staaten auf eine Kriegswirtschaft zu rechtfertigen

Was ist denn nun wirklich los? In ihrem ausführlichen Telefongespräch betonten Modi und Putin, dass die russisch-indischen Beziehungen von einer erfreulich stetigen und dynamischen Entwicklung hin zu gegenseitig vorteilhaften Beziehungen in den Bereichen Handel, Wirtschaft, Investitionen, Energie und Verkehr geprägt seien. Man wolle sich in multilateralen Formaten, einschließlich der Shanghaier Organisation für Zusammenarbeit und der BRICS, stärker abstimmen.

Der Analyst Rizwan Shah kommentierte im Gegensatz zu westlichen Medien den Wahlsieg Putins in Russland in einem ganz anderen Licht. Die zunehmende Feindseligkeit des Westens gegenüber Russland habe eine Neuorientierung Russlands in Richtung östlicher, sprich asiatischer Machtzentren notwendig gemacht. Das überwältigende Votum für eine fünfte Amtszeit Wladimir Putins sei eine Bestätigung für den wachsenden Erfolg dieser Orientierung. Shah sieht in den Gesprächen zwischen Modi und Putin eine Stärkung der bilateralen Beziehungen zwischen Indien und Russland. Auch Putins Interaktionen mit dem chinesischen Präsidenten Xi Jinping unterstrichen die wachsende Partnerschaft zwischen den beiden Ländern, vor allem im Bereich des Energiehandels.

Natürlich bringen Neuorientierungen auch enorme Herausforderungen mit sich. Dies wird auch in den ausgewogener berichtenden Nachrichtenportalen nicht geleugnet. Shah schreibt, dass Indien, Russland und China „eine komplexe Dreierbeziehung" bilden, die „Moskau sorgfältig managen" müsse, um seinen Einfluss und sein Gewicht in der Region zu wahren. Auch die Spannungen zwischen Indien und China seien vielschichtig. Angesichts der aktuellen Herausforderungen versuche Russland, seine Identität als „weder vollständig westlich noch östlich, sondern eher in der Mitte der geopolitischen Bühne" auszurichten. Die strategischen Entscheidungen Putins und seiner Regierung, so Shah abschließend, hätten „zweifellos weitreichende Auswirkungen auf die Weltpolitik, die Wirtschaft und das Gleichgewicht der Kräfte".

Gleichzeitig hätten sich Indien und Russland gerade erst auf einen neuen Währungsmechanismus zwischen ihren jeweiligen Währungen Rupie und Rubel geeinigt. Beide Länder wollen damit ihre Abhängigkeit vom US-Dollar verringern und ihre Volkswirtschaften vor geopolitischem Druck schützen. Abgesehen von den unmittelbaren wirtschaftlichen Vorteilen sei das

Abkommen ein strategischer Schritt in den indisch-russischen Beziehungen, schreibt Shah. Es ermögliche Russland, Waren in indischer Währung aus Indien zu beziehen und gleichzeitig in die wachsende indische Wirtschaft zu investieren.

Der internationale Korrespondent und Emmanuel Abara Benson, der ansonsten vor allem über die Dynamik afrikanischer Volkswirtschaften schreibt, meint, die Beziehungen zwischen Indien und Russland hätten ihre Wurzeln in einer langen Geschichte kultureller und politischer Zusammenarbeit. Indien ist ein wichtiger Empfänger russischer Militärhardware, und technischem Equipment im Bereich der friedlichen Nutzung der Kernenergie und der Raumfahrt. Das Telefonat zwischen Modi und Putin sei keine reine Formalität gewesen, sondern eine Bekräftigung der strategischen Interessen und des gegenseitigen Respekts. Indien vertrete trotz des internationalen Drucks selbstbewusst seine eigenen Positionen und verfolge eine unabhängige Außenpolitik und geopolitische Strategie.

Natürlich wünscht man sich auch von Deutschland wieder eine eigenständige Außenpolitik. Statt sich kritiklos dem von Washington und London gesteuerten Narrativ eines "Endkampfes" zwischen Demokratien und Autokratien zu unterwerfen, brauchen wir in Deutschland wieder umfassende und fundierte Analysen, die dieses falsche Weltbild in Frage stellen können. Von der Tageszeitung Die Welt sind solche Analysen natürlich nicht zu erwarten.

Die Strategie des Mittleren Korridors

Die Neue Seidenstraße erhält einen weiteren Zweig - ein Großprojekt

24. März, 2024

Kürzlich kündigte ein Vertreter der aserbaidschanischen Eisenbahn an, dass eine Güterbahnstrecke im Osten Georgiens bald vollständig ausgebaut sein wird. Warum ist das wichtig? Die Bahnstrecke ist Teil der Güterverbindung zwischen Aserbaidschan, Georgien und der Türkei, der Baku-Tiflis-Kars-Bahn, auch BTK genannt. Die BTK wiederum ist ein entscheidendes Puzzlestück im so genannten Mittleren Korridor, der Güterverbindung zwischen Europa und China mit weitreichenden Auswirkungen auf die Volkswirtschaften der Regionen Zentralasien und Westasien.

Der Mittlere Korridor ist ein weiterer Zweig der Neuen Seidenstraße, dem größten Infrastrukturvorhaben der Welt. Im Jahr 2013 von China ins Leben gerufen, haben bisher mehr als 140 Länder und Dutzende internationale Organisationen Kooperationsabkommen oder Unterstützungserklärungen unterzeichnet. Seit einigen Jahren gewinnt auch der mittlere Korridor an Bedeutung, da viele Logistik- und Transportunternehmen die nördliche Route über russisches Territorium aus Angst vor den westlichen Sanktionen gegen Russland meiden.

Der mittlere Korridor ist jedoch bei weitem kein gleichwertiger Ersatz oder eine Ausweichmöglichkeit, wenn die Nordroute auf Probleme stößt. Die Transportkapazitäten des Mittleren Korridors müssen noch stark ausgebaut werden. Das Megaprojekt wird in erster Linie als gigantisches Investitionsvorhaben gesehen, das die Konnektivität, das Handelsvolumen, die Produktionskapazitäten, die Infrastruktur und den Technologieeinsatz der regionalen Volkswirtschaften von der Türkei über den Kaukasus bis nach Aserbaidschan und Zentralasien ankurbeln soll.

Ende letzten Jahres sorgte die Weltbank mit der Veröffentlichung ihres Berichts „Middle Trade and Transport Corridor" für einiges an Aufmerksamkeit. Die Modelle der Weltbank prognostizieren eine Verdreifachung des Frachtvolumens und eine Halbierung der Transitzeit auf dem Mittleren Korridor bis 2030. Der Korridor verbindet China über Kasachstan, überquert das Kaspische Meer vom Hafen Aktau in Kasachstan zum Hafen Baku in Aserbaidschan und nimmt dann die eingangs erwähnte Route Baku-Tiflis durch Georgien nach Kars in der Osttürkei. Von dort kann die Fracht durch die Türkei unter dem Bosporustunnel auf europäisches Territorium gelangen.

Laut der Weltbankstudie wird der Handel zwischen Europa und Kasachstan sowie zwischen Europa und China den größten Anteil ausmachen. Allerdings liegt das Volumen nur im unteren einstelligen Bereich des Gesamtvolumens zwischen Europa und China. Typische Güter sind Düngemittel, Metalle, Maschinen, Chemikalien und andere Produkte mit hoher Wertschöpfung. Neue Infrastrukturinvestitionen werden die Importe und Exporte der beteiligten Länder diversifizieren und potenzielle neue Märkte im Nahen Osten, Nordafrika, Südasien und Südostasien erschließen, so die Prognose.

Die eingangs erwähnte Strecke durch Georgien hat eine Länge von 183 Kilometern und verläuft in gebirgigem Gelände auf fast zweieinhalbtausend Metern Höhe. 95 Prozent des Ausbaus sind abgeschlossen: neue Bahnhöfe, elektrische Anlagen,

Signaltechnik, Kälteschutz. Erst im Januar 2024 hatten die Projektländer des mittleren Korridors in der türkischen Hauptstadt Ankara einen Jahresbericht vorgelegt. 2023 sei das Frachtaufkommen entlang der transkaspischen Route im Vergleich zum Vorjahr um 86 Prozent gestiegen. Verkehrsministerien und Unternehmen aus 11 Ländern zeigen Interesse.

Auch China spielt in der Region eine immer wichtigere Rolle. Die Aserbaidschanische Eisenbahn meldete einen Anstieg des Schienengüterverkehrs zwischen China und Aserbaidschan um fast 50% im Jahr 2023. Der Handel zwischen den beiden Ländern ist stark expandiert. Der Mittlere Korridor spielt dabei eine immer wichtigere Rolle. Ende Oktober 2023 haben Aserbaidschan, Georgien und Kasachstan ihr erstes Joint Venture für den Mittleren Korridor gegründet. Auch österreichische Unternehmen bieten nun Schienengüterverkehr über diese Verbindung nach Zentralasien an.

Natürlich gibt es nach wie vor Engpässe. Dazu gehören zu wenige Frachtschiffe über das Kaspische Meer, wenig entwickelte Verbindungen zwischen Häfen und Güterbahnhöfen, Reibungsverluste bei den Transportdaten etc. In den nächsten 10 Jahren, so die Weltbank, sind noch große Investitionssummen erforderlich. Die Projekte sind schon identifiziert. Eine Roadmap gibt es bereits seit Ende 2022. In einer Erklärung vom 15. März dieses Jahres haben die Außenminister Aserbaidschans, Georgiens und der Türkei die Schlüsselrolle der Baku-Tiflis-Kars-Eisenbahn und des Mamaray-Projekts, wie der Tunnel unter dem Bosporus genannt wird, als Teil der Eisernen Seidenstraße nochmals bekräftigt. So will man einen wettbewerbsfähigen Transport zwischen Asien und Europa gewährleisten.

Sicherlich kann man einwenden, dass der weitaus größte Teil des weltweiten Güterverkehrs nach wie vor über große Containerschiffe abgewickelt wird. Dies betrifft natürlich den Handel zwischen China und den USA, aber auch zwischen China und Europa. Der Schlüssel zum Verständnis des Mittleren Korridors wie der Neuen Seidenstraße insgesamt liegt aber nicht in der buchhalterischen Sicht auf den möglichst kostengünstigen Transport von Gütern zwischen Produzenten und Konsumenten. Im Mittelpunkt steht der Entwicklungsgedanke. Die Verkehrsinfrastruktur wird zum Grundgerüst für weitere Entwicklungsschritte: Industrie- und Logistikzentren, Rohstoffgewinnung und -verarbeitung, Energie- und Wasserprojekte.

Sie bilden die Basis und den Kern eines produktiven eurasischen Wirtschaftsnetzwerks. Menschen werden durch regional entstehende Wertschöpfung aus der Armut befreit. Es entstehen Bildungschancen, bessere Gesundheitssysteme und die Möglichkeit zur Wiederbelebung lokaler Kulturen. Wie auf der alten Seidenstraße werden auf der neuen Seidenstraße nicht nur Waren, sondern auch Ideen transportiert, Zivilisationen treten in Dialog und pflegen einen friedlichen Austausch.

Endgültige Abkehr vom Westen

Ein Korridor zwischen Russland und Indien wird die Güterströme neu ordnen

27. März, 2024

In der Welt des Infrastrukturbaus sind anderthalb Milliarden Dollar keine besonders große Summe. Im Falle einer bestimmten

Eisenbahnlinie macht es jedoch einen großen strategischen Unterschied. Entlang der Südwestküste des Kaspischen Meeres teilen sich Iran und Aserbaidschan eine Grenze. Ein etwa 164 Kilometer langes Teilstück zwischen dem iranischen Rasht und dem aserbaidschanischen Astara muss noch miteinander verbunden werden; dann können Züge von der aserbaidschanischen Hauptstadt Baku lückenlos zur iranischen Hauptstadt Teheran fahren. Bisher müssen Güterzüge auf dem Abschnitt Rasht-Astara ihre Fracht auf Lastwagen umladen.

Warum ist dieses kurze Stück Bahnstrecke so wichtig? Es ist eines der Schlüsselprojekte für die strategische Neuausrichtung der euro-asiatischen Güterströme. Seit mehr als zwanzig Jahren wird diskutiert und auf dem Papier verabredet, einen Güterkorridor zwischen dem russischen Nordwesten und den Häfen an der westindischen Küste zu schaffen. Passiert ist relativ wenig, da Russland weiterhin wichtige Güter aus dem Westen importieren konnte. Mit der Verschärfung der Sanktionen des kollektiven Westens gegen Russland - und den Iran - hat sich dies dramatisch geändert und eine neue Welle von Aktionen ausgelöst.

Bereits Ende April 2022 besuchte der iranische Minister für Transport und Stadtentwicklung Moskau. In einem Memorandum of Understanding wurde die Notwendigkeit der Fertigstellung des Güterverkehrskorridors einschließlich der Strecke Rasht-Astara unterstrichen. Im Mai 2023 unterzeichneten Moskau und Teheran ein Abkommen über den Bau der Rasht-Astara-Strecke. Diese wird den insgesamt 7.200 Kilometer langen internationalen Nord-Süd-Verkehrskorridor vervollständigen. Er erstreckt sich von St. Petersburg im Nordwesten Russlands bis zu den südlichen Häfen im Iran. Von dort können die Güter auf

Frachtschiffe verladen werden und enden schließlich im indischen Hafen Mumbai.

Dieser Korridor wird zunehmend die langen und teuren Seewege über die Ost- und Nordsee, das Mittelmeer und den Suezkanal nach Indien ersetzen. Die Route umgeht Europa und ist nur halb so lang wie die Mittelmeer-Suezkanal-Route. Die Logistik-Website The Loadstar berichtete kürzlich, dass die russische Regierung der iranischen Regierung einen Kredit von umgerechnet 1,7 Milliarden Dollar für den Bau der strategisch wichtigen Rasht-Astara-Route gewährt hat. Damit ist der entscheidende Startschuss für das Projekt gefallen. Die Bauzeit soll etwa vier Jahre betragen.

Laut dem Analysten Vali Kaleji scheiterte der Bau und die Fertigstellung der Rasht-Astara-Strecke bisher eben an der fehlenden Finanzierung. Aus Angst vor extraterritorialen Sanktionen durch die USA und der EU wagte man es nicht, das Projekt finanziell zu unterstützen. Frühere Vereinbarungen wurden daher nie umgesetzt, da die iranischen Banken das Geld nie erhalten hätten. Der zunehmende Druck scheint diese Bedenken nun beiseite geräumt zu haben, und die Finanzierung dürfte durch die Verwendung nationaler Währungen bzw. durch Verfahren, bei denen westliche Sanktionskontrollen nicht greifen, gesichert zu sein.

Diese Realität ist nun auch im Westen angekommen. Mitte März veröffentlichte die New York Times eine sehr umfassende Analyse zum Nord-Süd-Verkehrskorridor. Darin wird die Befürchtung geäußert, dass Russland und der Iran die Sanktionen des Westens aushebeln könnten. Jahrhundertelang sei der Handel mit Europa die Hauptsäule der russischen Wirtschaft gewesen. Der Konflikt in der Ukraine habe dem ein Ende gesetzt.

Russland suche neue Märkte und finde sie in China, Indien und den Ländern am Persischen Golf. Dies käme einer endgültigen Abkehr vom Westen gleich.

Russland, so die New York Times, beziehe Maschinen aus Indien, Waffentechnologie aus dem Iran, Konsumgüter aus den Golfstaaten und der Türkei. Die russische Regierung plane zudem ein Eisenbahnprojekt, das den direkten Zugang zur Türkei wiederherstellen würde. Der russische Präsident Wladimir Putin wird mit den Worten zitiert, die Transportzeit von Gütern zwischen Mumbai und St. Petersburg werde sich von derzeit 30 bis 45 Tagen auf nur 10 Tage verkürzen. Russische Regierungsbeamte würden das Projekt als "revolutionären Durchbruch" bezeichnen.

Was die New York Times auch erwähnt, lässt sich wie folgt zusammenfassen: Der Handel zwischen Russland und China ist im Jahr 2023 um 63 Prozent auf 240 Milliarden US-Dollar gestiegen. Russlands Handel mit Indien erreichte 65 Milliarden Dollar. Das entspricht einer Vervierfachung seit 2021. Der Handel mit China und Indien zusammen hat nun den Handel zwischen Russland und der Europäischen Union überholt, der vor Ausbruch des Krieges 282 Milliarden betrug. Sobald der Zugang zu den iranischen Häfen einfacher wird, werden russische Händler und Geschäftsleute leichten Zugang zu Zielen in Saudi-Arabien, den Vereinigten Arabischen Emiraten, Pakistan und weit darüber hinaus haben.

In deutschen Medien eine strategische Analyse des Nord-Süd-Korridors zu finden, ist wohl reines Wunschdenken. Zu sehr ist man der bornierten Vorstellung verhaftet, dass unsere Sanktionen die russische Regierung letztlich dazu zwingen müssen, vor den Toren Europas um neuen Zugang zu betteln. Dass

Not erfinderisch macht und in einer komplexen multipolaren Welt immer wieder Kräfte für Alternativen freigesetzt werden, passt einfach nicht ins Weltbild, dem man sich tunnelblickartig verschrieben hat.

Kommt Nigerias BRICS-Mitgliedschaft?

Russisch-nigerianische Zusammenarbeit weitet sich aus: Beitritt zu BRICS am Horizont

31. März, 2024

Kaum einem westlichen Beobachter dürfte der Besuch des nigerianischen Außenministers Yusuf Tuggar Anfang März in Moskau aufgefallen sein. Dabei ging es um weitreichende Kooperationen Russlands mit dem ebenfalls rohstoffreichen westafrikanischen Land. Und natürlich ging es auch um die Frage, ob Nigeria dem BRICS-Bündnis beitreten wird.

Nach aktuellen Prognosen wird Nigeria bis zur Mitte des Jahrhunderts mit dann über 400 Millionen Einwohnern nach Indien und China das drittbevölkerungsreichste Land der Welt sein. Im Jahr 2022 lebten in Nigeria knapp 220 Millionen Menschen. Das Land ist der größte Erdölproduzent Afrikas, und das Bruttosozialprodukt Nigerias ist mit über 475 Milliarden US-Dollar nicht unerheblich. Fast alle Deviseneinnahmen stammen aus dem Ölexport.

Nigeria und Russland arbeiten unter anderem bereits in den Bereichen Stahl und Aluminium zusammen. In einem Interview mit der russischen Nachrichtenagentur Sputnik erklärte Außenminister Tuggar, dass Nigeria vor allem im Bereich der

Kernenergie kooperieren wolle. Ein entsprechendes Abkommen zwischen den beiden Staaten sei bereits verabschiedet worden. Nun werde über die Umsetzung konkreter Schritte gesprochen. Dazu gehören die Ausbildung von Fachkräften und der Technologietransfer. Die Zusammenarbeit auf diesem Gebiet, so Tuggar, betreffe nicht nur die Stromerzeugung, sondern auch medizinische Anwendungen und den Nutzen für die Landwirtschaft und industrielle Verwendungen.

Das Thema einer möglichen BRICS-Mitgliedschaft ist derweil nicht neu. Bereits im März 2023 erwähnte die südafrikanische Außenministerin Naledi Pandor, dass Nigeria einen entsprechenden Antrag gestellt habe. Im vergangenen Jahr hatte Südafrika die BRICS-Präsidentschaft inne und richtete in Johannesburg den jährlichen Gipfel der Staatschefs aus. Damals nahm auch der nigerianische Vizepräsident Kashim Shettima an dem Treffen teil. Eine formelle Kandidatur blieb jedoch aus. Man wolle erst Nigerias Nationalversammlung und Exekutivrat in den Prozess einbeziehen, bevor die Mitgliedschaft besiegelt werde.

Mit dem Besuch des nigerianischen Außenministers vor gut drei Wochen in Moskau kam das Thema natürlich wieder auf die Tagesordnung. Der Minister wird mit den Worten zitiert: „Wir haben die Absicht, das zu tun. Wie gesagt, Nigeria hat ein deliberatives demokratisches System. Deshalb gibt es dort viel Beteiligung verschiedene Interessengruppen und diverser interner Gremien, bevor solch ein Schritt unternommen wird. Aber wir sind sehr daran interessiert." Ob Nigeria bereits im Oktober beim Treffen der BRICS-Staatschefs im russischen Kazan den Antrag auf Mitgliedschaft stellen wird, bleibt abzuwarten.

Ortswechsel: Professor Williams Ijoma zählte zu den Rednern einer eintägigen Konferenz in der nigerianischen Hauptstadt Abuja zum Thema "BRICS und der globale Süden: Herausforderungen und Perspektiven". Nach Ansicht von Professor Ijoma ist es höchste Zeit, dass Nigeria der BRICS-Allianz beitritt. Daraus ergäben sich viele Chancen für eine schnellere Entwicklung des immer noch stark von Armut geprägten Landes. Nigeria habe alles, was es brauche, um ein mächtiges und einflussreiches Land in der Welt zu werden. Es verfügt über die nötigen Rohstoffe und Humanressourcen. Die BRICS könnten der nigerianischen Wirtschaft einen großen Schub geben, sagte Ijoma bei der Tagung in Abuja.

Kenneth Chibuokwu Gbandi, Abgeordneter des Afrikanischen Demokratischen Kongresses, einer politischen Partei Nigerias, sagte bei dem erwähnten Treffen, dass die Mitgliedschaft in der BRICS-Gruppe geopolitische Geschicklichkeit erfordern werde. Größere Herausforderungen gebe es mit den traditionellen Partnern Nigerias, vor allem mit Großbritannien und den USA. Aber auch nach 63 Jahren Beziehungen zu den USA seien daraus keine substanziellen Vorteile entstanden. Sprich: das Land ist trotz seines realen wirtschaftlichen Reichtums immer noch ein Entwicklungsland.

Eine BRICS-Mitgliedschaft könnte Investitionen aus den anderen BRICS-Staaten nach Nigeria bringen. Laut Gbandi gibt es seit Monaten ausführliche Debatten darüber. Es braucht indes nicht viel Phantasie, um sich vorzustellen, wie hinter den Kulissen die traditionellen Partner den Einfluss der BRICS-Staaten, allen voran Russlands und Chinas, aus Nigeria zurückdrängen oder gar nicht erst entstehen lassen wollen. Aber, wie Außenminister Tuggar bei seinem Besuch in Moskau sagte: „Man muss eines verstehen: Nigeria ist kein Land, das sich unter Druck setzen lässt. 1960, als wir unabhängig wurden, sind wir der Blockfreien-Bewegung beigetreten. Wir tun das, was wir als Land für richtig halten, nicht weil es uns jemand diktiert."

Wie eine solche engere Zusammenarbeit zwischen Nigeria und Russland aussehen könnte, skizzierte beispielsweise der russische Außenminister Sergei Lawrow bei seiner gemeinsamen Pressekonferenz mit seinem nigerianischen Amtskollegen. Es geht um den Aufbau der Infrastruktur, die Zusammenarbeit in der Landwirtschaft, im Gesundheitswesen und beim Bildungswesen. Austausch zwischen den Unternehmen beider Länder soll vorangetrieben und die Arbeit einer zwischenstaatlichen Kommission für Handel, Wirtschaft, Wissenschaft und technologische Zusammenarbeit ausgeweitet werden.

Wörtlich sagte Lawrow: "Wir haben unsere Entschlossenheit bekräftigt, gemeinsam an der Entwicklung einer fairen polyzentrischen Weltordnung zu arbeiten. Dieser objektive Trend spiegelt sich in dem kontinuierlichen Wachstum des wirtschaftlichen, finanziellen und politischen Ansehens der Länder des Globalen Südens und Ostens auf der Weltbühne wider".

Lawrow erinnerte daran, dass Nigeria auch zu den Teilnehmern des zweiten Russland-Afrika-Gipfels im Juli 2023 in St. Petersburg gehörte, bei dem der Aktionsplan 2023-2026 verabschiedet wurde, der neben den klassischen Bereichen wie Zusammenarbeit in Energie, Landwirtschaft, Pharmaindustrie, Transport und Infrastruktur auch Themen wie Cybersicherheit und Terrorismusbekämpfung umfasst. Der nächste Russland-Afrika-Gipfel auf Außenministerebene soll wie der BRICS-Gipfel im Herbst stattfinden.

Es geht insgesamt nicht nur um die Zusammenarbeit zwischen Russland und Nigeria oder die Mitgliedschaft Nigerias bei BRICS, sondern um eine umfassende strategische Allianz zwischen den BRICS Staaten und dem globalen Süden in seiner Gesamtheit. Afrika ist ein Kontinent, der wie kein anderer die Herausforderungen und Chancen für die gesamte Menschheit in diesem Jahrhundert widerspiegelt. Die BRICS-Staaten haben dies längst erkannt und handeln entsprechend. Die große Frage ist, ob Europa, ob Deutschland diese Realität begreift und seine Außenpolitik sinnvoll auf Kooperation mit diesem neuen Paradigma ausrichtet.

Stoff für Albträume

The Economist über die engere Zusammenarbeit zwischen Iran, China und Russland

4. April, 2024

„Keiner kauft so viel Iran-Öl wie China: Xi Jinping verzehnfacht Investitionen", titelte der Business Insider Deutschland Anfang Februar 2024. Darin werden offizielle Zahlen zu Auslandsinvestitionen genannt. Danach hat China seine Investitionen im Iran von 200 Millionen Dollar auf 2 Milliarden Dollar verzehnfacht. China bleibt für Teheran der wichtigste Abnehmer seines Öls. Dies sei ein Ergebnis des 2021 unterzeichneten Kooperationsabkommens zwischen beiden Ländern. Angesichts der internationalen Sanktionen habe die iranische Führung ihre Beziehungen zu Russland und China deutlich verstärkt.

Die iranische Nachrichtenagentur Tasnim meldete zudem am 11. März: „Irans Zusammenarbeit mit den BRICS-Staaten kann bei der Entwicklung des Energiesektors helfen". Bei einem Treffen des Energieausschusses der BRICS-Staaten habe der Vertreter Irans erklärt, dass die herausragende Stellung des Landes im Energiebereich dem Staat zu mehr Wirtschaftswachstum verhelfen könne. Sei es in der Landwirtschaft, im Verkehr, im Gesundheitswesen, in der Ernährungssicherheit oder im Finanzwesen. Wenige Tage später erklärte der iranische Finanz- und Wirtschaftsminister Ehsan Khandozi, dass die BRICS-Mitgliedschaft Irans für die Anziehung lebenswichtiger Auslandsinvestitionen von großer Bedeutung sei.

Diese Erkenntnis ist nun auch bei den Urhebern der Sanktionen angekommen. Vor allem bei den Ländern, die am lautesten nach Militärschlägen gegen den Iran rufen. Die Wochenzeitschrift The Economist veröffentlichte Ende März einen langen Artikel, der die aktuelle Sicht der westlichen Machtzentren auf den Iran und seine neuen Partner China und Russland verdeutlicht. Er erinnert daran, dass die Amerikaner zwei Jahre nach dem Ausstieg aus dem Iran-Atomabkommen, das eine Lockerung der Sanktionen im Gegenzug für den Verzicht auf ein Atomwaffenprogramm vorsah, wieder ein Handelsembargo gegen das Land verhängt haben. Anfang dieses Jahres sollen sogar weitere Sanktionen beschlossen worden sein.

Was Iran, Russland und China eine, sei eine gemeinsame Außenpolitik zur Unterstützung einer multipolaren Welt, die nicht mehr von Amerika dominiert werde. Das kommt sicherlich nicht über Nacht. Der Vertrag zwischen China und dem Iran habe immerhin eine Laufzeit von 25 Jahren. Durch ihre gemeinsame Mitgliedschaft bei den BRICS eröffneten sich ebenfalls neue

Chancen für den bilateralen Handel, die schrittweise Senkung von Zöllen, neue Zahlungssysteme, und Handelsrouten, die vom Westen kontrollierte Regionen umgehen. Der Economist schreibt dazu wörtlich: "Für Amerika und seine Verbündeten ist das der Stoff für Albträume: Eine aufstrebende antiwestliche Achse könnte Sanktionen umgehen, Kriege gewinnen und andere feindlich gesinnte Akteure rekrutieren".

Wie könnte diese Allianz in fünf bis zehn Jahren aussehen, fragt der Economist. Seit Europa China die kalte Schulter gezeigt habe, kaufe das Land Öl zu Vorzugspreisen. Die Lieferungen aus Russland hätten sich auf eine halbe Million Barrel pro Tag verfünffacht. Auch die Lieferungen von Öl aus dem Iran nach China seien in der zweiten Jahreshälfte 2023 im Vergleich zum gleichen Zeitraum zwei Jahre zuvor um 150 Prozent auf eine Million Barrel pro Tag gestiegen. Die Menge an billigem Erdgas, die China zudem über die Power of Siberia Pipeline aus Russland bezieht, habe sich in den letzten zwei Jahren verdoppelt. Das Öl, das China mit Preisnachlass aus beiden Ländern bezieht, wird in China zu höherwertigen Kohlenwasserstoffprodukten weiterverarbeitet. Die Produktionskapazität der petrochemischen Industrie Chinas sei dadurch in den letzten zwei Jahren enorm gestiegen. Und zwar um mehr als das gesamte Wachstum des Sektors im Rest der Welt.

Der "Economist" stellt ebenso nüchtern fest, dass China bei seinen Exportprodukten tatsächlich die Wertschöpfungsleiter immer weiter nach oben geklettert ist. In Russland sehe China eine Art Testmarkt für höherwertige Waren, Maschinen und Maschinenteile, mechanische Geräte und neuerdings auch chinesische Autos. Russland kauft derzeit dreimal so viele chinesische Verbrenner wie vor Beginn des Ukrainekrieges.

Irans Vernetzung läuft über mehrere Kanäle. Auch wenn die im Artikel vorgestellten Daten gut belegen, dass die Exporte Chinas in den Iran wegen der westlichen Sanktionen und der entsprechenden Vorsicht chinesischer Unternehmer nicht sonderlich zugenommen haben, versuche der Iran, multilaterale Kanäle zu nutzen. Zum Beispiel durch den Beitritt als neuntes Mitglied der Shanghai Cooperation Organisation, der auch Russland und China angehören. Zudem habe der Iran ein Freihandelsabkommen mit der von Russland geführten Eurasischen Wirtschaftsunion abgeschlossen. Dies öffne dem Iran Märkte in Zentralasien.

Ein kürzlich stattgefundenes iranisch-russisches Ministertreffen habe auch das lang gehegte Wunschprojekt eines internationalen Nord-Süd-Verkehrskorridors wiederbelebt. Vorgeschlagen wird ein ganzes Netz von Straßen, Schienen und Häfen. Auch wenn Investitionen von geschätzten 26 Milliarden Dollar allein in Iran und Russland nötig wären, gewinne die Idee immer mehr an Fahrt. Die "Multipolare Welt" hatte kürzlich darüber ausführlich berichtet:

In der Welt des Infrastrukturbaus sind anderthalb Milliarden Dollar keine besonders große Summe. Im Falle einer bestimmten Eisenbahnlinie macht es jedoch einen großen strategischen Unterschied. Entlang der Südwestküste des Kaspischen Meeres teilen sich Iran und Aserbaidschan eine Grenze. Ein etwa 164 Kilometer langes Teilstück zwischen dem iranischen Ra...

Es scheint, dass die immer fanatischeren Versuche der USA, der Briten und der Europäer, mit immer neuen Sanktionen, Blockaden und Embargos doch noch die viel beschworene "regelbasierte Ordnung" durchzusetzen, in der alle nach der Pfeife des Westens tanzen, nicht den gewünschten Erfolg bringen. Im Gegenteil, viele der Maßnahmen schlagen auf die Urheber zurück.

Der Economist liest sich manchmal wie eine Anleitung oder eine Stimmungsbeschreibung dessen, was westliche Politik- und Wirtschaftseliten im Schilde führen. Insofern ist dieser Artikel von besonderem Interesse. Der Artikel endet mit Annahme, dass unter einer zweiten Trump-Präsidentschaft China durch weitere Sanktionen und Restriktionen von den westlichen Märkten abgekoppelt würde. Wörtlich: „China, das dann nichts mehr zu verlieren hat, würde dann erhebliche Ressourcen in den Aufbau eines alternativen Blocks stecken und unweigerlich versuchen, auf bestehenden Beziehungen aufzubauen und seine Allianzen zu erweitern. [...] Amerika würde darunter ebenfalls leiden, denn seine Verbraucher würden mehr für Importe bezahlen, und seine Führung würde eine ernsthafte Herausforderung ihrer Dominanz im Welthandelssystem erfahren."

Diese Vorhersagen müssen nicht zwangsläufig eintreffen, der Westen könnte sich auch dazu entschließen, Brücken der Zusammenarbeit zu bauen. Das wäre die einzig sinnvolle Alternative zu weiteren Handelskriegen oder gar militärischer Konfrontation.

Eine neue globale Ordnung

Großes Wirtschaftsforum in Moskau zur Zukunft der BRICS+ und der multipolaren Welt

8. April, 2024

Vor wenigen Tagen ging das Moscow Economic Forum (Moskauer Wirtschaftsforum) zu Ende, über das die deutschen Medien so gut wie nichts berichteten. Sonst hätte man von einem der größten Wirtschafts- und Expertenforen überhaupt mit mehr als 10.000 Teilnehmern aus 35 Ländern erfahren. Die Themen reichten in diesem Jahr von der Wirtschaft Eurasiens, der nachhaltigen Entwicklung in Russland, der Schaffung einer multipolaren Welt, Industriepolitik und Wirtschaftswachstum, den eurasischen Verkehrskorridoren, bis hin zur Situation im Nahen Osten. Ein besonders wichtiges Panel fand unter dem Titel "BRICS+, der Weg zu einer neuen globalen Ordnung" statt.

Da es an dieser Stelle natürlich nicht möglich ist, einen zufriedenstellenden Überblick über die gesamte Konferenz zu geben, fokussieren wir an dieser Stelle auf das Panel zu den BRICS-Ländern. Insbesondere die Beiträge aus Südafrika, Indien, China und Ägypten gaben einen guten Einblick in die aktuelle Diskussion und Denkweise der BRICS.

Rasigan Maharajh, Direktor des Institute for Economic Research and Innovation an der Tshwane University of Technology in Südafrika, machte deutlich, in welchem historischen Übergangsprozess wir uns zurzeit bewegten. Der kollektive Westen befinde sich in einem kontinuierlichen Niedergang. Die falsche Vorstellung vom "Ende der Geschichte" habe keine Bedeutung mehr. Der irregeleitete Triumphalismus einer neoliberalen kapitalistischen Weltordnung liege zusehends in Trümmern. Länder wie die G7 sähen sich wachsender Kritik ausgesetzt. Ihre regelbasierte Ordnung werde als Heuchelei entlarvt, und ihre Legitimität und Unterstützung schwinde.

Die Aufrechterhaltung dieser vom Westen kontrollierten Ordnung würde nur weitere Ungleichheit, Armut und Unterentwicklung schaffen, während eine privilegierte Minderheit sich weiterhin bereichere. Die Frage sei: Können die BRICS nun die Zusammenarbeit der globalen Mehrheit entscheidend fördern und echte Zukunftsoptionen schaffen? Maharajh erwähnte, dass die Weltbank, der Internationale Währungsfonds, die Welthandelsorganisation und die Vereinten Nationen mit ihren über 65 Jahren nunmehr ein hohes Alter erreicht hätten. Das Durchschnittsalter der Weltbevölkerung liege jedoch bei 37 Jahren, in Afrika sogar bei 18,8 Jahren. Es stelle sich daher die Frage, wie eine neue gerechte Ordnung aufgebaut werden könne und gleichzeitig die jüngeren Generationen daran beteiligt werden könnten.

Maharajh erklärte, der Erfolg der menschlichen Spezies basiere seit jeher auf dem Erlernen von Fähigkeiten und der Weitergabe von Wissen von einer Generation an die nächste. Ein zentrales Element einer neuen multipolaren Weltordnung, die bessere Bedingungen für alle schaffen will, sei daher das Teilen von Wissen und das wechselseitige Lernen. Die BRICS-Staaten sollten sich entschieden gegen die Ausbeutung von Wissen zum Vorteil einiger weniger aussprechen.

Als Vertreterin Indiens sprach Santishree Dhulipudi Pandit, derzeit Vizekanzlerin der Jawaharlal Nehru University, New Delhi. Das derzeitige Hegemoniestreben der Amerikaner, die sogenannte Pax Americana, sei problematisch. Die Weltordnung nach der Auflösung der Sowjetunion ab 1991 sei illiberal. Bestrebungen zur Multipolarität hätten sich seit 2001 zwar abgezeichnet. Aber erst mit den BRICS-Staaten habe sich nun eine generische Organisation gebildet, die jetzt eine Form der Institutionalisierung aufbauen müsse. Was die Aufnahme neuer Mitglieder angehe, so mahnte Pandit zur Vorsicht. „Die BRICS sollten nicht so enden wie die Blockfreien-Bewegung, nämlich als eine Art Debattierclub", sagte sie.

Gegensätze und Konflikte innerhalb der BRICS könnten nur durch verstärkte Zusammenarbeit und die Schaffung von etwas Neuem gelöst werden. Man müsse die Kontrolle über Wissen und Produktion erlangen. Dafür müssten Institutionen geschaffen und Kredite generiert werden. Nach dem Ende der Unipolarität habe der Westen seinen Machtanspruch allerdings verstärkt, vor allem über Institutionen wie die WTO und den IWF.

Derzeit, so Pandit, befinde man sich in einer sehr wichtigen Transformationsphase, im Übergang von einer euro-atlantischen zu einer indo-pazifischen oder indo-asiatischen Welt. Gerade in jenen Regionen sei das Phänomen der BRICS-Allianz äußerst willkommen. Hinsichtlich der Schaffung einer gemeinsamen Währung sei noch ein langer Weg zu gehen. Zunächst gelte es, die Institutionen zu schaffen und in möglichst vielen Bereichen zusammenzuarbeiten. Mit mehr Vertrauen gebe es auch mehr Möglichkeiten.

Hazem Zaki vom ägyptischen Außenministerium sprach als Verantwortlicher für die Angelegenheiten der regionalen Wirtschaftsorganisationen. Er betonte die lange Geschichte der Zusammenarbeit zwischen Ägypten und Russland bzw. dessen Vorgänger, der Sowjetunion, zum Beispiel beim Bau von Staudämmen und Atomkraftwerken. Ägypten wolle als neues BRICS-Mitglied in allen Bereichen so gut wie möglich zusammenarbeiten. Dabei stehe die pragmatische Zusammenarbeit im Vordergrund, zum Beispiel bei der Industriellen Wirtschaftszone am Suezkanal. Diese habe für die Regierung höchste Priorität, um neue industrielle Produktionszentren zu schaffen. Länder wie Indien und China seien bereits stark engagiert.

Die Wirtschaftszone am Suezkanal könne als Demonstrationsregion für die kollektive Zusammenarbeit aller BRICS-

Staaten dienen. Die wichtigste Frage sei, wie man allen Menschen in der Region ein besseres Leben ermöglichen könne. Ägypten sei zudem an einer Zusammenarbeit in Raumfahrtprogrammen interessiert. "Warum sollte nicht ein ägyptischer Astronaut auf einer russischen Rakete in den Weltraum fliegen?", so Zaki.

Wu Yuhua ist Direktor einer großen High-Tech-Wirtschaftszone in Shanghai und einer Wissenschaftsstadt am Jangtse-Delta. Seiner Meinung nach haben die BRICS mit dem Beitritt der neuen Mitglieder an Substanz gewonnen, vor allem was die großen Ölproduzenten und -verbraucher betrifft. Es gebe zu viel Symbolpolitik auf den G20-Gipfeln und das Thema China polarisiere zu sehr. Indien habe beim letzten G20-Gipfel immerhin versucht, eine Brücke zwischen dem Westen und dem globalen Süden zu bauen. Aber die G7 sähen die G20 nur als ihren verlängerten Arm und würden die wirtschaftlichen Themen mit geopolitischen Obertönen überlagern. Die BRICS-Länder hätten beachtliche Wachstumsraten und würden im Bereich Innovation und Hochtechnologie inzwischen hervorragende Ergebnisse erzielen.

Alireza Saleh ist Mitglied des Aufsichtsrates des Nationalen Entwicklungsfonds des Iran. Er machte deutlich, dass der Iran eine Rolle auf höchster Ebene der BRICS-Zusammenarbeit spielen will. Der Entwicklungsfonds, den Saleh vertrete, verfüge über ein Vermögen von 150 Milliarden US-Dollar. Es gebe bereits ein Kooperationsabkommen mit dem russischen Fonds für Direktinvestitionen. Der nächste Schritt sei die Schaffung eines Interbanken-Währungsmechanismus, der auch die Verwendung nationaler Währungen ermögliche. Eine Polarisierung der Weltwirtschaft müsse mit allen Mitteln verhindert werden. Zu diesem Zweck werde der Iran im Sommer auch Brasilien besuchen sowie Russland weitere Projekte vorschlagen. Der Iran sei bereit, die Investitionsfonds aller BRICS-Länder zu einem Treffen einzuladen, um gemeinsame Investitionsprojekte abzustimmen.

All die hier zusammengetragenen Äußerungen und Ideen bilden ein Fenster, durch das man die neue Multipolare Welt erkennen kann. Hinter den Kulissen wird eifrig an gemeinsamen Projekten gearbeitet. Vieles ist noch im Fluss, aber das Prinzip ist klar: Wir befinden uns in einem noch nie dagewesenen historischen Umschwung. Die sogenannte regelbasierte Ordnung besitzt weder Glaubwürdigkeit noch Autorität. Eine neue Ordnung entsteht, und ihr Zentrum wird nicht Washington, London, Berlin, Paris oder Brüssel sein, sondern Peking, Moskau, Neu Delhi, Teheran, Brasilia und Johannesburg.

Das Bewusstsein für die gewaltige Dimension dieses Prozesses mag nicht überall gleich ausgeprägt sein. In Deutschland jedoch ist das Verständnis aufgrund einer mehr oder weniger bestehenden Nachrichtensperre nahezu nicht vorhanden. Sonst hätte man über ein so gigantisches Ereignis wie das Moskauer Wirtschaftsforum unbedingt berichtet.

Irgendwann wird man hierzulande wohl mit Schrecken feststellen, dass man den Anschluss verpasst hat und dabei viel von der wirtschaftlichen Substanz und der positiven kulturellen Reputation eingebüßt hat. Es wird wohl eine Phase der Neuorientierung, der Aufarbeitung, des Wiederaufbaus folgen. Deutschlands Rolle in der neuen multipolaren Welt wird dann ein zentrales Diskussionsthema werden müssen.

Befremdlich schizophren

EU-Studie zu BRICS+ analysiert klug und kommt dennoch zu bizarren Ergebnissen

11. April, 2024

Endlich ein Forschungspapier der Europäischen Union zur BRICS-Erweiterung! Das war zumindest die erste Reaktion auf eine Veröffentlichung der Foundation for European Progressive Studies, die vor wenigen Tagen auf der Website der Friedrich-Ebert-Stiftung veröffentlicht wurde. Die Studie beginnt sogar mit einer durchaus plausiblen Analyse. Doch das Fazit der Studie ist zumindest teilweise verheerend und zutiefst irreführend. Aber alles der Reihe nach.

Am 8.4. erschien auf der Website der Friedrich-Ebert-Stiftung, einer der SPD programmatisch nahestehenden Organisation, ein Papier mit dem Titel „BRICS zu BRICS+". Als Autor wird Uwe Optenhögel angegeben, Vizepräsident der Foundation for European Progressive Studies, kurz FEPS. Untertitel: „Vom entwicklungspolitischen Anspruch zur geopolitischen Herausforderung". Das Papier wurde offenbar bereits im Februar 2024 bei der FEPS in Brüssel präsentiert.

Die Foundation for European Progressive Studies (FEPS) ist ein Think Tank auf EU-Ebene. Sie wurde 2008 gegründet und wird hauptsächlich vom Europäischen Parlament finanziert. Der FEPS gehören über 40 nationale parteinahe Stiftungen und Think Tanks an, aus dem deutschsprachigen Raum die Friedrich-Ebert-Stiftung. Die Friedrich-Ebert-Stiftung (FES) in Bonn wiederum beschäftigt weltweit über 1.500 Mitarbeiter, ist an 18 Standorten in Deutschland und in 104 Auslandsbüros vertreten. Sie verfügt über einen Etat von 195 Millionen Euro, der überwiegend aus Bundes- und Länderhaushalten finanziert wird.

Die einleitende mehrseitige Analyse über die Entwicklung der BRICS-Staaten und ihre weltpolitische und wirtschaftspolitische Bedeutung ist eigentlich sehr nützlich. Autor Optenhögel schreibt zu Recht, dass „der BRICS-Gipfel in Südafrika im Sommer 2023 als denkwürdiges Datum in die Annalen der internationalen Politik eingehen" könnte. Denn mit der Erweiterung von 5 auf 10 Mitgliedsstaaten wollte man ein Signal an den Westen senden: „Diese Länder sind nicht länger bereit, sich von irgendjemandem vorschreiben zu lassen, wie sie zu handeln haben oder mit wem sie auf der internationalen Bühne zusammenarbeiten dürfen."

Optenhögel zeichnet nach, wie der deregulierte Kapitalismus mit seiner Gier die gesamte internationale Wirtschaftsordnung an den Rand des Zusammenbruchs geführt hat. Für die Schwellenländer wie für den globalen Süden insgesamt sei dies die Bestätigung dafür gewesen, „dass die internationale Ordnung am Ende des ersten Jahrzehnts des 21. Jahrhunderts die Welt von gestern repräsentierte". Und auch Weltbank, IWF, UN-Sicherheitsrat und US-Dollar spiegelten nicht die Machtverhältnisse der Gegenwart wider.

Zutreffend beschreibt der Autor auch, dass sich die Entwicklungsländer angesichts ihres Bevölkerungsanteils und ihres wachsenden politischen und wirtschaftlichen Gewichts im multilateralen System nicht angemessen vertreten sehen. So sei der Anteil des Bruttoinlandsprodukts der BRICS-Staaten an der Weltwirtschaft von 8 % im Jahr 2001 auf 26 % im Jahr 2023 gestiegen. Die Wachstumsraten lägen dort bei durchschnittlich 4,5%, in den G7-Industriestaaten bei mageren 1,5%.

Die Studie fasst sachlich einige Prioritäten der BRICS zusammen, wie sie sich in den letzten 15 Gipfeltreffen herauskristallisiert haben: Reform der internationalen Finanzinstitutionen, bessere Vertretung im multilateralen System, ein stabiles und berechenbares internationales Währungssystem. Die BRICS seien ein Akteur für eine gerechtere multipolare Ordnung, ein weiterer Schritt zur Emanzipation der Entwicklungsländer. Optenhögel wörtlich: „Das Ende des europäischen Kolonialismus schien ein entscheidender, aber unvollendeter Schritt auf dem Weg zur Befreiung zu sein, der schnell durch neokoloniale Abhängigkeiten und Ausbeutung auf der Basis von US-Dollar-dominierten Finanzmärkten abgelöst wurde". Der Autor bemängelt die Strukturanpassungsprogramme des IWF, welche Liberalisierung, Privatisierung und Sozialabbau verlangten. Dies habe zu mehr Armut und Ungleichheit und zum Ende einer selbstbestimmten Entwicklung geführt.

Richtig analysiert das Papier auch, dass der Westen trotz des Reformdrucks nach der Finanzkrise keine wirkliche Umgestaltung des globalen Systems vorgenommen hat. Die G20 hätten die Entwicklungsländer gewaltig frustriert. „Die Hoffnungen, dass der globale Süden endlich eine wichtige Rolle bei der Gestaltung der regelbasierten internationalen Ordnung spielen könnte, wurden enttäuscht," heißt es. UN-Reformen würden endlos diskutiert, aber nie umgesetzt, und die Welthandelsorganisation und die multilateralen Entwicklungsbanken und Kreditgeber seien nach wie vor in der Hand der Amerikaner. Gerade deshalb hätten sich die BRICS-Staaten auf den Weg gemacht, eigene Institutionen aufzubauen. Dazu gehören die New Development Bank, ein Fonds für eine Sicherheitsreserve, aber auch zahlreiche Arbeitsgruppen und Foren, Treffen von Unternehmen, Universitäten und Bildungsnetzwerken.

Nach Ausbruch des Krieges in der Ukraine hätten die Länder des globalen Südens besonders unter den wirtschaftlichen Folgen zu leiden gehabt. Unterbrechung der globalen Lieferketten, Verknappung wichtiger Güter im Nahrungsmittel-, Rohstoff- und Energiesektor. Rasant steigende Preise und höhere Zinsen. Vor diesem Hintergrund hätten zwar viele Länder des globalen Südens im März 2022 für die UN-Resolution gestimmt, die den russischen Militäreinsatz verurteilt. Doch „von den fünf BRICS-Staaten stimmte nur Brasilien dafür" und „nur wenige Staaten des globalen Südens beteiligten sich an den vom Westen konzipierten Sanktionen". Sie betrachteten den Konflikt als europäische Angelegenheit.

Währenddessen sei der Westen „immer wieder mit seiner eigenen Doppelmoral konfrontiert worden, was seine Glaubwürdigkeit im globalen Süden nachhaltig beschädigt hat". Vor diesem Hintergrund sei auf dem 15. BRICS-Gipfel in Südafrika im August 2023 das Interesse an einer Mitgliedschaft in der BRICS-Gruppe sprunghaft angestiegen. Es gab 20 formelle Anträge auf Mitgliedschaft und weitere 20 Länder bekundeten ihr Interesse.

So weit, so gut. In den letzten Absätzen macht das Forschungspapier der FEPS jedoch eine irritierende Wendung, die in keinem logischen Zusammenhang mit dem vorher Gesagten steht. Und zwar so: Die im Januar 2024 neu hinzugekommenen Länder seien „zwei Monarchien", nämlich Saudi-Arabien und die Vereinigten Arabischen Emirate, „eine religiöse Theokratie", nämlich der Iran, „eine de facto Militärdiktatur", also Ägypten, und „ein Land, das sich derzeit in einem Bürgerkrieg befindet", sprich Äthiopien." Diese Auswahl sei von Russland und China bewusst getroffen worden, um wichtige Energieexporteure in die BRICS-Erweiterung einzubeziehen und den Energiemarkt zu entdollarisieren.

Wie aus dem Nichts kommt dann das Fazit: „Russland und China richten die BRICS damit zunehmend als antiwestliches Projekt aus. [...] Die emanzipatorischen Elemente aus der Gründungsphase der BRICS, die mit einer umfassenden entwicklungspolitischen Agenda einhergingen, machen einem geopolitischen Projekt Platz." BRICS+ sei heute ein „Club, der überwiegend aus autokratischen Regimen besteht. Diese Entwicklung bietet den Menschen in den Entwicklungsländern des globalen Südens keinerlei Fortschrittsperspektive. Was sich eher abzeichnet, ist die Rückkehr zu einer Art von Großmachtpolitik, die für das 19. Jahrhundert charakteristisch war und eng verknüpft ist mit Imperialismus, Kolonialismus und Ausbeutung."

Der Autor schlussfolgert, dass der Westen und insbesondere die EU diese Entwicklung als „späten Weckruf" begreifen sollten. Und: „Um in einem solchen Umfeld voranzukommen, muss die EU den westlich zentrierten transatlantischen Rahmen überwinden und sich ehrlich auf die Entwicklungsländer einlassen. Das bedeutet, Europas Wissen, Erfahrung und Weisheit mit den Partnern zu teilen, ohne sie zu belehren oder einzuschüchtern".

Es ist schon befremdlich schizophren, was Optenhögel hier schreibt. Zunächst schildert er zutreffend, dass die BRICS stellvertretend für die große Mehrheit der Weltgemeinschaft für eine gerechtere Weltordnung und eine fairere Verteilung der Wertschöpfung eintreten. Dann fällt er plötzlich auf den alten angloamerikanischen Trick herein, den Konflikt als einen historischen Kampf zwischen Demokratien und Autokratien zu sehen, so wie es die aktuelle US-Administration unter Joe Biden bei ihrem Amtsantritt formuliert hat. Oder wie es der EU-Außenbeauftragte Josep Borrell ausdrückte: Europa ist ein blühender Garten und das meiste da draußen ein Dschungel. Kein Wunder also, dass Josep Borrell auch als wissenschaftlicher Berater des FEPS auftritt.

Die BRICS-Staaten und der globale Süden machen eben genau diesen Unterschied nicht. Sie beziehen sich vielmehr auf den jahrhundertelangen Unabhängigkeits- und Emanzipationskampf der ausgebeuteten Kolonien gegen die Ausbeuter in den europäischen Hauptstädten bzw. nach dem Zweiten Weltkrieg gegen die Dominanz der USA im internationalen Finanzsystem. Ja, der Westen sollte tatsächlich seine westlich zentrierten transatlantischen Rahmen überwinden und sich ehrlich mit den Entwicklungsländern auseinandersetzen, sie nicht belehren oder einschüchtern. Aber genau das tut Optenhögel aus heiterem Himmel in diesem einen Absatz seiner Studie, der wie ein Fremdkörper heraussticht.

Damit hat dieses Forschungspapier seine Relevanz weitgehend eingebüßt. Es ist schwer vorstellbar, dass die Mehrheit der Analysten weltweit diese Schlussfolgerung teilt. Das Europäische Parlament, das das FEPS finanziert, und die europäischen Sozialdemokraten haben damit einen Bärendienst erwiesen. Vielen Europäern, auch vielen Deutschen, wird der Blick verstellt, Vorurteile werden erneut geschürt, Belehrungen perpetuiert. Eine Organisation wie die Friedrich-Ebert-Stiftung, die über fast 200 Millionen Euro aus deutschen Steuergeldern verfügt, sollte eigentlich in der Lage sein, ein eigenes kompetentes Team einzustellen, um die Bedeutung der BRICS und der BRICS-Erweiterung zu analysieren und zu rationalen Schlussfolgerungen zu kommen. Hoffen wir, dass wir nicht allzu lange darauf warten müssen.

Multipolare Reservewährung

Vertrauen in den US-Dollar schwindet - eine BRICS-Reservewährung ist überfällig

15. April, 2024

Politischer Mut, technischer Sachverstand und ein hohes Maß an Zusammenhalt. Das sind die wichtigsten Erfolgsfaktoren für eine neue Währung der BRICS-Staaten als Alternative zum Dollar als Reservewährung. So jedenfalls der prominente brasilianische Ökonom Paulo Nogueira Batista Junior. Warum braucht man überhaupt eine Alternative zum US-Dollar als Reservewährung? Reicht es nicht, die eigenen Landeswährungen im internationalen Handel zu verwenden? Offenbar nicht.

Die Entdollarisierung des Handels zwischen den BRICS-Staaten schreitet derzeit mit hoher Geschwindigkeit voran. Dies gilt insbesondere für den Handel zwischen der Russischen Föderation und China. Im jüngsten Jahresbericht der russischen Zentralbank heißt es, dass Russland aufgrund der Sanktionen des Westens keine andere Wahl habe, als alternative Reservewährungen anzuhäufen. In Russland hat deshalb vor allem der chinesische Yuan an Bedeutung gewonnen und den US-Dollar im russischen Devisenhandel bereits überholt. Das gilt aber nicht notwendigerweise für alle anderen Währungen gleichermaßen. Hohe Volatilität, mangelnde Liquidität auf den Märkten und

Kapitalverkehrsbeschränkungen in verschiedenen Ländern verhinderten dies.

Der Aufstieg der chinesischen Währung als internationale Handelswährung nimmt insgesamt stark zu. China hat bereits mit 29 Ländern bilaterale Währungsswaps vereinbart, um die Handels- und Investitionsmöglichkeiten zu erweitern. Dies schafft ein Sicherheitsnetz für die nationalen Währungen, um außerhalb des Dollars agieren zu können. Der Vorstandsvorsitzende der Peoples Bank of China, Pan Gongshen, wird zitiert, dass diese Währungsswaps ein hervorragendes Instrument seien, um im Notfall Liquidität zur Verfügung zu stellen. Davon würden sowohl die BRICS-Staaten als auch andere Entwicklungsländer profitieren.

Den US-Dollar als Weltreservewährung einfach durch den chinesischen Yuan zu ersetzen, ist jedoch keine vollständige Lösung. Hier kommt nun der eingangs erwähnte brasilianische Ökonom ins Spiel. Batista hatte bereits beim Jahrestreffen des Waldai Diskussionsclubs in Sotschi im Oktober 2023 und am Rande des BRICS-Gipfels in Johannesburg im August 2023 Grundsatzpapiere verfasst. Darin ging es um eine gemeinsame Referenzwährung, die Entwicklung eines internationalen Zahlungs- und Transaktionssystems als Ersatz für das westliche Swift-System, und die verstärkte Nutzung nationaler Währungen im Handel und bei Finanztransaktionen zwischen BRICS- und Nicht-BRICS-Ländern.

Warum ist eine gemeinsame Handelswährung so wichtig? Weil im bilateralen Handel Überschüsse und Defizite entstehen. Handelsüberschüsse können nicht dadurch abgebaut werden, dass die Währung des Handelspartners auf den internationalen Kapitalmärkten verkauft wird. Das berge das Risiko von

Abwertungen und möglicher Instabilität, sagt Batista. Sobald es eine BRICS-Referenzwährung gibt, könnten Überschüsse in dieser neuen Reservewährung akkumuliert werden.

Wir sprechen hier nicht von einer Währung wie dem Euro. Die nationalen Währungen der BRICS-Länder und die souveräne Funktion ihrer Zentralbanken würden weiter bestehen und ihre normalen Aufgaben erfüllen, während die BRICS-Referenzwährung nur für internationale Transaktionen und als Reservewährung verwendet und allmählich parallel zum Dollar existieren würde. Idealerweise sollte dieser Prozess während der diesjährigen russischen und der brasilianischen BRICS-Präsidentschaft im kommenden Jahr entscheidend vorangetrieben werden. Die Zeit drängt.

Der Ökonom Batista erinnerte in einem letzte Woche veröffentlichten Vortrag an den geopolitischen Kontext, in dem dieser Prozess stattfindet. Nicht eine antiwestliche Haltung sei die treibende Kraft hinter diesen Bestrebungen, sondern „die zunehmend weit verbreitete Wahrnehmung, dass das derzeitige auf dem US-Dollar basierende internationale Finanzsystem dysfunktional geworden ist. Die zunehmende Multipolarisierung der Welt in wirtschaftlicher und politischer Hinsicht scheint unvereinbar zu sein mit der unendlichen Fortsetzung eines quasi unipolaren Weltfinanzsystems".

Das Vertrauen in die USA und das System ihrer Weltleitwährung erodiert zusehends. Die US-Wirtschaft verliert an Kraft und Einfluss. Man traut den USA nicht zu, ihren riesigen Schuldenberg jemals zu begleichen. Hinzu kommt der Einsatz des US-Dollars als Währungswaffe. Batista wörtlich: „Ich kann nur auf ein seltsames Paradox hinweisen: Der Dollar hat einen Hauptgegner - die US-Regierung selbst. Nichts untergräbt das Vertrauen in den Dollar mehr als die gewaltsamen unilateralen Maßnahmen, die die USA und ihre Verbündeten gegen eine Reihe von Ländern ergriffen haben, die sie als feindlich betrachten".

Batista beschreibt die tektonischen, geopolitischen und geoökonomischen Verschiebungen, die sich in der Welt vollziehen. Der unipolare Augenblick der Geschichte sei vorbei und werde nie wiederkommen, auch wenn die Amerikaner dies nur schwer akzeptieren könnten. „Eines ist klar: Die ganze Welt schaut auf uns und versucht zu ermessen, ob wir es als Gruppe wirklich ernst meinen mit der Entdollarisierung".

Am 11. April trafen sich zudem Vertreter der außenpolitischen Ausschüsse der BRICS-Parlamente im russischen Außenministerium, wo neben vielen anderen Themen auch die Dringlichkeit einer Reform des internationalen Finanzsystems zur Sprache kam. Der russische Außenminister Sergej Lawrow sagte dazu: „Wir werden die BRICS-Mitglieder in ihrer Rolle im internationalen Finanz- und Währungssystem unterstützen, die Zusammenarbeit zwischen den Banken vertiefen und das internationale Zahlungssystem umgestalten, um die Verwendung unserer nationalen Währungen im Handel auszuweiten. Die Notwendigkeit einer Reform des internationalen Währungs- und Finanzsystems wird immer dringlicher. Sie ist in der Tat längst überfällig. Die BRICS-Mitglieder sollten einen größeren Kapitalanteil und mehr Stimmen in den internationalen Währungs- und Finanzinstitutionen beanspruchen."

Nord-Süd-Kommission 2.0

Lars Klingbeil entdeckt den globalen Süden - er sollte die SPD neu ausrichten

21. April, 2024

Anfang März 2024 besuchte der SPD-Bundesvorsitzende Lars Klingbeil Namibia, Südafrika und Ghana. Nach seiner Rückkehr organisierte die SPD in ihrer Parteizentrale, dem Willy-Brandt-Haus in Berlin, eine Veranstaltung mit dem Titel "Nord-Süd neu denken". Klingbeil hielt eine bemerkenswerte Rede, die erahnen ließ, dass er auf seiner Afrikareise erkenntnisreiche Erfahrungen gemacht hatte.

In einem Interview vor seiner Abreise gab er einen entscheidenden Beweggrund für seine Tour preis. „Während China und Russland in den Ländern des Südens sehr aktiv sind, haben wir als Westen den Dialog vernachlässigt." Könnte das auch daran liegen, dass die Gespräche, die westliche Vertreter in den Ländern des Südens führen, oft "nicht einfach" sind, weil dort "ein anderer Blickwinkel" vorherrscht, etwa auf den Krieg in der Ukraine? In Südafrika sei das Verhältnis zur Regierungspartei ANC jedenfalls deutlich „abgekühlt". Der SPD-Chef sagt: „Wenn wir mit einem selbstbewussten globalen Süden auf Augenhöhe zusammenarbeiten wollen, müssen wir auch dessen Geschichte und Blick auf die Welt verstehen lernen."

Die üblichen Kanzelreden der Europäer gegenüber dem globalen Süden haben ihre Wirkung verloren. Sie sehen nicht mehr nur den Westen als Bezugspunkt. Klingbeil ist in Afrika offenbar auf die Realität gestoßen: „Für viele Menschen und Regierungen gerade in Ländern des globalen Südens ist die multipolare Welt sogar ein emanzipatorisches Versprechen. Das wird mir in meinen Gesprächen offen kommuniziert. Wo es lange Abhängigkeiten vom Westen gab, gibt es jetzt neue und mehr Möglichkeiten der Kooperation oder der Finanzierung. Initiativen wie BRICS geben einigen Staaten des globalen Südens eine Stimme in einer internationalen Ordnung, deren Institutionen stark von den westlichen Industriestaaten dominiert werden. Chinesische Investitionen in die Infrastruktur sind ein attraktives Angebot, das wir mit unserer Entwicklungszusammenarbeit viel zu lange nicht gemacht haben".

Mit seiner Absicht, den südlichen Staaten die Gründe für die deutsche Unterstützung der Ukraine zu erläutern, scheint er nicht weit gekommen zu sein. Denn bei den Sanktionen gegen Russland hätten viele westliche Politiker „die verheerenden wirtschaftlichen und sozialen Auswirkungen für diese Länder" nicht sehen wollen. „Der moralische Unterton, der oft mitschwang, hat für Verärgerung gesorgt. Die Mehrheit der Staaten des globalen Südens verurteilte den russischen Angriffskrieg und den Bruch des Völkerrechts, ist aber nicht bereit, die Kosten eines Krieges in Europa zu tragen".

Die einseitige Unterstützung Deutschlands für das Vorgehen Israels gegen palästinensische Zivilisten im Gazastreifen, ohne die Unverhältnismäßigkeit der Militäraktion anzusprechen, hat bei seinen Gesprächen in Afrika eine harsche Reaktion hervorgerufen. „Das Vorgehen der israelischen Armee in Gaza hat aber gerade im globalen Süden schnell für Empörung gesorgt und der Vorwurf westlicher Doppelstandards wurde laut. Das ist mir in den Gesprächen während meiner Afrikareise vor zwei Wochen in aller Deutlichkeit begegnet". Mit völligem Unverständnis sei er gefragt worden: "Warum verurteilt der Westen die Zerstörung der zivilen Infrastruktur in der Ukraine, aber nicht in Gaza? Warum rückt Deutschland nicht weiter von Israel ab bei über 25.000 toten Zivilisten in Gaza, darunter viele Frauen und Kinder?".

Nach seinem Treffen mit der südafrikanischen Außenministerin Naledi Pandor kam der SPD-Vorsitzende zu dem Schluss: „Die Konflikte unserer Zeit lassen sich nur lösen, wenn wir die Perspektive unserer Partner mit Respekt behandeln. Nicht mit moralischer Überhöhung." Die Sozialdemokraten sind angeblich bereits dabei, den Nord-Süd-Dialog zu stärken, zum Beispiel mit der brasilianischen Arbeiterpartei von Präsident Lula, aber auch mit dem südafrikanischen ANC. Das kann nicht schaden. Im Gegenteil.

Dieser neue Nord-Süd-Dialog stünde in der Tradition der Politik des ehemaligen SPD-Vorsitzenden, Außenministers und Bundeskanzlers Willy Brandt. Dieser hatte Ende der 1970er Jahre eine Kommission geleitet, der insgesamt 21 namhafte Politiker und Experten aus 8 Industrie- und 11 Entwicklungsländern angehörten. Den Anstoß dazu soll Anfang 1977 der damalige Präsident der Weltbank, Robert McNamara, gegeben haben. Brand schien geeignet, weil er sich als deutscher Außenminister häufig in Asien, Afrika und Lateinamerika aufgehalten hatte. Zu den Gesprächspartnern zählten damals auch führende Köpfe der Blockfreienbewegung wie Jawaharlal Nehru aus Indien, Gamal Abdel Nasser aus Ägypten, Jomo Kenyatta aus Kenia und Julius Nyerere aus Tansania.

Der erste Bericht dieser so genannten Nord-Süd-Kommission wurde 1980 an Weltbankpräsident McNamara, UN-Generalsekretär Kurt Waldheim und US-Präsident Jimmy Carter übergeben. Hauptziele waren, wie Willy Brandt in seiner Biografie schildert, die Länder des Südens besser in die Weltwirtschaft zu integrieren, die Nahrungsmittelproduktion zu steigern und eine Reform von Weltbank und Internationalem Währungsfonds sowie die Gründung eines Weltentwicklungsfonds einzuleiten. Im Oktober 1981 fand dazu im mexikanischen Cancun ein Treffen von 22 Staats- und Regierungschefs aus aller Welt statt. Es soll angeblich aber ohne greifbare Ergebnisse zu Ende gegangen sein.

Im Vorwort des viel beachteten Abschlussberichts der Kommission schreibt Willy Brandt, die Nord-Süd-Beziehungen seien „die große soziale Herausforderung unserer Zeit". Sein Grundcredo: „Man kann die Dinge bewegen, wenn es gelingt, praktische und vertrauensbildende Vereinbarungen zu treffen, so dass alte Konflikte nicht zu neuen führen, sondern das politische Klima verbessert wird". Von der Sowjetunion und ihren Verbündeten forderte Brandt verstärkte entwicklungspolitische Anstrengungen. Für nicht minder wichtig hielt er eine intensivere Zusammenarbeit mit der Volksrepublik China. Von Menschen gemachte Probleme könnten auch von Menschen gelöst werden. „Dazu gehört auch Mut und eine Vision für die Zukunft, ohne die große Aufgaben noch nie gelöst werden konnten. Und es muss getragen sein von gegenseitiger Achtung, Aufgeschlossenheit und Aufrichtigkeit".

Schon damals, vor fast 45 Jahren, forderte die Nord-Süd-Kommission eine grundlegende Korrektur des bestehenden Systems, da der Süden in vielerlei Hinsicht benachteiligt sei. Vor allem Hunger und Massenelend müssten überwunden werden. Das sei ein gemeinsames Interesse, wenn die Menschheit überleben wolle. Willy Brandt hat damals schon gesagt, wenn man einen Bruchteil der Rüstungsausgaben in die Landwirtschaft der Entwicklungsländer steckt, kann man in 15 bis 20 Jahren die landwirtschaftliche Produktion so verbessern, dass weltweit Selbstversorgung erreicht werden kann.

Es gab zahlreiche Projektvorschläge in den Bereichen Gesundheit, Wiederaufforstung, Flussbeckenprojekte, Energieentwicklung und Erkundung von Bodenschätzen. Leider sei der Prozess der Entkolonialisierung noch nicht abgeschlossen, sagte Brandt. Die ehemals abhängigen Staaten wünschten sich nichts sehnlicher, als gleichberechtigte Entwicklungschancen zu erhalten und nicht nur politisch, sondern auch wirtschaftlich und kulturell Herr im eigenen Haus zu werden. Deshalb sei eine zweite Phase der Dekolonisierung notwendig. „Wir müssen uns von der Vorstellung befreien, dass die ganze Welt die Modelle der hochindustrialisierten Länder nachahmen muss. [...] Es gibt keine einheitlichen Modelle, die für alle gelten könnten."

Willy Brandts Gedanken sind heute hochaktuell. Lars Klingbeil, geläutert aus Afrika zurückgekehrt, weist zu Recht darauf hin, dass der globale Süden heute im Gegensatz zu früher längst Alternativen hat: „Russland und China waren viele Jahre präsent, als wir uns wenig um den globalen Süden gekümmert haben, das können wir uns nicht mehr leisten, wenn wir unsere Interessen und Werte in einer multipolaren Welt langfristig sichern wollen."

Es wäre wünschenswert, wenn sich die Ideen von Willy Brandts Nord-Süd-Kommission und Lars Klingbeils Version 2.0 auch in der allgemeinen Außenpolitik der SPD widerspiegeln würden. Denn im Grundsatzpapier „Sozialdemokratische Antworten auf eine Welt im Umbruch" vom Januar 2023 findet sich diese Realität nicht. Zwar wird auch dort davon gesprochen, dass die Staaten des globalen Südens ein Recht darauf haben, die Zukunft der Weltordnung mitzugestalten. Letztlich handelt es sich aber um ein Pamphlet, das stark von NATO-Vorstellungen geprägt ist.

Die von Willy Brandt und seinem Berater Egon Bahr verant-wortete Ostpolitik wird darin komplett negiert. Für die Ermögli-chung der deutschen Einheit dankt die SPD nur den friedlichen Revolutionen in Polen und Ungarn, nicht aber der Sowjetunion unter Gorbatschow. Immer wieder wird das angeblich „revisio-nistische und imperialistische Russland" für alle Unsicherheiten der internationalen Ordnung verantwortlich gemacht. Auch China will man einer kritischeren Bewertung unterziehen. China sei ein Systemrivale, der nach "wirtschaftlicher und politischer Dominanz im indopazifischen Raum" strebe und "seinen politi-schen und wirtschaftlichen Einfluss im globalen Süden auswei-ten" wolle. Der chinesische Präsident betreibe sogar "Kritik an der internationalen Ordnung" und arbeite daran, "das internati-onale System zu seinen Gunsten umzugestalten". Kein Wort da-von, dass China im Süden als wirtschaftlich erfolgreicher, lang-jähriger Verbündeter gesehen wird.

Eigentlich müsste der SPD-Vorsitzende Lars Klingbeil die au-ßenpolitischen Positionen der SPD überarbeiten. Die darin zum Ausdruck kommende Strategie gegenüber Russland hat nichts mehr mit der Tradition von Willy Brandt und Egon Bahrs Formel "Wandel durch Annäherung" zu tun. Sie entspricht auch in kei-ner Weise der Wahrnehmung der Länder des globalen Südens. Die Frage ist also, ob seine jüngsten Äußerungen wirklich auf-richtig gemeint sind, wenn er sagt: „Die Krisen, die wir priorisie-ren, sind nicht unbedingt die Krisen, die andere priorisie-ren" oder „Die Welt von heute ist nicht schwarz und weiß, sie hat viele Grautöne. Wir müssen lernen, uns in dieser neuen Welt zurechtzufinden. Die multipolare Welt erfordert mehr Dialog, mehr Diplomatie, mehr Zusammenarbeit".

Wenn ja, dann sollte er eine Nord-Süd-Kommission 2.0 ins Leben rufen, die das Erbe Willy Brandts aufgreift und weiterführt und sich gleichzeitig der neuen Realität einer multipolaren Welt stellt.

BRICS-Kandidaten stehen Schlange

Vietnam, Kolumbien, Venezuela, Bangladesch: Alle wollen in das Bündnis der Zukunft

25. April, 2024

Spekulationen und Gerüchte über die Erweiterung der BRICS-Staaten machen die Runde. Einer der Programmdirektoren des Waldai Clubs, Oleg Barabanov, schrieb in seinem jüngsten Artikel über mögliche Aufnahmekriterien, auch wenn bisher hier keine Kriterien öffentlich gemacht wurden. Ein Indiz sieht Barabanov in der Unterstützung möglicher Beitrittskandidaten für Russlands Position in der UN-Generalversammlung. Demnach kämen Länder wie Eritrea, Mali, Simbabwe und viele andere afrikanische Länder in die engere Auswahl. In Asien seien Vietnam, Laos, aber auch die Mongolei und Pakistan in aussichtsreicher Position. Ein schlüssiges Muster lässt sich daraus jedoch nicht ableiten.

Kürzlich tauchte Vietnam allerdings tatsächlich als Interessent auf. Laut der russischen Tageszeitung Iswestija erklärte die vietnamesische Botschaft in Russland, dass Hanoi aktiv an einem Vorschlag zur Aufnahme in die BRICS-Gruppe arbeitet. Die

Entscheidung sei noch nicht gefallen, aber die Rahmenbedingungen für eine Teilnahme und einen möglichen Aufnahmeantrag würden geschaffen werden. Vietnams wirtschaftliche Erfolge dürften ein Argument für die Aufnahme sein. Das Land hat sich von einem der ärmsten Länder der Welt zu einer Volkswirtschaft mit mittlerem Einkommen aufgeschwungen. Die vietnamesische Wirtschaft wuchs um rund 5 Prozent im Jahr 2023. Hanoi hat sich aber auch im Ukraine-Konflikt neutral verhalten. Bei den 7 Resolutionen, die in der UNO gegen Russland eingebracht wurden, hat sich Vietnam bei vieren enthalten. Das Land hat sich auch gegen den Ausschluss Russlands aus dem UN-Menschenrechtsrat ausgesprochen.

Wie die russische Nachrichtenagentur Tass meldet, hat auch Venezuela seine Hoffnung auf einen Beitritt zu den BRICS geäußert. Der venezolanische Botschafter in Moskau, Jesus Rafael Salazar Velasques, habe erklärt, sein Land befinde sich in Verhandlungen über eine mögliche Mitgliedschaft. Venezuela habe große Hoffnungen, beim nächsten BRICS-Gipfel in der russischen Stadt Kazan im Oktober aufgenommen zu werden. „Wir wollen ein vollwertiges Mitglied der BRICS werden", wird Salazar Velasques zitiert.

Auch der kolumbianische Präsident Gustavo Petro habe Interesse an einem BRICS-Beitritt seines Landes bekundet. Der Präsident des Nachbarlandes Brasilien, Lula da Silva, habe sich ebenfalls stark für eine Kandidatur Kolumbiens eingesetzt. Die Website der kolumbianischen Regierung hatte das Beitrittsinteresse nach einem Gespräch zwischen dem brasilianischen und dem kolumbianischen Präsidenten öffentlich gemacht.

Bei der jüngsten Erweiterungswelle der BRICS-Staaten scheint das wirtschaftliche Auswahlkriterium mehr oder weniger offensichtlich zu sein. Shahadad Hossain von der Southasian University in Neu Delhi konnte deutlich machen, dass viele der neu hinzugetretenen Mitglieder - Iran, Saudi Arabien und die Vereinigten Arabischen Emirate - in erster Linie erdölexportierende Länder sind. Saudi-Arabien, obwohl noch nicht Vollmitglied, ist der wichtigste Rohöllieferant Chinas und auch ein wichtiger Partner Indiens. China ist der größte und Indien der drittgrößte Energieverbraucher der Welt. Die Komplementarität zwischen den neuen BRICS-Mitgliedern einerseits und China und Indien andererseits liegt auf der Hand. Die Vorteile sind jedoch wechselseitig, da für das verkaufte Öl gleichzeitig Waren importiert werden. Die Märkte in den wohlhabenden Golfstaaten wachsen stark.

Auch das bevölkerungsreiche Bangladesch hat großes Interesse an einer BRICS-Mitgliedschaft. Die Premierministerin von Bangladesch, Sheikh Hasina, nahm jedenfalls am Gipfeltreffen im vergangenen Jahr in Südafrika teil. Sie traf dort am 23. August auch den chinesischen Staatspräsidenten Xi Jinping zu ihrem ersten bilateralen Treffen mit dem chinesischen Staatsoberhaupt seit vier Jahren. Sheikh Hasina hielt eine Rede als Vertreterin Bangladeschs als Mitglied der BRICS-Entwicklungsbank. Das Forum, vor dem sie sprach, war der Friends of BRICS Leaders Dialogue, an dem Vertreter aus 70 Ländern teilnahmen. Am selben Tag nahm sie auch am Bangladesh Trade and Business Summit teil. Am Abend war sie Gast beim südafrikanischen Präsidenten Cyril Ramaphosa. Außerdem traf sie den brasilianischen Präsidenten Lula da Silva, die Präsidenten von Mosambik und Tansania sowie den iranischen Präsidenten. Man würde nicht so viel Aufwand betreiben, wenn man es mit der BRICS-Mitgliedschaft nicht ernst meinen würde.

Herr Barabanov vom Waldai Club weist darauf hin, dass Entscheidungen über Erweiterungen im Konsens getroffen werden müssen. Wenn das gemeinsame Interesse darin besteht, eine Alternative zum gescheiterten westlichen System zu schaffen, wird ein Konsens und eine gemeinsame Position auch bei der anstehenden BRICS-Erweiterung nicht unmöglich sein. Die Kandidaten stehen jedenfalls Schlange.

Goldfisch im Weltall

China und Russland forschen im Orbit und bald auf dem Mond - BRICS ziehen nach

30. April, 2024

Am 24. April wurde in China der Tag der Raumfahrt gefeiert. Das Datum geht zurück auf den Start des ersten chinesischen Satelliten im Jahr 1970. Heute steht China an der Schwelle zur Raumfahrt-Supermacht. Und auch Russland will sein Potenzial ausschöpfen und wieder zur Weltspitze aufschließen. Länder wie Indien, die Vereinigten Arabischen Emirate und sogar Saudi-Arabien verfügen ebenfalls über wachsende Raumfahrtressourcen.

Der in Texas lebende Forscher Scott Firsing verfasste am 26. April einen Artikel mit der provokanten Überschrift „BRICS gewinnt das neue Weltraumrennen". Seiner Meinung nach ist das neue Wettrennen im Weltraum nicht mehr aufzuhalten und bedarf enormer finanzieller und intellektueller Ressourcen. Große Anstrengungen in der Weltraumdiplomatie seien notwendig.

Die erweiterten BRICS-Staaten würden auch im Weltraum eine enorme Konkurrenz für Amerika darstellen.

Das ist nicht ganz von der Hand zu weisen. China hat in der Raumfahrttechnik enorme Fortschritte gemacht und verfügt heute über zahlreiche moderne Satelliten für Navigation, Fernerkundung und Rundfunkdienste, hat bemannte und unbemannte Raumflüge durchgeführt, steuert Raumfahrzeuge auf Mond und Mars, betreibt ein hochmodernes Weltraumteleskop und eine Orbitalstation, und plant eine künftige Mondstation mit ständiger menschlicher Präsenz.

Firsing schreibt, dass der russische Präsident Wladimir Putin die Einweihung einer russischen Raumstation für das Jahr 2027 angekündigt habe. Moskau habe Verhandlungen innerhalb der BRICS-Staaten aufgenommen, um ein breites Konsortium zu bilden. Dies soll aus aufstrebenden Raumfahrtnationen bestehen, die sich die Aufgaben beim Bau der Raumstation teilen. Wie die Nachrichtenagentur Reuters und andere westliche Agenturen bereits im vergangenen Jahr schrieben, soll das erste Modul dieser russischen Orbitalstation (ROS) 2027 in die Umlaufbahn gebracht werden. Der Bau soll dann bis 2032 abgeschlossen sein.

„Ich möchte die BRICS-Partner einladen, ein voll funktionsfähiges Modul zu bauen, das als Teil der ROS den BRICS-Ländern die Möglichkeit bietet, ihre nationalen Raumfahrtprogramme in einer niedrigen Erdumlaufbahn umzusetzen", sagte der Generaldirektor der russischen Raumfahrtagentur Roskosmos, Juri Borissow, 2023 bei einem Treffen zur Raumfahrtzusammenarbeit in Südafrika. Die Raumstation von Roskosmos soll im Endausbau über 6 Module und eine Zentraleinheit verfügen. Sie wird bis zu 4 Kosmonauten aufnehmen können. Mitte März 2024 stellte Borissow bei einem Treffen der Raumfahrtagenturen der BRICS-

Staaten fest, dass alle Mitgliedsländer an einer Koordinierung ihrer Raumfahrtaktivitäten interessiert seien.

China verfügt bereits über eine internationale Raumstation, deren Kernmodul Tianhe im Mai 2021 von Chinas derzeit größter und leistungsfähigster Schwerlastrakete Langer Marsch 5B in die Erdumlaufbahn gebracht wurde. 2022 und 2023 wurde die Raumstation voll funktionsfähig eingerichtet. Erst vor wenigen Tagen, am 26. April 2024, wurden 3 weitere chinesische Astronauten zur Tianhe befördert. Diese Mission, Shenzhou 18, ist die 32. Flugmission des bemannten chinesischen Raumfahrtprogramms. In rund 390 Kilometern Höhe werden Experimente zur Mikrogravitation, Materialwissenschaft, Biologie, Medizin und anderen technologischen Bereichen durchgeführt. Sogar ein Goldfisch und ein Zebrafisch befinden sich in einem Weltraum-Aquarium, das an Bord der Raumstation gebracht wurde.

Eines der größten gemeinsamen Kosmos-Projekte von China und Russland ist jedoch die Internationale Mondforschungsstation ILRS. Nach langen Diskussionen mit internationalen Partnern wurde im Juni 2021 ein Fahrplan für den Bau dieser Mondbasis bis 2035 vorgelegt. Darin heißt es: „Die internationale Zusammenarbeit bei der Erforschung und Nutzung des Mondes ist hilfreich, um das Wohlergehen und die Interessen der Menschheit besser zu fördern." Das Dokument wurde gemeinsam von der chinesischen und der russischen Raumfahrtagentur herausgegeben. Die ILRS soll die Physik, Chemie und Geologie des Mondes erforschen und Ressourcen für das langfristige Überleben der Menschheit bereitstellen. Sie wird später die erste von Menschen bewohnte Kolonie auf dem Mond sein.

Auch Südafrika, Ägypten, Venezuela, Pakistan, Aserbaidschan und andere hätten Interesse am ILRS bekundet. Länder wie Algerien, Äthiopien, Nigeria, Sudan und Ägypten nutzen schon heute chinesische Raketen, um Satelliten in den Orbit zu befördern. Auch Iran, Brasilien, die Vereinigten Arabischen Emirate und Indien verfügen über nennenswerte Raumfahrtkapazitäten. Zuletzt machte Indien pünktlich zum BRICS-Gipfel Ende August 2023 auf sich aufmerksam, als die Sonde Chandrayaan-3 am Südpol des Mondes landete.

Autor Firsing schreibt, dass die amerikanischen Mondambitionen auf frühestens 2026 verschoben wurden. Es geht um das sogenannte Artemis-Programm der NASA, das den Zeitplan für die nächste Mondlandung der USA regelt. Der ursprüngliche Plan sah eine Landung im Jahr 2024 vor. 29 Staaten haben das unverbindliche Artemis-Abkommen der USA unterzeichnet, darunter Brasilien, Indien, Argentinien, die Emirate und Saudi-Arabien. Man sieht kein Problem darin, in beiden "Lagern" zu sein.

Die Europäische Raumfahrtagentur hat ihre Zusammenarbeit mit russischen Partnern komplett gekappt. Dies befeuert aber eher die Ambitionen Moskaus, die volle Autonomie über seine Aktivitäten im Kosmos zurückzugewinnen. Die USA haben auch längst alle Brücken zum chinesischen Raumfahrtprogramm abgebrochen. Das chinesische Raumfahrtprogramm ist nicht zuletzt aus dieser Not heraus so eigenständig und unabhängig geworden. Die anfänglich fruchtbare Zusammenarbeit wurde aus politisch-ideologischen Gründen eingestellt.

Hintergrund: 1998 setzte der US-Kongress die sogenannte Cox-Kommission ein. Deren Ergebnisse wurden ein halbes Jahr später vom Weißen Haus veröffentlicht. Die Chinesen würden Technologie stehlen, hieß es. Doch selbst Experten der Stanford University fanden „keine glaubwürdigen Beweise für den

tatsächlichen Diebstahl von US-Raketentechnologie" und stattdessen im Bericht eine "überraschende Anzahl von technischen
und numerischen Fehlern und das Auftreten selektiver, einseitiger Zitate". Dennoch verabschiedete der Kongress Sanktionen,
die der NASA die Zusammenarbeit mit Chinas Raumfahrtbehör-
den verbieten.

Die USA haben China jedoch nicht vom Rest der Welt isoliert.
Im Gegenteil, China arbeitet mit dem Büro der Vereinten Nationen für Weltraumfragen (UNOOSA) an internationalen Experi-
menten, Austausch und Zusammenarbeit in Weltraumwissen-
schaft, -technologie und -anwendungen. In den letzten fünf Jahren hat Peking 46 Abkommen über die Zusammenarbeit im Weltraum mit 19 Ländern und Regionen sowie mehreren internationalen Organisationen unterzeichnet, darunter die Shanghai
Cooperation Organisation (SCO), die BRICS-Gruppe und die
Asia-Pacific Space Cooperation Organization (APSCO), mit der
China am Belt and Road Space Information Corridor arbeitet.

Die chinesische Raumstation bietet allen Nationen der Welt
die gemeinsame Nutzung von Weltraumressourcen an, einschließlich medizinischer Forschung und weltraumwissen-
schaftlicher Experimente. Chinas meteorologische Daten werden
in 121 Ländern genutzt, und das Land hat 1.000 Raumfahrtexper-
ten aus 60 Ländern ausgebildet.

Die Erforschung der Welt außerhalb der Erde - des Mondes,
des Sonnensystems, unserer Galaxie und darüber hinaus - ist
eine so große Aufgabe, dass sie die geistigen und materiellen
Ressourcen aller Nationen zusammenführen kann. Die Menschheit sieht sich zunehmend mit existenziellen Fragen nach dem
Ursprung und der Zukunft ihrer Existenz konfrontiert, ist heute
aber erstmals in der Lage, Technologien zu entwickeln, die sie

den Antworten und praktischen Konsequenzen näher bringen. Es ist zu hoffen, dass die BRICS-Staaten bei ihrer Zusammenarbeit im Weltraum diesem universellen Gedanken folgen.

Entwicklung für das Zweistromland

Türkei, Irak, Emirate und Katar realisieren größtes Infrastrukturprojekt im Nahen Osten

4. Mai, 2024

Während das deutsche Fernsehpublikum am 23. April gebannt auf den Dönerspieß schaute, den Bundespräsident Steinmeier in Istanbul anschnitt, war der türkische Präsident Erdogan außer Landes, und zwar in Bagdad. Den deutschen Medien war es keine Zeile wert, dass damit ein historischer Wendepunkt in den Beziehungen zwischen der Türkei und dem Irak eingeleitet wurde. Das birgt ein enormes Veränderungspotenzial für die gesamte Region. 26 Abkommen wurden unterzeichnet, nicht zuletzt für das größte Infrastrukturprojekt des Nahen Ostens, die Development Road.

Fast das gesamte türkische Kabinett hielt sich in Bagdad auf. Die Ministerien für Verteidigung, Auswärtige Angelegenheiten, Inneres, Energie, Verkehr und Infrastruktur, Land- und Forstwirtschaft, Industrie und Technologie sowie zahlreiche hochrangige türkische Beamte begleiteten den türkischen Präsidenten auf seiner eintägigen Reise. Erdogan sprach zunächst mit seinem Amtskollegen Abdel Latif Raschid und anschließend mit Premierminister Al-Sudani. Anschließend reiste er in die nordirakische Stadt Erbil weiter, wo er mit dem Präsidenten der autonomen kurdischen Regionalregierung, Nechirvan Barsani, zusammen-traf.

Das Projekt Development Road soll einen Umfang von 17 Milliarden US-Dollar haben. Es soll den Golf von Basra mit der Türkei und Europa verbinden. Unterstützung für das Projekt kam auch von Golfstaaten wie Katar und den Vereinigten Arabischen Emiraten. Vom Hafen Grand Al-Faw in nordwestlicher Richtung durch den Irak bis zur türkischen Grenze sollen eine Autobahn und eine Eisenbahnlinie gebaut werden, um den Handel von derzeit 20 Milliarden Dollar jährlich auf 50 Milliarden Dollar jährlich zu steigern. Gleichzeitig ist vorgesehen, dass die Türkei mit ihrer Wirtschaftskraft eine entscheidende Rolle beim Wiederaufbau des irakischen Staates spielt. Außerdem wird eine seit 10 Jahren inaktive irakisch-türkische Ölpipeline reaktiviert.

Der Hafen Grand Al-Faw an der Nordspitze des Persischen Golfs wird bis 2025 fertiggestellt. Mit 90 Kais wird er der größte Hafen im Mittleren Osten sein und die erste Phase des Projekts einleiten. Die weiteren Stufen erstrecken sich bis in die 2030er und 2040er Jahre. Die Hauptstraßen- und Eisenbahnverbindung führt durch mehrere Zentren, darunter Karbala, Bagdad und Mossul. Bei Ovaköy überquert sie die türkische Grenze und schafft so die Möglichkeit, über verschiedene Städte im Südosten der Türkei eine Verbindung zum wichtigsten Mittelmeerhafen der Türkei in Mersin herzustellen. Gerade für die vom verheerenden Erdbeben im Februar 2023 zerstörte Region ist das ein großer Zugewinn. Von Mersin geht es sowohl auf dem Seeweg durch das Mittelmeer als auch auf dem Landweg nach Istanbul.

Das Projekt ist nicht als Konkurrenz zur chinesischen Belt and Road Initiative zu sehen, sondern eher als Ergänzung. Neben dem nördlichen Seidenstraßen-Korridor von China über

Kasachstan, Russland nach Europa ist in letzter Zeit der mittlere Korridor über das Kaspische Meer, Aserbaidschan, den Kaukasus und die Türkei in den Mittelpunkt des Interesses gerückt. Nun kommt mit der Development Road ein weiteres Element hinzu. Über den irakischen Hafen können bald Container und Güter direkt in die Türkei und weiter über den Bosporus nach Europa verschifft werden. Beobachter sprechen bereits von einer kommenden zentralen Drehscheibe zwischen Asien und Europa.

Weitere Partner waren zur Unterstützung vor Ort in Bagdad. Während Erdogans Besuch unterzeichneten neben der Türkei und dem Irak auch Katar und die Vereinigten Arabischen Emirate das Memorandum über die Zusammenarbeit beim Development Road Projekt. Dies war der krönende Abschluss langer und komplexer diplomatischer Verhandlungen in den vergangenen acht Monaten. Der türkische Außenminister Hakan Fidan hatte im vergangenen Jahr zweimal den Irak besucht.

Der Umfang aller Abkommen ist enorm. Sie betreffen die strategische außenpolitische Planung, die Wirtschaftsbeziehungen, die Zusammenarbeit der Verteidigungsindustrien sowie die Zusammenarbeit der Familien-, Arbeits- und Sozialministerien. Themen wie Bildung, Tourismus, Energie, Gesundheit sind ebenfalls durch Abkommen abgedeckt. Auch mittelständische Unternehmen waren durch entsprechende Verbände vertreten. Ebenso die Ministerien für Technologie, industrielle Entwicklung und Rohstoffe. Gerade im Bereich Wissenschaft, Technologie und Innovation wurden zwischen den Forschungseinrichtungen beider Länder wichtige Vereinbarungen zu Hochschulbildung und wissenschaftlicher Forschung unterzeichnet. Es gab auch einen Aktionsplan für die Landwirtschaft und die Gründung eines gemeinsamen Wirtschafts- und Handelsausschusses.

Es ist eine seltsame Ironie, dass zur gleichen Zeit, da Bundespräsident Steinmeier vor einem türkischen Oppositionspolitiker in Istanbul die Rolle der türkischen Gastarbeiter in Deutschland lobt, der Staatspräsident der Türkei in die entgegengesetzte Richtung aufbricht und strategische Abkommen für die Zukunft unterzeichnet. Vielleicht werden bald ähnlich viele türkische Gastarbeiter im Irak sein, um mit ihrem wachsenden wirtschaftlichen und technologischen Know-how das Land wieder aufzubauen, das ihr großer NATO-Partner, die USA, weitgehend zerstört zurückgelassen hat.

Die Zusammenarbeit der beiden Nachbarn Türkei und Irak in den kommenden Jahrzehnten wird die Region mit Sicherheit stabilisieren. Das Zweistromland von Euphrat und Tigris, die beide in der Türkei entspringen und 90% des irakischen Wasserbedarfs decken, ist von herausragender strategischer Bedeutung. Das war in seiner historischen Blütezeit so und könnte in nicht allzu ferner Zukunft wieder so sein. Es bleibt zu hoffen, dass Deutschland dies als Chance begreift, statt Dönerspießen und Menschenrechtsbelehrungen Maschinen und Technologie anzubieten.

NDB - Quo Vadis?

Der hartnäckigste Feind der BRICS-Entwicklungsbank ist der Finanzliberalismus

11. Mai, 2024

Im Juni 2024 findet die nächste Jahrestagung der New Development Bank (NDB) in Südafrika statt. Diese Finanzinstitution wurde vor rund 10 Jahren von den fünf BRICS-Staaten gegründet. Es ist davon auszugehen, dass es zu einer intensiven Diskussion darüber kommen wird, ob die NDB westlich-liberalen Dogmen folgt oder eine wirklich neue Richtung einschlägt. Wird die NDB eher im Schatten des IWF wandeln oder ihre Rolle als Kredit- und Finanzierungszentrum der Entwicklungsländer endlich voll ausfüllen?

Dilma Rousseff, die derzeitige Präsidentin der NDB, gab anlässlich ihres Berichts an die Staats- und Regierungschefs der BRICS-Staaten auf dem 15. BRICS-Gipfel am 23. August 2023 eine Erklärung zur Rolle der NDB ab. In ihrer Rede betonte sie die Verpflichtung der Bank, als verlässliche Plattform für die Kooperation zwischen den Ländern des globalen Südens zur Verfügung zu stehen. Wörtlich sagte sie: „Die Aufnahme neuer Mitglieder unterstützt die Berufung der NDB, als echte Plattform für die Zusammenarbeit zwischen den Ländern des Globalen Südens zu fungieren, da dies ihre Kapitalbasis stärkt und ein breiteres Spektrum an Handelsbeziehungen und verschiedenen Entwicklungsprojekten einschließt."

Auch der brasilianische Präsident Luiz Inácio Lula da Silva hat sich wiederholt zur BRICS-Entwicklungsbank geäußert. Am 2. August 2023 drückte er seine Unterstützung für den Beitritt weiterer Länder zur BRICS-Gruppe aus, da dies den Einfluss und die Reichweite der NDB potenziell erhöhen könnte. Bei der feierlichen Amtseinführung von Dilma Rousseff als Präsidentin der NDB lobte Lula die Zusammenarbeit der BRICS und das Potenzial der NDB, eine Welt mit weniger Armut, weniger Ungleichheit und mehr Nachhaltigkeit zu schaffen. Präsident Lula unterstrich die Rolle der NDB bei der Befreiung der Schwellenländer von den traditionellen Finanzinstitutionen, die sie seiner Meinung nach immer noch dominieren wollten.

Die New Development Bank mit Sitz in Shanghai wurde am 15. Juli 2014 auf dem sechsten BRICS-Gipfel in Fortaleza, Brasilien, offiziell gegründet. Der Start der Bank verlief eher schleppend. Erst zweieinhalb Jahre später vergab sie ihren ersten Kredit. Zu den fünf Gründungsmitgliedern sind bisher nur drei weitere Länder hinzugekommen: Bangladesch, die Vereinigten Arabischen Emirate und Ägypten. Weitere Länder wie Uruguay und Algerien stehen kurz vor der Aufnahme. Die Bank verfügt über ein Startkapital von 50 Milliarden Dollar und will dies auf 100 Milliarden Dollar erhöhen. Sie konzentriert sich vor allem auf die Finanzierung von Infrastrukturprojekten.

Die Präsidentschaft der Bank rotiert. Mitte Juli 2025, wenn die brasilianische Präsidentschaft endet, wird ein Russe für die nächsten fünf Jahre an der Spitze der Bank stehen. In den einzelnen BRICS-Ländern gibt es durchaus kontroverse Diskussionen über die Ausrichtung der New Development Bank. Der ehemalige brasilianische Präsident Bolsonaro maß den BRICS und der NDB keine Bedeutung bei und schickte dementsprechend mit Marcos Troyjo eine schwache Figur an die Spitze der Institution. Der ehemalige Vizepräsident der NDB, Paulo Nogueira Batista, führt bis heute einen offensiven Kampf gegen solche Bestrebungen, die die NDB in ihrer Bedeutung degradieren sollen.

Mit dem Wahlsieg von Lula da Silva führte der Vorstand der NDB allerdings eine Neuwahl durch und ernannte die oben erwähnte Dilma Rousseff zur neuen Chefin der Bank in Shanghai. Doch obwohl sie den Charakter der Bank ganz auf die Entwicklungsländer ausrichten wolle, fehle es ihr an der notwendigen Zeit, meint Nogueira.

Laut dem Historiker und Politikwissenschaftler Erik Toussaint gibt es eine ähnliche Kontroverse in Südafrika, insbesondere in der Person des Gouverneurs der südafrikanischen Zentralbank, Lesetja Kganyago. Dieser fordert gar eine unabhängige BRICS-Zentralbank, an die die Mitgliedsländer ihre geldpolitische Souveränität abgeben würden. Dies wäre jedoch ein Prinzipienbruch und würde sich kaum mehr vom System der Europäischen Zentralbank (EZB) oder des Internationalen Währungsfonds (IWF) unterscheiden..

Toussaint zitiert aus einem Artikel von Samir Amin, Ökonom und Direktor des Third World Forum in Dakar, Senegal. Amin beschäftigt sich in seinen Veröffentlichungen („The Liberal Virus") häufig mit politischer Ökonomie und den Herausforderungen, denen sich die Entwicklungsländer gegenübersehen. Amir soll geäußert haben, dass sich die BRICS-Staaten zwar auf politischer Ebene gegen den Imperialismus des Westens gewehrt hätten, aber bisher noch nicht wirklich gegen den wirtschaftlichen Neoliberalismus vorgegangen seien. Das ist sicher ein schwerwiegender Vorwurf.

Eine ähnliche Diskussion wird auch in Russland geführt. Der Leiter des Lehrstuhls für Weltwirtschaft und Außenhandelsmanagement an der Staatliche Universität Moskau, Wladimir Osipow, griff die russische Zentralbankchefin Elvira Nabiullina und den russischen Finanzminister Anton Siluanow scharf an. Der Verlust von 300 Milliarden Dollar Auslandsvermögen durch westliche Sanktionen gehe auf ihr Konto. Er sei überzeugt, dass die größtmögliche Strafe für sie der Rücktritt von ihren Ämtern wäre.

Das russische Duma-Mitglied Oxana Dimitriewa ergänzt, Zentralbankchefin Nabiullina habe zugelassen, dass Exporterlöse im Ausland angelegt wurden. Dies habe für gigantische Kapitalabflüsse aus der russischen Wirtschaft gesorgt. Wenn die

Zentralbank nicht auf die Rezepte des IWF verzichte, sei in Russland nur Stillstand zu erwarten.

Sergey Glasjew, Makroökonom bei der Eurasischen Wirtschaftsunion und Mitglied der Russischen Akademie der Wissenschaften, fügt dem hinzu, dass jede Zinserhöhung der Zentralbank das Aus für Abertausende von Projekten bedeute. Der Zusammenbruch zehntausender unternehmerischer Karrieren seien die Folge. Anstatt die Kreditbedingungen dann neu zu verhandeln, würden die Banken pfänden, was ein beschämendes Phänomen sei, so Glasjew.

Was die Neue Entwicklungsbank, ihre Substanz und ihre Perspektiven betrifft, so wird sich dieser Grundsatzstreit zwischen dem liberalen IWF-gestützten Monetarismus und einem neuen Kreditsystem, das auf der Produktivität und den Ressourcen der Mehrheit der Weltbevölkerung basiert und die reale Wirtschaft und das physische Wachstum fördert, sicherlich auch auf der kommenden Jahrestagung der NDB widerspiegeln. Es sollte in unser aller Interesse sein, dass die Belange der globalen Mehrheit für friedliche Entwicklung die Oberhand gewinnen.

Westen und Weltmehrheit

Der Handel Deutschlands mit dem Globalen Süden stockt - China, Russland legen zu

15. Mai, 2024

Europa verliert im Handel mit den Ländern des Globalen Südens. Oder anders ausgedrückt: China und Russland gewinnen das Rennen um die Gunst dieser Länder. Das geht aus einem

Kurzbericht des Instituts der deutschen Wirtschaft (IW), einem privaten Wirtschaftsforschungsinstitut mit Hauptsitz in Köln, vom 3. Mai dieses Jahres hervor. Darin heißt es: „Zwischen 2019 und 2023 stieg der Handel Chinas mit dem globalen Süden stark um 47% auf über 1,9 Billionen US Dollar an, so dass die EU und die USA als wichtigster Handelspartner abgelöst wurden." Deutschland stagniere und werde als Handelspartner von Russland auf die Plätze verwiesen.

Dieser Prozess läuft dem Bestreben der USA und Deutschlands diametral entgegen, die Länder des globalen Südens in geopolitischen Konflikten auf ihre Seite zu ziehen. Die Mehrheit der Länder der Welt verfolge nämlich "längst ihre eigenen Interessen". Die Länder, um die es vor allem geht, sind die sogenannten T25. Was das ist, hat das Institut einem Artikel entnommen, der vor rund einem Jahr in der britischen Zeitung The Economist erschienen ist. Der Artikel wiederum stützt sich auf Recherchen der Economist Intelligence Unit, einer internen Forschungsgruppe des Londoner Verlagshauses. Das "T" steht für "transactional" und soll die mehrseitigen Interaktionen der neutralen Staaten mit den Großmächten bezeichnen.

Zu den T25 gehören unter anderem Mexiko, Indonesien, Algerien, die Türkei, Katar, Bangladesch, Kolumbien, Peru, Ägypten, Thailand, die Philippinen, Chile, Brasilien, Indien, Pakistan, Argentinien und weitere Länder. Das IW stellt nach eigenen Berechnungen und anhand von Zahlen der Vereinten Nationen fest, dass noch bis 2017 die USA und die Europäische Union unangefochten die wichtigsten Handelspartner der T25 waren. Doch 2019 habe China die EU überholt und Russland habe seit dem Ukraine-Krieg „aufgrund der Sanktionen des Westens den Handel mit den T25 deutlich ausweiten" können.

Zwischen China und den T25 hat sich folgendes Handelsmuster herausgebildet. Deutlich gestiegen sind die chinesischen Exporte von Mikrochips und anderen Halbleitern, Fahrzeugen und Stahl, und die Einfuhren von Erdöl, Eisenerz, Braunkohle, Sojabohnen und Gold aus diesen Ländern nach China haben gleichermaßen signifikant zugenommen. Vor dem Hintergrund des von den USA angezettelten Handelsstreits verfolgt China die Strategie, Produktion und Wertschöpfung verstärkt im eigenen Land aufzubauen. Dadurch ist auch der Energie- und Rohstoffhunger gewachsen, der vielfach nur durch Importe gestillt werden kann. Und wo bleibt Europa? Das Gerede vom De-Risking und der Diversifizierung von Lieferketten klingt zwar gut für Pressemitteilungen, aber, so der IW-Bericht abschließend, die Bundesregierung habe den Rahmen für eine entsprechende Außenwirtschaftspolitik mit den rohstoffreichen Ländern des Globalen Südens nicht gesetzt. Die Privatwirtschaft allein wird das nicht leisten können oder wollen.

Die Economist Intelligence Unit stellte fest, dass 52 Länder, die 15% der Weltbevölkerung repräsentieren, Russlands Vorgehen gegen die Ukraine verurteilt haben. Dabei handelt es sich im Wesentlichen um den Westen und seine Freunde. 12 Länder auf der anderen Seite des Spektrums hätten Russlands Aktionen begrüßt. Aber, und das ist der Knackpunkt, 127 Staaten sehen sich weder in der einen noch in der anderen Kategorie, weder in der Pro- noch in der Contra-Russland-Fraktion. Die T25 bilden die wirtschaftlich stärksten Länder dieser Gruppe und repräsentieren 45 Prozent der Weltbevölkerung. Sie wollen sich sowohl im Russlandkonflikt als auch hinsichtlich der chinesisch-amerikanischen Auseinandersetzungen neutral verhalten.

Die Länder sind nicht institutionell organisiert, sondern bilden ein Feld von Mittelmächten, die pragmatisch und opportunistisch handeln. Der Economist räumt gar ein, dass diese Länder die westlichen Spitzenpolitiker für "Heuchler" halten. 6 Milliarden Menschen leben außerhalb des sogenannten Westens. Zwischen dem Weltbild des Westens und dem dieser 6 Milliarden Menschen klafft eine riesige Lücke. Die "transaktionale Strategie" bedeutet: es gibt keine automatische Angleichung in die eine oder andere Richtung, sondern ein Ausbalancieren der Beziehungen zu den Großmächten. Die Tatsache, dass diese Mittelmächte so zahlreich sind, verleiht ihnen ein enormes Gewicht.

Die Untersuchungen des Economist Magazine zeigen für die T25 ein multipolares Handelsmuster. Von den Wirtschaftsbeziehungen insgesamt entfallen immer noch 43% auf den Westen, 19% auf China und Russland und 30 % auf keinen der beiden Blöcke. Bei Argentinien und Indien findet die Hälfte des Handels mit Ländern statt, die keinem Block angehören. Die Wirkung der westlichen Sanktionen und der Druck auf die blockfreien Staaten, sich dem Westen anzuschließen, sind zwar groß. Das Ergebnis ist jedoch nicht eindeutig, sondern eher im Fluss. Im Falle der Sanktionen, die für die hohen Energie- und Nahrungsmittelpreise verantwortlich gemacht werden, erntet der Westen zunehmend Kritik aus dem Globalen Süden. Dies ist ein Grund mehr, nach Alternativen Ausschau zu halten.

Brasilien ist ein gutes Beispiel dafür, wie sich ein Land dem Druck des Westens nicht beugt. Es hat im Ukraine-Russland-Konflikt nicht Partei ergriffen. Das gilt auch für den Konflikt zwischen den USA und China. Der Handel zwischen Brasilien und China hat sich in den letzten zwei Jahrzehnten fast vervierzigfacht. Dort, wo landwirtschaftliche Güter nicht mehr aus den

USA nach China importiert werden, springt Brasilien in die Bresche. Besonders deutlich wird das Phänomen in Afrika. Bereits in der ersten Amtszeit des brasilianischen Präsidenten Lula da Silva stieg der brasilianische Afrikahandel von 6 Milliarden Dollar im Jahr 2003 auf über 25 Milliarden Dollar im Jahr 2012. Lulas Vorgänger Bolsonaro hingegen hat Afrika kein einziges Mal besucht. Lula knüpft nun an seine früheren Erfolge an.

China ist heute weltweit führend im Handel mit Subsahara-Afrika. Dahinter folgt bereits Indien. Indien hat beim letzten G20-Gipfel die Rolle Afrikas deutlich aufgewertet und die Afrikanische Union als Mitglied in die G20 aufgenommen. Auch mittelgroße Staaten wie Saudi-Arabien und die Vereinigten Arabischen Emirate konzentrieren sich zunehmend auf Abkommen mit Afrika, vor allem im Rohstoffsektor.

Der Artikel im Economist spart nicht an Polemik. Ein ehemaliger afrikanischer Präsidentenberater wird mit den Worten zitiert: „Die Amerikaner brauchen Schlafplätze für ihre Truppen und Agenten. Aber Sicherheitsbeziehungen bringen nichts für die Entwicklung. Deshalb brauchen wir China." Der ehemalige nigerianische Vizepräsident Yemi Osinbajo soll erklärt haben: "China taucht überall dann und dort auf, wo der Westen sich nicht blicken lässt", denn der Westen bleibe lieber in seinen exklusiven Clubs wie den G7. Zwischen 2007 und 2020 hat China mehr Mittel für die Infrastruktur in Subsahara-Afrika bereitgestellt als die acht nächstgrößten Geber zusammen.

Fazit: Der Westen und seine Freunde sind bei weitem in der Minderheit, wenn es darum geht, eine neue Blockkonstellation in der Welt aufzubauen. Weit über 80%, also die Weltmehrheit, zu der auch der globale Süden gehört, will sich nicht mehr in Freund-Feind-Schemata pressen lassen. Der Westen verliert dadurch als Handelspartner an Attraktivität, während China, Indien, Russland, die BRICS-Staaten insgesamt, aber eben auch die Gruppe der T25 den Handel untereinander intensivieren. Statt den Welthandel zu politisieren und Sicherheit für die eine Seite auf Kosten der anderen zu garantieren, sollte der Westen einen neuen Umgang mit der globalen Mehrheit finden. Denn letztlich schallt es aus dem Wald heraus, was man in ihn hineingerufen hat, Sanktionen werden zum Bumerang und am Ende verspielt man auch noch die eigene Sicherheit.

Chabahar schreibt Geschichte

Indien und Iran schließen 10-Jahres-Hafenabkommen - USA bleiben außen vor

18. Mai, 2024

Ein „historischer Moment" soll es gewesen sein. Und doch war in den deutschen Medien kein Wort darüber zu lesen. Vielleicht, weil es die deutsche Öffentlichkeit zu einer folgenreichen Einsicht führen könnte. Die Rede ist von einem bahnbrechenden Abkommen zwischen Indien und der Islamischen Republik Iran. „Indien wird den strategisch wichtigen iranischen Hafen Chabahar über einen Zeitraum von zehn Jahren entwickeln und betreiben. Dies ist ein historischer Moment für die Beziehungen zwischen Indien und Iran und für die regionale Konnektivität", twitterte der indische Schifffahrtsminister Sarbananda Sonowal am vergangenen Montag. „Damit wird die Vision von Premierminister Narendra Modi Wirklichkeit, den Welthandel zu fördern, indem eine alternative Handelsroute für den Iran, Afghanistan,

Eurasien und die zentralasiatischen Republiken nach Indien geschaffen wird."

Hierzulande mag sich mancher am Kopf kratzen. Da schließt ein Verbündeter des Westens, die „größte Demokratie der Welt", Indien, ein historisch bedeutsames Abkommen mit einem Land, das mit westlichen Sanktionen überzogen ist und dessen Führungspersonen in Washington, London und Berlin als gefährliche Schurken deklariert werden. Der Iran tauchte in den deutschen Medien lediglich im April kurz auf, als es um den bewaffneten Konflikt zwischen Israel und dem Iran ging. Die EU hatte schnell zwischen Gut und Böse unterschieden und entsprechende Sanktionen gegen die Führungsspitze in Teheran beschlossen. Es passt nicht so recht in die Freund-Feind-Schablone, unter der die sogenannte regelbasierte Ordnung zu sehen ist, wenn plötzlich Neu Delhi, noch dazu mitten im Wahlkampf, große Infrastrukturprojekte mit Teheran auf den Weg bringt.

Es geht um Eisenbahnlinien, Güterverkehrsstraßen, neue Logistik- und Produktionszentren, aber auch um Öl- und Gaspipelines und humanitäre Hilfe wie im Falle Afghanistans. Der Hafen von Chabahar wird im Zuge dessen zu einem strategischen Knotenpunkt für den Handel zwischen Indien, Iran, Afghanistan und Zentralasien, aber auch zwischen Indien, dem Kaukasus und Russland.

Der Hafen liegt an der Südostküste des Iran. Von dort blickt man auf den Golf von Oman. Indische Waren, die auf dem Seeweg vom Hafen Mumbai nach Chabahar gelangen, können dann über Landstraßen in den Nordosten des Landes transportiert werden. Von dort wird über Turkmenistan ganz Zentralasien erreicht. Künftig soll der Hafen aber auch in das Projekt Nord-Süd-Transportkorridor (INSTC) eingebunden werden. Güter aus

Indien würden dann in den Nordwesten des Iran und über Aserbaidschan auf russisches Territorium gelangen. Von dort geht es weiter nach Sankt Petersburg.

In den regionalen Medien und der Politik wird der indisch-iranische Pakt als großer Durchbruch gefeiert. Minister Sonowal spricht davon, dass das Projekt den Grundstein für ein langfristiges Engagement Indiens gelegt habe. 3 Jahre lang hätten beide Seiten miteinander verhandelt. Insgesamt sind Investitionen von 370 Millionen US-Dollar geplant. 120 Millionen fließen in die Erneuerung der Hafenstruktur, weitere 250 Millionen stehen als Kreditfenster für gemeinsame Projekte zur Verfügung. Für Indien ist vor allem wichtig, dass so etwas wie geostrategische Hindernisse überwunden werden können. Der größte iranische Hafen Bandar Abbas an der Straße von Hormus ist bereits überlastet. Der Transit von Transporten über pakistanisches Territorium oder über den pakistanischen Hafen Karatschi ist aufgrund der politischen Spannungen zwischen Neu Delhi und Islamabad extrem eingeschränkt.

Die indisch-iranische Zusammenarbeit rund um den Hafen von Chabahar hat eine längere Vorgeschichte. Der ehemalige indische Botschafter in Teheran und damaliges Vorstandsmitglied der staatlichen indischen Hafenvereinigung, DP Srivastana, schrieb anlässlich der Vereinbarung vor wenigen Tagen einen ausführlichen Hintergrundartikel. Das Chabahar-Projekt wurde bereits während des Besuchs des iranischen Präsidenten Mohammad Khatami im Jahr 2002 vorgeschlagen. Die Verhandlungen begannen 2012, im Mai 2015 wurde ein Memorandum of Understanding unterzeichnet. Der indische Premierminister Modi war Zeuge der Vertragsunterzeichnung ein Jahr später. 2016 begann Indien mit der Sanierung der Hafenanlagen und eines

Containerterminals. Im Jahr 2018 übernahm Indien schließlich die Operation. Der Weiterbetrieb gestaltete sich jedoch schwierig und es kam nur zu jährlichen Verlängerungen der Interimsverträge. Der jetzige Zehnjahresvertrag stellt nun ein neues Kapitel in dieser Zusammenarbeit dar.

Das amerikanische State Department soll auf die Ankündigung verschnupft reagiert haben. Auf einer Pressekonferenz sagte der Sprecher des US-Außenministeriums, Vedant Patel, dass die mehr als 600 Sanktionen gegen indische Unternehmen und Einzelpersonen weiterhin in Kraft seien. Jeder, der mit dem Iran Geschäfte machen wolle, gehe das Risiko ein, selbst mit Sanktionen belegt zu werden. Bislang waren die indisch-iranischen Projekte im Hafen Chabahar von den US-Sanktionen ausgenommen. Das könnte sich jetzt grundlegend ändern.

Der in Neu-Delhi arbeitende Journalist Murali Krishnan berichtete sowohl für die Deutsche Welle als auch für die Tageszeitung Pakistan Today, Indien habe sich möglicherweise der Gefahr von Sanktionen aus Washington ausgesetzt. Doch der indische Außenminister Subramanian Jaishankar gibt sich gewohnt gelassen. „Ich denke, es ist eine Frage der Kommunikation und der Fähigkeit, andere davon zu überzeugen, dass dies zum Vorteil aller Beteiligten ist. Ich halte nichts davon, die Dinge aus einer verengten Perspektive zu betrachten", sagt der Minister.

Wie sich Sanktionen auf den Hafen auswirken könnten, ist noch unklar. Krishnan zitiert eine Expertin der Universität Massachusetts: „US-Sanktionen könnten das volle Potenzial des Handelsstützpunkts Chabahar minimieren. Auf der anderen Seite hat Indiens unabhängige Außenpolitik bereits im Ukraine-Krieg gezeigt, mit der Einfuhr von Öl und Waffen aus Russland, mit der Unterstützung des Militärs in Myanmar und mit

Geschäften mit dem Iran, die im Widerspruch zur Politik Washingtons stehen. Die Biden-Administration könnte sich nun für eine andere Politik gegenüber Neu Delhi entscheiden".

Der Artikel schließt mit einer Analyse des indischen Experten Gulshan Sachdeva, der an der Jawaharlal Nehru Universität über internationale Beziehungen forscht. Für ihn ist vor allem die Einbindung des Hafens in den internationalen Nord-Süd-Transportkorridor ein zentrales Element der langfristigen Strategie Indiens, sich stärker mit den Weltmärkten zu vernetzen. „Mit dem riesigen Energiehandel zwischen Indien und Russland und Indiens wachsendem Engagement im Südkaukasus, unter anderem durch Waffenexporte nach Armenien, könnte der Korridor an Bedeutung gewinnen", so Sachdeva. Und abschließend: „Die Sanktionen, die die USA gegen Russland und den Iran verhängt haben, haben Komplexität geschaffen, vor allem für private Unternehmen im Westen. Aber die indischen Politiker sind entschlossen, Wege zu finden, mit den Entscheidungen Amerikas fertig zu werden."

China im Visier des Westens

China, Russland sind Säulen der multipolaren Welt - Drohungen bringen nichts

26. Mai, 2024

Die Sanktionen gegen Russland sollten der russischen Wirtschaft schweren Schaden zufügen. Vor allem nach Beginn der russischen Militäroperation in der Ukraine wollte der kollektive Westen Moskaus größte Banken, seine Rüstungsindustrie,

Energieunternehmen und Wirtschaftsmanager aus dem Verkehr ziehen. Doch mehr als zwei Jahre danach liegt die russische Wirtschaft noch immer nicht wie gewünscht am Boden. Nur eine Minderheit hat sich den "massiven und beispiellosen" Sanktionen angeschlossen. Auch China nicht. Und nun wird Peking verstärkt ins Visier genommen und dafür verantwortlich gemacht, dass die russische Wirtschaft und der Verteidigungssektor noch am Leben sind. Der Handel zwischen China und Russland hat zuletzt stark zugenommen. China liefere seinem Partner Russland die Technologien und Maschinen, mit denen es seine Waffen produziere, lautet nun der Vorwurf. Der britische Economist widmete dieser Anschuldigung sogar einen großen Teil seiner Ausgabe vom 18. Mai. Er schreibt zwar zu Recht, dass Russland durch die Sanktionen von Maschinenlieferungen aus dem Westen abgeschnitten sei und sich deshalb China zugewandt habe. Die Sache ist aber sicher komplexer.

Laut der Publikation sind die chinesischen Maschinenexporte nach Russland im Jahr 2022 um fast 120 Prozent auf 362 Millionen Dollar gestiegen. Das bedeutet, dass sie vor dem Krieg bei etwa 170 Millionen Dollar gelegen haben müssen. Geht man davon aus, dass die Kosten für hochwertige Industriemaschinen durchaus im einstelligen Millionenbereich liegen können, kann hier nicht unbedingt von einem massiven Import chinesischer Maschinentechnologie gesprochen werden. Zudem muss jeder Maschinenpark früher oder später durch Neuanschaffungen modernisiert werden. Wenn diese nicht aus dem Westen kommen, dann logischerweise von anderswo. Russlands Maschinenimporte sollen 2023 insgesamt noch stärker gewachsen sein, aber immer noch unter einer Milliarde US-Dollar liegen. Der Anteil Chinas beträgt laut Economist 88 Prozent.

In Fachzeitschriften findet sich einiges über die Lebensdauer von Metallbearbeitungsmaschinen. Dort heißt es beispielsweise: „Die Lebensdauer einer CNC-Maschine kann variieren, aber bei regelmäßiger Inspektion und Wartung kann sie mehrere Jahrzehnte betragen". Man kann also davon ausgehen, dass die meisten in Russland produzierten Waffen immer noch mit Werkzeugen und Maschinen hergestellt werden, die früher im Westen gekauft oder selbst konstruiert wurden.

Im Bereich der Sanktionen hat die EU beispielsweise eine „Liste gemeinsamer Güter mit hoher Priorität" veröffentlicht. Diese ist in vier Stufen unterteilt und umfasst insgesamt 50 Kategorien von Ausrüstung mit doppeltem Verwendungszweck (Dual Use) und Hochtechnologieprodukte. Darin heißt es, die Sanktionen gegen Russland seien „verschärft worden und umfassen Export-, Verkaufs- und Transferverbote für Dual-Use- und Hochtechnologiegüter, die auf sensible Bereiche des militärisch-industriellen Komplexes Russlands abzielen und seinen Zugang zu wichtiger Hochtechnologie einschränken sollen".

Maschinen werden jedoch bei weitem nicht nur in der Rüstungsindustrie eingesetzt. Daher ist die Definition von Dual-Use schwammig und lässt viel Interpretationsspielraum. In der Luft- und Raumfahrt beispielsweise werden CNC-Maschinen zur Herstellung von Bauteilen verwendet. In der Automobilindustrie sind die Maschinen ein wesentlicher Bestandteil der Produktion. Für Russland besonders wichtig: In der Öl- und Gasindustrie werden sie zur Herstellung von Komponenten für Bohr- und Förderanlagen, Pipelines und Raffinerien benötigt. Metallbearbeitungsmaschinen dienen zum Schneiden, Biegen und Montieren von Metallkomponenten für die Bau- und Maschinenbauindustrie. Kein Verkäufer kann letztlich kontrollieren, wo die

Maschinen eingesetzt werden. Die EU-Liste umfasst sogar Antennen, Digitalkameras, elektrische Schaltanlagen, Steckdosen, Dioden, Oszilloskope und Kugellager. Wo anfangen, wo aufhören?

Nachdem es den USA und der Europäischen Union trotz aller großspurigen Ankündigungen bisher nicht gelungen ist, die russische Industrieproduktion empfindlich zu treffen, wurde nun China als Bösewicht identifiziert und die Sanktionen gegen das Land bereits massiv verschärft. Am 1. Mai waren 20 Unternehmen und zahlreiche Einzelpersonen aus der chinesischen Wirtschaft betroffen. Ihnen wird vorgeworfen, Russland bei der Lieferung von Schlüsselprodukten für die Waffenproduktion geholfen zu haben. Im April besuchten sowohl die US-Notenbankchefin Janet Yellen als auch der US-Außenminister Anthony Blinken China, um den Druck zu erhöhen. Nahezu alle wichtigen transatlantischen Think Tanks haben inzwischen "Studien" zu dem Thema veröffentlicht, die die Vorwürfe belegen und untermauern sollen, von der Jamestown Foundation über das Center for Strategic and International Studies bis hin zum Atlantic Council.

Auch das britische Royal Institute of International Affairs (Chatham House) beklagt, dass Russland zu einem Markt und Abnehmer für viele hochwertige chinesische Manufakturprodukte geworden sei. Angesichts der Gefahr weiterer massiver Sanktionen gegen Peking prüfe China gleichzeitig intensiv, wie es seine Wirtschaft entwickeln und dabei möglichst wenig vom Westen abhängig sein kann. Im Mittelpunkt des chinesischen Interesses stünden vor allem die Energiesicherheit und die Sicherheit der Nahrungsmittelversorgung. Dies wiederum sei auch das zentrale Interesse der meisten Entwicklungsländer. China habe daher seine Bemühungen, die Beziehungen zum globalen Süden zu festigen, deutlich verstärkt. Die Autorin der Chatham House Analyse, Dr. Yu Jie, betonte, dass China den Krieg in der Ukraine nicht wie der Westen als Schwarz-Weiß-Szenario betrachte. Chinas Position der Vermittlung und Neutralität sei daher bei vielen wirtschaftlich aufstrebenden Ländern des globalen Südens wie Indien und Südafrika auf positive Resonanz gestoßen.

Selbst die Neue Zürcher Zeitung (NZZ) räumte in einem Meinungsbeitrag vom 16. Mai, also zum Zeitpunkt des Besuchs von Präsident Putin in Peking, ein, dass es der chinesisch-russischen Partnerschaft nicht gerecht würde, sie als kurzfristige Zweckgemeinschaft abzutun, wie es viele westliche Analysten täten. Die NZZ-Autorin Kathrin Büchenbacher bezeichnete die chinesisch-russische Kooperation sogar als "mächtigen eurasischen Koloss", der sich aus der militärischen Stärke Russlands und der wirtschaftlichen Stärke Chinas zusammensetze. Erstaunlicherweise beruft sie sich dabei auf den britischen Geographen Halford Mackinder und schreibt: „Wer das sogenannte Herzland von der Wolga bis zum Jangtse beherrscht, beherrscht die Welt". Doch ob man die strategische Allianz zwischen China und Russland nun belächelt oder vor Angst erstarrt, dem Kern der Sache wird man nicht gerecht.

Erstaunlicherweise traf der russische Soziologieprofessor Alexander Dugin, im Westen als "Putins Gehirn" oder "gefährlichster Philosoph der Welt" verschrien, den Ton am besten, als er am 17. Mai in einem Interview mit der chinesischen Global Times sagte: „Dank dieser Kommunikation und Kooperation zwischen den beiden Polen oder Säulen, nämlich China und Russland, wollen auch andere Länder und Regionen dem multipolaren Club beitreten. Dazu gehören Indien, die islamische Welt, Afrika und Lateinamerika. Das heißt nicht, dass wir eine Allianz gegen jemanden aufbauen. Wenn der Westen die Multipolarität akzeptiert, können sie am Aufbau dieser multipolaren Welt mitwirken. Aber wenn der Westen weiter gegen das Entstehen dieser Multipolarität kämpft, dann sind wir gezwungen, gegen diesen Schritt vorzugehen, nicht gegen den Westen, sondern gegen die Hegemonie". Dugin, der sich seit den 2000er Jahren mit vielen chinesischen Intellektuellen ausgetauscht hat, erklärt: „Je mehr ich über China weiß, desto mehr bewundere ich es".

Dies spiegelt am ehesten die Diskussion in den Ländern der BRICS-Gruppe und den um Blockfreiheit bemühten Staaten des globalen Südens wider. Die westliche Hegemonie stößt bei der Mehrheit der Weltbevölkerung zunehmend auf Ablehnung. Statt auf die Forderungen nach einer gerechteren Weltordnung einzugehen, hat der kollektive Westen eine globale NATO und ein weltumspannendes extraterritoriales Sanktionsregime geschaffen. Um die letzten Reste ihrer unipolaren Macht zu bewahren, ist die transatlantische Welt derzeit bereit, selbst das mächtige China mit härtesten Sanktionen zu belegen und den politischen Druck deutlich zu erhöhen. Der Erfolg dieser Strategie ist höchst zweifelhaft, denn sie wird nicht nur das Handelssystem weiter beschädigen, sondern auch die Spannungen zwischen den Großmächten weiter verschärfen. Das kann nicht gut gehen. Eine gemäßigtere Politik in Washington, Brüssel und Berlin könnte zumindest im Dialog nach Lösungen suchen.

Deshalb sollten westliche Kommentatoren zumindest zur Kenntnis nehmen, dass die Präsidenten Putin und Xi in ihrer gemeinsamen Erklärung nicht nur auf eine internationale Friedenskonferenz unter Beteiligung Russlands und der Ukraine hinarbeiten, sondern dass beide Nationen intensiver mit den Ländern des globalen Südens zusammenarbeiten wollen, um eine internationale Ordnung der Fairness und Gerechtigkeit, des Friedens und der gemeinsamen Entwicklung zu sichern. Das liegt ja auch im Interesse des Westens.

Mittlerer Osten und China

China und die arabischen Staaten bauen systematisch ihre Beziehungen aus

31. Mai, 2024

Am 30. Mai 2024 wurde in Peking das 10. chinesisch-arabische Kooperationsforum auf Ministerebene eröffnet. Die chinesischen Medien berichteten zunächst ausführlich über die Begrüßungszeremonie für den angereisten ägyptischen Präsidenten Abdel Fattah El Sisi. Delegierte aus 22 arabischen Staaten nahmen am Forum teil. Es macht deutlich: Chinas Rolle im Nahen und Mittleren Osten wächst, sowohl wirtschaftlich als auch diplomatisch. Der chinesische Staatspräsident Xi Jinping sprach sich gegenüber El Sisi beispielsweise für einen sofortigen Waffenstillstand im Gaza-Konflikt und die Vollmitgliedschaft Palästinas in den Vereinten Nationen aus. China übernimmt im Nahen Osten zunehmend Verantwortung, vor allem als wirtschaftlicher Entwicklungsakteur. Dies ist nicht zuletzt auf die Neue Seidenstraße, auch Belt and Road Initiative (BRI) genannt, zurückzuführen, die schon früh in der Region Fuß gefasst hat.

Xi und sein ägyptischer Gast bekräftigten ihre Absicht, die umfassende chinesisch-ägyptische strategische Partnerschaft zu intensivieren und die bilaterale Zusammenarbeit in Bereichen wie   Infrastruktur,   Industrie,   Landwirtschaft,

Kommunikationstechnologien, künstliche Intelligenz, Ernährungssicherheit und Finanzen zu fördern. Peking sei auch gewillt, sich auf multilateralen Plattformen wie den Vereinten Nationen, der Shanghaier Organisation für Zusammenarbeit (SOZ) und den BRICS stärker mit Kairo abzustimmen. „China ist bereit, mit Ägypten zusammenzuarbeiten, um eine multipolare Welt voranzubringen, einschließlich einer wirtschaftlichen Globalisierung, von der alle profitieren, und um internationale Fairness und Gerechtigkeit sowie die allgemeinen Interessen der Entwicklungsländer zu unterstützen", so der chinesische Präsident.

Der Besuch El Sisis in China ist auch als Gegenleistung Ägyptens für den Afrikabesuch des chinesischen Außenministers Wang Yi Mitte Januar 2024 zu verstehen, der mit einem Aufenthalt in Ägypten begann, gefolgt von Tunesien, Togo und der Elfenbeinküste. Diese Diplomatie trägt nun Früchte. In Peking sollen eine Reihe von Dokumenten über die bilaterale Zusammenarbeit im Rahmen der Neuen Seidenstraße sowie in den Bereichen Wissenschaft und technologische Innovation, Investitionen und Wirtschaft unterzeichnet werden.

Chinas Engagement in den arabischen Ländern und im Nahen Osten im Rahmen der BRI hat eine Vorgeschichte. Das Arab Center, eine Forschungseinrichtung in der US-Hauptstadt Washington DC, erklärte, China sei bereits 2016 zum größten ausländischen Investor im Nahen Osten aufgestiegen. Seit der Ankündigung der Neuen Seidenstraße im Jahr 2013 seien bis 2020 bereits Investitionen in Höhe von 123 Milliarden US-Dollar in der Region getätigt worden. Schwerpunkte seien Häfen und andere Infrastrukturprojekte in Saudi-Arabien, den Vereinigten Arabischen Emiraten, Dschibuti und Ägypten. China habe zudem mit allen Golfstaaten Vereinbarungen zum 5G-Standard getroffen.

Im April 2021 berichtete die Website Modern Diplomacy über die immense Bedeutung der neuen Seidenstraße für den Mittleren Osten. China betrachte die Region als besonders wichtige Drehscheibe zwischen Europa, Afrika und Asien. Einerseits wegen der Landverbindungen, andererseits wegen der strategischen Lage seiner Gewässer: Mittelmeer, Rotes Meer, Arabisches Meer, Schwarzes Meer. Chinas enormer Energiehunger kann derzeit nur durch die Lieferung fossiler Brennstoffe aus dieser rohstoffreichen Region gestillt werden. Für deren sicheren und ungehinderten Fluss ist vor allem die Straße von Hormus zwischen den Vereinigten Arabischen Emiraten und dem Iran eine kritische Meerenge, die den Persischen Golf mit dem Golf von Oman verbindet.

Auf der südwestlichen Seite der Arabischen Halbinsel ist die Straße von Bab el-Mandeb zwischen Dschibuti auf dem afrikanischen Kontinent und Jemen auf der Arabischen Halbinsel von ebenso großer strategischer Bedeutung. Diese Meerenge ermöglicht Handelsschiffen und Öltankern den Zugang zwischen dem Golf von Aden und dem Roten Meer und weiter zum Suezkanal. Laut Modern Diplomacy bezieht China mehr als die Hälfte seiner Rohölimporte aus dieser Region sowie 10 bis 20 % seines Erdgases.

Ein Wissenschaftler der Universität Haifa, Dr. Mordechai Chaziza, hat das wirtschaftliche Engagement Chinas im Nahen Ostens in den vergangenen zehn Jahren noch genauer untersucht. Anhand einer Datenbank des International Institute for Strategic Studies konnte Chaziza 266 Seidenstraßen-Projekte zwischen

2005 und 2022 identifizieren. Davon sind 64 klassische Infrastrukturprojekte, also Häfen, Schienenwege, Sonderwirtschaftszonen und Investitionen in das öffentliche Gesundheitswesen. 202 Projekte fallen in die Kategorie der digitalen Seidenstraße. Dazu gehören Technologietransfer, Telekommunikation, Glasfaserkabel und Finanztechnologien, zum Beispiel für Cloud Computing, Big Data-Anwendungen und grenzüberschreitenden E-Commerce. Die Gewichtung ist von Land zu Land unterschiedlich. Nehmen wir erneut das Beispiel Ägypten: Dort gab es 11 klassische Infrastrukturprojekte und doppelt so viele, nämlich 22 digitale Projekte. Die mit Abstand meisten digitalen Projekte wurden jedoch in den Vereinigten Arabischen Emiraten und in Israel realisiert. Projektabbrüche sind übrigens eine Seltenheit.

Laut Chaziza haben westliche Länder diesbezüglich deutlich weniger zu bieten. Er schreibt: „Wichtiger noch, BRI-Projekte sind von größter Bedeutung für unterentwickelte Länder im Nahen Osten, die auf externe Geldgeber angewiesen sind, um wichtige physische und digitale Infrastruktur aufzubauen. Diese Projekte sind bereits in Betrieb oder haben ihre zweite und dritte Entwicklungsphase erreicht. Wenn nicht noch andere Kapitalgeber die Entwicklung unterstützen, werden die Staaten des Nahen Ostens weiterhin mit China zusammenarbeiten und von China abhängig sein." China bleibe der größte ausländische Investor im Nahen Osten und werde wahrscheinlich auch weiterhin diese einzigartige Rolle bei der Entwicklung der Region spielen. Der Nahe Osten sei nach wie vor eine Schlüsselregion für die Neue Seidenstraße (BRI), so der Forscher.

China ist sich seiner herausragenden Stellung in der Region sehr wohl bewusst. Wie der chinesische Staatsrat bereits vor rund einem Jahr in einer Pressemitteilung verlauten ließ, gehen die historischen Verbindungen zwischen China und dem Nahen Osten bereits auf die Verbindungen der historischen Seidenstraße zurück. Vor einigen Jahrzehnten, in den 1990er Jahren, wurden die gemeinsamen Interessen neu definiert. Vor allem der Aufstieg Chinas zu einer enormen Wirtschaftsmacht weckte in den Staaten des Nahen Ostens die Hoffnung, dass ein starkes China mehr internationale Verantwortung wahrnehmen würde. Wörtlich heißt es in dem Regierungspapier: "China hat stets den Multipolarismus hochgehalten und hat geholfen, eine globale Gemeinschaft mit einer gemeinsamen Zukunft aufzubauen. [...] Viele Länder in der Region sehen die Seidenstraßen-Initiative als ein Projekt, das ein neues globales Kräftegleichgewicht definiert, da es eine Entwicklungsstrategie widerspiegelt, die globale Handelsnetzwerke über Asien, Afrika und Europa miteinander verbindet".

Das Handelsvolumen zwischen China und den Ländern des Nahen Ostens hatte bereits 2022 die Marke von einer halben Billion Dollar überschritten und ist nun dabei, den Handel zwischen China und Europa zu überholen. Mit 12 arabischen Staaten wurden strategische Partnerschaften geschlossen, und alle 22 arabische Staaten haben Abkommen im Rahmen der Belt and Road Initiative unterzeichnet. 15 arabische Länder sind der Asian Infrastructure Investment Bank beigetreten und 14 der chinesisch-arabischen Cybersecurity Cooperation Initiative.

Insofern herrschte bereits eine sehr vertraute Atmosphäre, als der chinesische Staatspräsident Xi Jinping nun die 10. chinesisch-arabische Konferenz eröffnete. Neben dem ägyptischen Präsidenten waren auch der König von Bahrain, der tunesische Präsident und der Präsident der Vereinigten Arabischen Emirate in Peking eingetroffen. Die Konferenz auf Ministerebene ist nur eines von 19 Formaten, die mit der Gründung des chinesisch-arabischen Kooperationsforums vor 20 Jahren ins Leben gerufen wurden. Erwartet werden in den nächsten Tagen wichtige Abschlusserklärungen zur Beilegung und Lösung des Nahostkonflikts und zum Ausbau der Wirtschafts- und Handelsbeziehungen. China wird nicht als Kriegspartei wahrgenommen, im Gegensatz zu den USA und auch zu Deutschland, deren Diplomatie in der Region längst ihre Vertrauensbasis verloren hat. Der wirtschaftliche Aufschwung der Region im Rahmen der Neuen Seidenstraße wird zudem neue Anreize schaffen, einen dauerhaften Ausweg aus dem Dilemma der langjährigen und scheinbar unlösbaren Konflikte zu finden.

Anaklia: Juwel und Dorn im Auge

China baut gigantisches Hafenprojekt in Georgien und sorgt für Jubel und Ärger

5. Juni, 2024

Die Schwarzmeerküste Georgiens gewinnt aufgrund ihrer strategischen Lage zunehmend an Bedeutung. In der griechischen Antike soll Jason hier das Goldene Vlies geraubt haben. Die Griechen nannten das Gebiet Kolchis. Später, unter römischer Herrschaft, erhielt sie den Namen Lasika, und unter demselben lateinischen Namen Lasika plante man hier schon vor zwei Jahrzehnten den Bau des größten Hafens Georgiens und darüber hinaus einer Stadt, die nach der Hauptstadt Tiflis die zweitgrößte des Landes werden sollte. Der Name Lasika wurde nachträglich in Anaklia geändert und umfasst nun den Bau eines großen, modernen Tiefseehafens in 9 Phasen mit einem Investitionsvolumen von 2,5 Milliarden US-Dollar. Schiffe mit einer Kapazität von bis zu 10.000 TEU sollen dort anlegen können. Der primäre Zielmarkt umfasst zunächst 17 Millionen Menschen in der Kaukasusregion, d.h. Georgien, Aserbaidschan und Armenien, sowie weitere 147 Millionen Menschen in den Ländern Zentralasiens, d.h. Kasachstan, Turkmenistan, Usbekistan, Kirgisistan und Tadschikistan.

Das klingt alles plausibel. Anaklia liegt strategisch günstig an der Handelsroute der Neuen Seidenstraße zwischen China und Europa. Neben dem Hafen soll eine neue Sonderwirtschaftszone entstehen. Das Konzept ähnelt einer mittelgroßen Industriestadt mit Gewerbe- und Handelszentren, die vor allem von internationalen Speditions- und Logistikunternehmen, dem produzierenden Gewerbe und Dienstleistungsunternehmen genutzt werden. Vor wenigen Tagen wurde jetzt der Zuschlag erteilt. Auf einer Pressekonferenz am 29. Mai gab der georgische Minister für Wirtschaft und Entwicklung, Levan Davitashvili, bekannt, dass ein chinesisches Konsortium für den Bau des Hafens gewonnen werden konnte: Die China Communications Construction Company. Außerdem werden die China Road and Bridge Corporation und die Qingdao Port International Co Ltd als Subunternehmer den Bau des Hafens übernehmen.

Es gab bereits eine Vorgängerversion. Die ursprüngliche Planung ging auf das Anaklia Development Consortium (ADC) zurück, das bereits 2016 einen Vertrag mit der georgischen Regierung abgeschlossen hatte. Internationale Firmen aus den USA, Großbritannien und Zentralasien sollten das Projekt betreiben. Doch 2020 war für das ADC Schluss. Die Gründe sind sicherlich vielfältig, Fakt ist aber, dass sich der amerikanische Investor nach Rechtsstreitigkeiten aus dem Projekt zurückgezogen hatte. In den letzten Jahren hat die georgische Regierung das Thema Konnektivität ganz oben auf ihre außenpolitische Agenda gesetzt. Diese wird zunehmend von den Entwicklungs- und Wirtschaftschancen des zentralen Korridors der Neuen Seidenstraße bestimmt. Anaklia erlebt daher ein Comeback.

Georgiens Position als Seeverkehrsdrehscheibe zwischen den Anrainerstaaten des Kaspischen und des Schwarzen Meeres sowie seine Landverbindung mit der Türkei im Westen und Aserbaidschan im Osten spielen dabei eine wichtige Rolle. Die Entwicklung eines großen und modernen Tiefwasserhafens wird die Kapazität dieses zentralen Korridors erheblich erhöhen. Zwar gibt es bereits eine Reihe anderer georgischer Seehäfen. Diese sind jedoch wesentlich kleiner und für tiefgehende Schiffe ungeeignet, wie z.B. Poti, oder auf den Transport von Rohöl spezialisiert, wie z.B. Batumi, Kulevi und Supsa.

Anaklia ist keinesfalls unumstritten. Die Europäische Union ist nicht glücklich über die nun offizielle Entscheidung, ein chinesisch dominiertes Konsortium mit dem Bau des Hafens zu beauftragen. Eine Studie einer NGO in der Hauptstadt Tiflis hat ergeben, dass seit 2021 an jedem georgischen Infrastrukturprojekt im Wert von über 100 Millionen Dollar chinesische Unternehmen beteiligt gewesen sind. Georgien wendet sich beim Bau von Infrastrukturprojekten zunehmend China zu. Anaklia ist inzwischen das mit Abstand größte Projekt dieser Art.

Besonders verärgert zeigte sich der ehemalige georgische Verteidigungsminister Tinatin Khidasheli, der die Auswahl der Unternehmen als „sehr beunruhigend" bezeichnete und sagte, der Zeitpunkt der Ankündigung sende „eine klare Botschaft". Davitaschwilis Pressekonferenz fand einen Tag statt, nachdem die

Regierungspartei das Veto der georgischen Präsidentin Salome Zurabischwili überstimmt hatte, um ein Gesetz durchzubringen, das teilweise aus dem Ausland finanzierte Nichtregierungsorganisationen dazu zwingt, sich als ausländische Vertreter auszuweisen. Zurabischwili erklärte daraufhin, der Einstieg chinesischer Unternehmen in diesem Umfang sei ein „Dolchstoß für die Beziehungen zu den amerikanischen und europäischen Partnern".

Eine Forscherin des German Marshall Fund und ehemalige Botschafterin der Europäischen Union, Romana Wlahutin, sagte: „Anaklia ist das Kronjuwel des mittleren Korridors. Wenn man chinesischen Unternehmen erlaubt, ein solches Schlüsselprojekt zu bauen, gibt man ihnen die Fähigkeit und die Möglichkeit, eine sehr wichtige Route für den Handel zwischen Europa und Asien zu kontrollieren. [...] Das sind keine guten Nachrichten für die EU, und ich denke, dass die Tatsache, dass China diesen Hafen baut, den Mangel an strategischem Denken in Brüssel zeigt."

Für den chinesischen Botschafter in Georgien, Chou Qian, ist die China Communications Construction Company jedoch eines der stärksten Bauunternehmen der Welt und hat Projekte im Rahmen der Neuen Seidenstraße (Belt and Road Initiative) in mehr als 150 Ländern durchgeführt. Das Unternehmen wurde von den Vereinigten Staaten allerdings mit Sanktionen belegt, weil es an der Aufschüttung künstlicher Inseln im Südchinesischen Meer beteiligt war. Der georgische Sicherheitsexperte Beka Kiria vom Gagra-Institut schrieb bereits 2019 in Erwartung des bevorstehenden Baus des Projekts: „Der Hafen von Anaklia wird zum Logistikzentrum des Kaukasus. Mittelfristig wird sich der Hafen in die globalen Wertschöpfungsketten integrieren und sich positiv auf die Region und die Nachbarschaft Georgiens auswirken".

Das Anaklia-Projekt ist daher einerseits ein Meilenstein in der Erschließung eurasischer Handelswege. Andererseits ist es ein Dorn im Auge derer, die nicht wollen, dass Chinas international beachtete Fähigkeiten im Infrastrukturbau in der Europäischen Union oder ihren vermeintlichen Partnerländern zum Tragen kommen. Das Beispiel Georgien zeigt deutlich, wie sehr der Westen den Einfluss Chinas und Russlands kritisiert und fernzuhalten versucht, wie aber andererseits diese strategisch wichtiger werdenden Mittelmächte wie Georgien die tektonischen Verschiebungen der Gegenwart hin zu einer multipolaren Weltordnung begriffen haben und ihre Interessen entsprechend zur Geltung bringen, auch wenn der Preis dafür Kritik, Häme oder gar Drohungen aus den westlichen Hauptstädten sind.

Türkei, China & BRICS

Türkischer Außenminister besucht China und will zum BRICS-Treffen nach Russland

9. Juni, 2024

Gerüchte über eine BRICS-Mitgliedschaft der Türkei kursieren schon seit einigen Jahren, spätestens seit der türkische Präsident Tayyip Recep Erdogan sie 2018 ins Spiel gebracht hat. Lange Zeit schien das Thema in der Versenkung verschwunden zu sein, doch jetzt ist es wieder in den Schlagzeilen. Das lag vor allem daran, dass der türkische Außenminister Hakan Fidan während seines dreitägigen Besuchs in China nach einem Vortrag bei einer Denkfabrik in Peking um einen Kommentar gebeten wurde, ob Ankara der BRICS beitreten wolle. Seine Antwort: "Wir haben ein Abkommen über eine Zollunion mit der EU, und wir suchen auch nach neuen Möglichkeiten der Zusammenarbeit mit Partnerländern auf verschiedenen Plattformen wie den BRICS." Am folgenden Tag, unmittelbar nach seinem Treffen mit seinem chinesischen Amtskollegen Wang Yi, kündigte Fidan auch noch an, er werde nächste Woche am Treffen der BRICS-Außenminister in der russischen Stadt Nischni Nowgorod teilnehmen. Dies deutet auf eine neue Phase hin.

Kreml-Sprecher Dimitri Peskow kommentierte, die Zahl der an BRICS interessierten Länder sei sei viel größer als die Möglichkeit einer sofortigen Aufnahme. Peskow sagte: "Natürlich begrüßen wir das gestiegene Interesse an den BRICS, einschließlich so wichtiger Partner wie der Türkei". Gleichzeitig deutete der russische Außenminister Sergej Lawrow in einem Fernsehinterview am Rande des St. Petersburger Internationalen Wirtschaftsforums SPIEF an, dass angesichts von 30 Bewerbungen verschiedener Länder um eine BRICS-Mitgliedschaft auch andere Formen der Zusammenarbeit ins Auge gefasst werden, z.B. sogenannte "BRICS-Partnerländer".

Außenminister Fidan besuchte auch die chinesische Provinz Xinjiang, in der große Teile des Turkvolkes der Uiguren leben. Er besichtigte die Yanghang Moschee in der Stadt Kashgar und den Großen Internationalen Basar in der Stadt Urumqi. Wie er betonte, tragen beide Städte als alte türkisch-islamische Städte viel zum kulturellen Reichtum Chinas bei. Wie fast alle islamischen Länder ist auch die Türkei bestrebt, ihre politischen und kulturellen Beziehungen zu China auszubauen. Urumqi und Kashgar in Xinjiang seien ein Symbol der alten Freundschaft und Nachbarschaft beider Kulturen, sagte Fidan.

Wang und Fidan verständigten sich angesichts der katastrophalen Lage im Nahen Osten auf die Einberufung einer umfassenden internationalen Friedenskonferenz. Beide sprachen sich für eine Zweistaatenlösung im israelisch-palästinensischen Konflikt aus. Die Türkei unterstützt ausdrücklich den Sechs-Punkte-Plan, den Wang Yi zusammen mit dem brasilianischen Präsidentenberater Celso Amorim ausgearbeitet hat. Darin wird eine Friedenskonferenz unter Beteiligung beider Kriegsparteien und ein Ende der Mentalität des Kalten Krieges gefordert. Innerhalb von nur einer Woche habe der Vorschlag die Unterstützung von 45 Ländern aus fünf Kontinenten erhalten, sagte Wang. Der Ukraine-Gipfel Mitte Juni in der Schweiz sei dagegen viel zu kurz gegriffen und werde den Erwartungen der internationalen Gemeinschaft nicht gerecht. Vor allem, weil Russland nicht einmal eingeladen sei.

Bei der strategischen und wirtschaftlichen Zusammenarbeit streben die beiden Außenminister eine Harmonisierung zwischen der Neuen Seidenstraße und der Initiative des Mittleren Korridors sowie die Integration anderer Entwicklungskorridore wie der Development Road im Irak an. Die Türkei und China seien zwei alte Kulturen und Zivilisationen, die seit jeher durch die traditionelle Route der Seidenstraße eng miteinander verbunden seien und freundschaftliche Beziehungen pflegten.

Anders als der Westen sieht die türkische Regierung China nicht in einem negativen Licht. Als der chinesische Außenminister Wang Yi im Juli 2023 die Türkei besuchte, betonte sein türkischer Amtskollege in einer offensichtlichen Anspielung auf die USA und einige europäische Mächte, dass die Türkei China nicht als Bedrohung betrachte und sich allen Versuchen widersetze, die Entwicklung Chinas einzudämmen.

Eine Studie des Center for Asian Studies an der Koç Universität in der Türkei über die chinesisch-türkischen Wirtschaftsbeziehungen zeigt, dass chinesische Institutionen seit 2002 mehr als ein Dutzend Großprojekte in der Türkei finanziert haben. Dazu gehören die Ankara Istanbul Hochgeschwindigkeitsbahn und der Kauf von Huawei Telekommunikationsprodukten. Vor allem im Infrastrukturbereich investierte China in die Yavuz Sultan Selim Brücke über den Bosporus, die Nord-Marmara-Autobahn und den Marmaray-Eisenbahntunnel unter dem Bosporus. Der China Global Investment Tracker, der vom American Enterprise Institute und der Heritage Foundation herausgegeben wird, listet 32 chinesische Bauprojekte in der Türkei auf. Dazu gehören Projekte in den Bereichen Chemie, Metallurgie, Energie, Technologie, Transport und Immobilien.

Nach Forschungsergebnissen der TED-Universität in Ankara hat die Türkei bereits erhebliche Investitionen in diesem Bereich getätigt, neben dem Marmaray-Unterwasser-Eisenbahntunnel auch den Eurasia-Tunnel und den neuen Istanbuler Flughafen. Geplante Projekte sind die Brücke über die Meerenge von Canakkale und die Fertigstellung der Hochgeschwindigkeits-Eisenbahnstrecke von Edirne im Westen nach Kars im Osten. Auch der Containerhafen Kumport ist ein wichtiges Element in diesem Szenario. Im Jahr 2015 erwarb ein chinesisches Unternehmen für 940 Millionen US-Dollar einen 65-prozentigen Anteil an Kumport, dem drittgrößten Containerhafen der Türkei. China und die Türkei kooperieren auch bei Stadtbahnprojekten wie den U-Bahnlinien in Ankara und Istanbul.

All dies wird die Position der Türkei als Tor zwischen West und Ost bzw. Europa und Asien mit einer direkten und relativ schnellen Verbindung stärken. Die vorherrschende Ansicht ist, dass Chinas Belt and Road Initiative (Neue Seidenstraße) und der Mittlere Korridor der Türkei sich auf natürliche Weise ergänzen. Die langfristige Vision der Türkei ist es daher, eine zentrale Verkehrs- und Logistikdrehscheibe zwischen Europa und Asien zu werden.

Epizentrum der multipolaren Welt

St. Petersburger Wirtschaftsforum setzt Koordinaten für neue internationale Ordnung

17. Juni, 2024

Es ist vielleicht das größte jährliche Gipfeltreffen der Welt geworden, das Internationale Wirtschaftsforum in St. Petersburg, kurz SPIEF. Mehr als 21.000 Teilnehmer aus 139 Ländern pilgerten in die nördlichste Millionenstadt der Welt. Vom 4. bis 8. Juni wurden in unzähligen offiziellen und inoffiziellen Runden die Eckpfeiler für die Zukunft der globalen Mehrheit gesetzt. Mehr als 980 Verträge im Wert von rund 72 Milliarden Dollar wurden abgeschlossen. Es ist kein Treffen der reinen Symbolik und der Gruppenfotos, wie es der Westen gerne veranstaltet, sondern eines der Macher: CEOs, Minister, Experten, Journalisten.

Ein Blick in das 80-seitige Programm des SPIEF verschlägt einem die Sprache. Die Vielzahl der Veranstaltungen beleuchtet alle möglichen Aspekte der BRICS, Afrika, Eurasien und der polyzentrischen bzw. multipolaren Welt. Titel wie „BRICS-

Erweiterung. Neue Chancen für die wirtschaftliche Zusammenarbeit", „Die Rolle der BRICS-Staaten bei der Sicherung der Welternährung" oder „Große Kulturen: Neue Chancen für kreative Interaktion zwischen den BRICS-Staaten" nehmen breiten Raum ein. BRICS-Expertenforen zu den Themen „BRICS-Ziele im Kontext einer neuen Weltordnung", „Die kulturelle Basis von BRICS" und „Wachstum durch Partnerschaften fördern, gemeinsam Wege zur Modernisierung erkunden" fanden ebenso statt wie ein „BRICS-Plus-Rundtisch zum internationalen Nord-Süd-Verkehrskorridor" und ein „BRICS-Treffen der Verkehrsminister".

Die Zahl der Experten ist zu groß, um sie hier aufzuführen. Zentrale Themen waren „Die Große Eurasische Partnerschaft als neuer Wachstumspol: Potenzial und Perspektiven", „Philosophie und Geopolitik einer multipolaren Welt" und „Polyzentralität: Norm einer zukünftigen Welt ohne Kolonien und Hegemonien". Alles Themen, mit denen sich auch Europa dringend beschäftigen müsste. Doch dort konzentriert man sich lieber auf ein Schaulaufen mit dem "ausgedienten" Präsidenten der Ukraine und ein G-7-Treffen der durch vernichtende Wahlniederlagen flügellahm gewordenen westlichen "Staatslenker ".

Der russische Präsident hielt eine sehr ausführliche Rede, die mehr als eine Stunde dauerte. Es gab keine Schimpftiraden gegen den Westen. Es ging fast ausschließlich um die russische Wirtschaft und wie man sie weiter voranbringen kann: Investitionen, Geschäftsklima, Bildungseinrichtungen, regionale Entwicklung, neue Urbanisierung, technologische Souveränität, Infrastruktur und Familienpolitik. Besonderen Applaus erhielt der Präsident für seine Aussage, dass Russland gemessen an der Kaufkraft inzwischen die viertgrößte Volkswirtschaft der Welt geworden sei und Deutschland und Japan bereits überholt habe. Um sicherzustellen, dass die nationalen Ziele auch auf Dauer erreicht werden können, waren beim Business-Programm des SPIEF auch Zentralbankchefin Nabiullina, Finanzminister Siluanow und Wirtschaftsentwicklungsminister Reshetnikow vor Ort.

Nach Putin folgten die Reden zweier weiterer Ehrengäste zur Eröffnung. Die Wahl fiel sicher nicht zufällig auf Luis Arce, Präsident von Bolivien, und den Präsidenten von Simbabwe, Emmersen Mnangagwa. Präsident Arce, ehemals einer der dienstältesten Minister in der Vorgängerregierung von Evo Morales, machte sich einen Namen, als er die Öl- und Gasindustrie des Landes verstaatlichte und damit wesentlich zur Armutsbekämpfung im Land beitrug. Mnangagwa wiederum hat eine lange Geschichte antikolonialistischer Kämpfe hinter sich, für die er sogar zehn Jahre im Gefängnis verbrachte. In seiner Rede bezeichnete er Putin mehrfach als „meinen lieben Bruder".

Die Fragen stellte der bekannte Politologe Sergej Karaganov. Sie drehten sich vor allem um die aktuelle „geostrategische Transformation". Der Exkurs in den Westen sei nun abgeschlossen und die Welt habe sich verändert, so Karaganov, der auch den staatlichen Think Tank Council for Foreign and Defense Policy leitet. Es entstehe eine neue Welt, deren Epizentrum im Osten liege. Deshalb müsse sich Russland stärker und schneller nach Osten orientieren und die Entwicklung des Fernen Ostens, Sibiriens und des Nördlichen Seewegs vorantreiben. Dabei zog er Parallelen zum Wirken Peters des Großen. Allerdings soll heute das Fenster zum Osten hin geöffnet werden.

Putin machte derweil deutlich, dass dies nicht von oben verordnet werden könne. Er wolle die Menschen inspirieren, nicht dirigieren. In den letzten zehn Jahren sei bereits viel geschehen. Russland werde deswegen durch die Erschließung der Ressourcen in der Arktis wachsen. Der Ausbau der Eisenbahnlinien im Osten schreite ebenfalls voran. Die beste Strategie sei es, Universitäten zu gründen, junge Menschen auszubilden und Technologien zu beherrschen. Russland brauche vor allem mehr Köpfe, Wissenschaft, Bildung, KI und Robotik. Und das werde zu einem großen Teil in Sibirien Fuß fassen, sobald man die großen Unternehmen und viele qualifizierte Menschen dorthin bringen könne. „Das ist keine leichte Aufgabe. Es ist ein organischer Prozess", betont Putin.

Dann ging es ans Eingemachte. Karaganow sagt, 500 Jahre Dominanz des Westens seien vorbei und der Zerfallsprozess nicht mehr aufzuhalten. Putin stimmt zu. Das Bretton-Woods-System mit seinem Goldäquivalenzmechanismus sei "längst tot". Bereits 1976 sei es auf der IWF-Tagung in Jamaika abgeschafft worden. Das Einzige, was den Wert des Dollars seitdem stützte, war der pure Glaube und das Vertrauen in die Funktionsfähigkeit der amerikanischen Wirtschaft. Doch heute, so Putin, ist sie mit über 50 Billionen Schulden am Ersticken. Mit den Sanktionen breche der Westen seinen eigenen Überlegenheitsmechanismus. Das beschleunige den Aufbau neuer Zahlungssysteme. Alle Entwicklungsländer bräuchten Investitionen, und Russland baue mit seinen Partnern ein Instrument auf, wie diese Investitionen stabil, goldgedeckt und geschützt vor Währungsschwankungen und Inflation getätigt werden könnten. Dies sei derzeit eine der Hauptdiskussionen mit den BRICS-Partnern.

Ein ebenso deutlicher Akzent wurde beim SPIEF auf Afrika als Schicksalskontinent der Menschheit gelegt. Bereits vor der Konferenz hatte der russische Präsident die Entwicklung der

Beziehungen Russlands zu Afrika zu einer besonderen Priorität erklärt. Laut Medienberichten wollen fast alle afrikanischen Staaten einen Sicherheitsdialog mit Russland. Der Tschad ist sogar an einer Ausweitung der Verteidigungskooperation mit Russland interessiert. Burkina Faso wünscht eine Zusammenarbeit mit russischen Militärausbildern. Besonders der russische Außenminister Sergei Lawrow hat sich den Ausbau der Beziehungen zum globalen Süden auf die Fahnen geschrieben. Bevor er zum Gipfel nach St. Petersburg kam, besuchte er zum sechsten Mal innerhalb von zwei Jahren Afrika - Guinea, die Republik Kongo, Burkina Faso und den Tschad.

Außenamtssprecherin Maria Sacharowa gab am Rande des SPIEF ein viel beachtetes Interview, in dem sie sagte: "Wenn wir in den Westen wollen, geben sie uns weder Visa noch Akkreditierungen, sie lassen uns nicht einmal über ihren Luftraum fliegen. Deshalb bauen wir eine konstruktive Agenda und gute Beziehungen mit der Mehrheit der Welt auf". In Bezug auf Lawrows ausgedehnte Afrikareise fügte sie hinzu: „Dort entwickelt sich das, was wir Multipolarität nennen, und jeder spricht darüber, jeder sagt, dass es ohne Russland keine Multipolarität geben wird. Alle wissen das und sie danken unserem Land dafür, dass es die treibende Kraft dahinter ist. Deshalb nehmen afrikanische Delegationen am Forum teil, schicken Experten, um Beziehungen aufzubauen. Sie stellen ganze Prioritätenlisten auf, in welchen Bereichen sie mit uns zusammenarbeiten wollen."

Die Nachrichtenagentur TASS veröffentlichte während des Gipfeltreffens in Sankt Petersburg die Stimme von John Kavulich, dem Vorsitzenden des Handels- und Wirtschaftsrates zwischen den USA und Kuba. "Was das SPIEF seit 2014 geworden ist, ist eine klare Ansage an die Regierungen, die Sanktionen gegen die kommerziellen, wirtschaftlichen, finanziellen, politischen und militärischen Sektoren Russlands verhängt haben. Russland gibt nicht auf, Russland blüht auf". Diese Einsicht sollte auch einmal in den Ministerkorridoren westlicher Regierungen ankommen. Und zwar rechtzeitig, bevor der hochmütige Westen ganz zu Boden geht.

Großprojekt Arktis

Der Nördliche Seeweg nimmt Gestalt an - der Westen wird nervös

23. Juni, 2024

Die zukünftige Entwicklung Eurasiens erfordert sichere Versorgungswege, insbesondere im Bereich der Energierohstoffe. Das betrifft vor allem das energiehungrige China. Hierfür baut das Partnerland Russland die notwendige Infrastruktur auf und eröffnet gleichzeitig eine völlig neue Schifffahrtsroute: den arktischen Seeweg, der Russlands eisigen Norden mit Chinas großen Häfen verbinden wird. Die Arktis ist reich an natürlichen Ressourcen, darunter große Mengen an Erdöl und Erdgas, und verfügt über riesige Vorkommen an Mineralien wie Phosphat, Bauxit, Eisenerz, Kupfer, Nickel und Diamanten. Arktische Anrainerstaaten wie Russland, Kanada und Norwegen haben bereits mehr als 400 Öl- und Gasfelder nördlich des Polarkreises entdeckt. Russlands neue Schifffahrtsroute, auch Nördlicher Seeweg (Northern Sea Route) genannt, verläuft entlang seiner arktischen Küste von der Barentssee im Westen bis zur Beringstraße im Osten. Sie wird durch die Eisschmelze immer besser befahrbar und gilt als kürzeste Route zwischen Europa und Asien.

Im Jahr 2015 beschloss die russische Regierung die Entwicklung dieser Route bis 2030. 2018 wurde der Northern Sea Route Development Plan veröffentlicht. Im selben Jahr gab auch China ein Weißbuch zur Arktis heraus und beschloss, eine polare Seidenstraße zu entwickeln und mit Russland zusammenzuarbeiten. Mit 20 bilateralen Kooperationsdokumenten wurden die ersten Investitionen in der Region besiegelt. Ziel ist es unter anderem, die Abhängigkeit von den Seewegen durch die Straße von Malakka bei Singapur, aber auch durch den Suezkanal schrittweise zu verringern. Bereits 2003 bezeichnete der chinesische Staatspräsident Hu Jintao diese Situation als "Malakka-Dilemma", da bis zu 80 Prozent der auf dem Seeweg transportierten Energielieferungen an China durch diese enge Passage gehen. Ihre Schließung oder auch nur Einschränkung hätte schwerwiegende Folgen für die Weltwirtschaft.

Natürlich ist die Schifffahrt auf dem Nordpolarmeer nicht mit der auf der Südroute vergleichbar. Aber durch Klimaveränderungen gibt es auch in der Arktis immer mehr eisfreie Tage im Sommer, und zweitens baut Russland eine ganze Flotte von Eisbrechern auf, so dass inzwischen ganzjährig Schiffe die nördliche Route befahren können. Dies hatte der russische Präsident in seiner Rede auf dem dritten Pekinger Seidenstraßenforum im Herbst 2023 erklärt und die Anwesenden aufgefordert, bei der Entwicklung von Projekten in der Region aktiv zu werden. Eine Flotte von 40 neuen Frachtschiffen für die arktische Route, dazu acht atomgetriebene Eisbrecher und 16 Rettungs- und Hilfsschiffe wurden bereits vor einigen Jahren in Auftrag gegeben. Der chinesische Reedereigigant COSCO führte bereits 30 % der

Fahrten entlang der nördlichen Seeroute durch, mit deutlichen Zeit- und Kosteneinsparungen im Vergleich zu den längeren traditionellen Routen. Unsicherheiten aufgrund westlicher Sanktionen veranlassten den Konzern jedoch, die Operation zurückzustellen.

Trotz dieser Hindernisse hat Russland längst mit dem Bau des größten Hafens in der Arktis begonnen. Ein 110-Milliarden-Dollar-Megaprojekt auf der Westseite der riesigen Halbinsel Taymyr, dort, wo sich das gigantische Flussdelta des Jenissej zu bilden beginnt. Es soll das gewaltigste Projekt der weltweiten Ölindustrie und der bedeutendste arktische Ölterminal werden. Als infrastrukturelle Basis entstehen neue Autobahnen, zwei Flughäfen, 15 Siedlungen, mehrere Kraftwerke sowie Wohn- und Arbeitsstrukturen für 400.000 Beschäftigte. Außerdem Pipelines, die sich über Hunderte von Kilometern erstrecken, und sogar ein Datenkabel von 12,5 Tausend Kilometern Länge, um die Internet- und Telefonverbindungen für zweieinhalb Millionen Menschen, die in der Region leben, zu verbessern. Obwohl Investoren oft durch Sanktionen des Westens behindert werden, hat kürzlich ein Unternehmen aus den Vereinigten Arabischen Emiraten, einem BRICS-Partnerland, Vereinbarungen unterzeichnet, um Containertransporte entlang der NSR zu fördern.

In den westlichen Medien wurden diese Entwicklungen bisher kaum thematisiert. In der letzten Ausgabe des Economist erschien jedoch ein Artikel über die weitreichenden Pläne Russlands und Chinas für die polare Seidenstraße. Schiffe würden nur noch 18 Tage von Shanghai nach Hamburg brauchen statt 35 durch den Suezkanal oder 45 um das Kap der Guten Hoffnung, solange wie Schiffe im Roten Meer von Huthi-Rebellen beschossen werden könnten. Russland, das die Hälfte der arktischen

Küste kontrolliere, könne sich nach Asien orientieren und so seine Verluste auf dem westlichen Markt ausgleichen, schreibt das Magazin. Auch die Tageszeitung Die Welt meldete vor wenigen Tagen, die NATO sei angesichts dieser Entwicklung in der Arktis beunruhigt. Im Konflikt zwischen der NATO und Russland sei die Arktis von zentraler strategischer Bedeutung. Denn dort seien zwei Drittel des nuklearen Zweitschlag-Arsenals Moskaus stationiert, und zwar in unter dem Eis operierenden U-Booten, die Langstreckenraketen auch unter Wasser starten könnten. Die USA und andere westliche Staaten würden zehn Jahre brauchen, um den Vorsprung Russlands aufzuholen, wird darin ein Experte der Stiftung Wissenschaft und Politik (SWP) zitiert.

Die plötzlich gestiegene Nervosität des Westens hat sicherlich mit der strategischen Weitsicht zu tun, den arktischen Seeweg auszubauen und zu sichern. Damit würde sich die multipolare Weltordnung eine unabhängige und weniger anfällige Option für die Versorgung mit Energie und Rohstoffen schaffen. Auf dem diesjährigen Internationalen Wirtschaftsforum in St. Petersburg Anfang Juni wurden bereits prominente Foren zum Thema Nördlicher Seeweg abgehalten. Unter dem Titel „Der Übergang zu einer multipolaren Weltwirtschaft, der Nördliche Seeweg und die Erweiterung des arktischen Horizonts" wurden die Voraussetzungen für den "zügigen Ausbau des Nördlichen Seeweges (NSR) zu einem ganzjährig befahrbaren internationalen Transportkorridor" diskutiert. Auch ein sogenannter "Arctic Plan" wurde erörtert. Darin heißt es, die Weltwirtschaft könnte von der Erschließung des wirtschaftlichen Potenzials der Arktis profitieren. Fragen wie "Wie können Investitionen gesteigert werden? Welche Technologien werden heute in der Arktis benötigt?" und

"Welche Art von internationalen Partnerschaften sollte es hier geben?" standen im Mittelpunkt.

Der Nördliche Seeweg ist natürlich nur eine Karte im ganzen Spiel. In diesem Blog wurde bereits mehrfach über den internationalen Nord-Süd-Transportkorridor berichtet, der die Handelsbeziehungen mit Indien und dem Iran vertiefen soll. Gleichzeitig baut Russland strategische Partnerschaften mit allen Ländern des globalen Südens auf. Alle Spitzen des diplomatischen Dienstes sind angewiesen, bis zum nächsten Gipfeltreffen der BRICS-Staatschefs im Oktober in Kasan unterschriftsreife Kooperationsdokumente vorzulegen.

Ziel ist die Schaffung einer umfassenden eurasischen Sicherheits- und Entwicklungspartnerschaft. Diese wäre Teil einer multipolaren und multilateralen Weltordnung, die an die Stelle der heutigen rein westlich orientierten Welt treten würde. Ein zentrales Element dieser eurasischen Sicherheits- und Entwicklungspartnerschaft wären, wie der russische Präsident kürzlich in einer Rede vor den Spitzen des Auswärtigen Dienstes sagte, wirtschaftliche Fragen, sozialer Wohlstand, Integration, für beide Seiten vorteilhafte Zusammenarbeit, die Überwindung von Armut und Ungleichheit und die Entwicklung von Mechanismen zur Reaktion auf globale Krisen, seien sie gesundheitlicher oder wirtschaftlicher Art. Der Nördliche Seeweg wird ein wichtiger Pfeiler dieser eurasischen Entwicklungspartnerschaft und damit einer der Versorgungswege für Wohlstand in der multipolaren Zukunft sein.

"Bambus-Diplomatie"

Thailand ist ein Musterbeispiel für Multipolarität - jetzt will man auch zu den BRICS

28. Juni, 2024

Am Beispiel Thailands wird besonders deutlich, dass wir in einer polyzentrischen Welt leben. Das Land hat traditionell enge Beziehungen zu den USA, ist aber gleichzeitig Partner der chinesischen Seidenstraßen-Initiative. Es ist in einem Freihandelsabkommen mit asiatischen Ländern, das China einschließt, aber es ist auch in einem von den Vereinigten Staaten geführten Handelsbündnis, das China ausschließt. Jetzt will Thailand auch noch der BRICS-Allianz beitreten. Der typische westliche Beobachter versteht spätestens hier die Welt nicht mehr. Muss man sich nicht entweder auf der Seite der so genannten Demokratien oder auf der anderen Seite der so genannten Autokratien positionieren? So sieht es jedenfalls das westliche Narrativ vor, aber die Welt funktioniert anders, nämlich multipolar.

Vor gut zwei Jahren, im Mai 2022, hat die Biden Administration das Indopazifische Wirtschaftsbündnis (Indo-Pacific Economic Framework for Prosperity, kurz IPEF) ins Leben gerufen. Dies war Teil der Decoupling-Strategie, um die sogenannten westlichen Wertepartner im Indopazifik enger an sich zu binden. 14 Staaten sollten ihre Lieferketten und ihren Handel an die US-geführte regelbasierte Ordnung knüpfen. China wurde von der IPEF ausgeschlossen. Die US-Regierung sprach von einer Alternative zum wirtschaftlichen Einfluss Chinas. Zudem wolle man westliche Standards mit Ländern etablieren, die amerikanische

Werte und Perspektiven für die Wirtschaft teilen. Es ging also weniger um Handel und Zölle, sondern mehr um geostrategischen Einfluss. Partnerländer waren typischerweise Australien, Japan, Südkorea, die Philippinen, Singapur, Indien, aber auch Vietnam und Thailand.

Nur wenige Monate vor dem Inkrafttreten des Indopazifischen Wirtschaftsabkommens der Amerikaner wurde ein ganz anderes Handelsabkommen wirksam. Die RCEP oder Regional Comprehensive Economic Partnership. Auch hier finden sich Australien, Japan, Südkorea, die Philippinen, Vietnam, Thailand, Laos, aber eben auch China, wobei die USA ihren Beitritt ausgeschlossen haben. Bei RCEP geht es um konkrete Handelserleichterungen, denn 90 Prozent aller Zölle auf Importe zwischen den Mitgliedsländern wurden für 20 Jahre abgeschafft. Es gibt gemeinsame Regeln für E-Commerce, Handel, Urheberrechte. Auch in den amerikanischen Medien wurde konstatiert, dass das Handelsvolumen der RCEP-Teilnehmer enorm gestiegen ist. Im Falle Thailands ist das Handelsvolumen mit China auf 175 Milliarden US-Dollar im Jahr 2023 hochgeschnellt. Damit hat China seine Position als größter Handelspartner Thailands voll gefestigt.

Am 28. Mai dieses Jahres hat das thailändische Kabinett schließlich eine Absichtserklärung über den Beitritt des Landes zu den BRICS gebilligt. Nach Ansicht des Experten Jaroslaw Lissovolik, der die Website "BRICS+ Analytics" betreibt, würde Thailand damit zu einem wichtigen Einstiegspunkt der BRICS in Südostasien. Im Handelsbündnis ASEAN (Association of South East Asian Nations), das aus zehn Ländern besteht, steht Thailand an zweiter Stelle. Lissvolik bezeichnet ASEAN als eines der dynamischsten und am weitesten fortgeschrittenen regionalen

Integrationsprojekte des globalen Südens. Er war früher im Vorstand der Eurasischen Entwicklungsbank EDB und kennt die Region bestens.

Thailand mit seinen 66 Millionen Einwohnern ist im Westen vielleicht als Strandparadies und für sein Nachtleben bekannt. Weniger verbreitet ist die Tatsache, dass Thailand ein bedeutender Produzent von elektronischen Bauteilen für Unternehmen wie LG, Samsung und Sony ist. Das Land ist einer der größten Automobilproduzenten Südostasiens, hat eine bedeutende Textilindustrie und ist reich an Rohstoffen wie Wolfram und Zinn. Auch wenn einige westliche Quellen die beabsichtigte BRICS-Mitgliedschaft Thailands als politischen Symbolismus herunterreden, steckt sicherlich wesentlich mehr dahinter. Laut offizieller Erklärung des Regierungssprechers in Bangkok habe Thailand die Wichtigkeit von Multilateralismus und die zunehmend einflussreiche Rolle von Entwicklungsländern in der internationalen Arena erkannt. Die Zukunftsvision des Landes harmonisiere zudem mit den BRICS Prinzipien, heißt es.

Folgerichtig nahm der thailändische Außenminister Maris Sangiampongsa am 11. Juni 2024 am BRICS Außenministertreffen in der russischen Stadt Nizhny Novgorod teil. Dort fand auf Einladung des russischen Außenministers Sergei Lawrow ein BRICS-Dialog mit Entwicklungsländern statt. Wie das Auswärtige Amt in Bangkok mitteilte, wolle man die wirtschaftlichen Beziehungen zu allen BRICS-Mitgliedsstaaten stärken, vor allem in den Bereichen Handel, Investitionen, Finanzen, Ernährungssicherheit und Energieversorgung. Das klingt nach mehr als Symbolik. Das Magazin "The Diplomat", eine wichtige Stimme für den asiatisch-pazifischen Raum und mit Sitz in Washington sicherlich kein Sprachrohr der Interessen der BRICS, schrieb:

"Thailand hat eine pragmatische und flexible Amtsführung, die es versteht, ihre Interessen in verschiedene Richtungen zu verfolgen. Zitat: "Thailand kann weiterhin seine wirtschaftlichen Gewinne einfahren indem es sich sowohl mit dem globalen Süden als auch mit dem Westen verbindet"

Thailand war eines der ersten Mitglieder der BRICS-Plus-Initiative. Als Anfang September 2017 auf Vorschlag des chinesischen Staatspräsidenten Xi Jinping auf dem 9. BRICS-Gipfel die Initiative ins Leben gerufen wurde, reiste neben Ägypten, Mexiko, Guinea und Tadschikistan auch eine thailändische Delegation in die chinesische Stadt Xiamen, um am eigens einberufenen Dialog für Schwellen- und Entwicklungsländer (EMDCD) teilzunehmen. Xi würdigte bereits damals die führende Rolle Thailands als Förderer der Zusammenarbeit zwischen den Ländern der südlichen Hemisphäre, beispielsweise als Vorsitzender der G77 und der ASEAN.

Im Handelsblatt erschien vor rund einer Woche eine vielsagende Meinungskolumne über das Phänomen, dass sich eine Reihe asiatischer Staaten außenpolitisch nicht festlegen wollen. Ein prominentes Beispiel sei Vietnam, wie der jüngste Staatsbesuch des russischen Präsidenten in Hanoi gezeigt habe. Die vietnamesische Führung nenne das "Bambus-Diplomatie: fest verwurzelt, aber flexibel nach allen Seiten". Singapurs neuer Premier Lawrence Wong wolle gar außenpolitisch "mit allen befreundet" sein. Und Thailand habe für den Herbst ebenso wie Malaysia den Beitritt zum Staatenbund der BRICS in Aussicht gestellt. Wörtlich schreibt die Kommentatorin Nicole Bastian: „Diese Woche zeigt einmal mehr, dass sich viele Staaten in der indo-pazifischen Region, die gerade die USA und Europa so intensiv als Partner umwerben, in ihrer weltpolitischen Stellung nicht festlegen wollen. Sie pflegen Beziehungen zu allen Ländern, sprechen von außenpolitischer Neutralität, genießen Aufmerksamkeit und Investitionen, die ihnen bei der Umgarnung als Partner zugute kommen." Für die einen ein Paradox, für die anderen Normalität.

Die Vorteile für Länder wie Thailand und andere ASEAN-Staaten werden auch deutlich, wenn man die Zusammenarbeit mit der Seidenstraßen-Initiative (One Belt One Road, oder BRI) betrachtet. Thailand war einer der ersten Unterstützer dieser Idee. Im September 2017 unterzeichnete der damalige Premierminister Prayut Chan-o-cha eine entsprechende Absichtserklärung mit Peking. Die Projekte hätten dazu beigetragen, die Beziehungen zwischen China und Thailand zu stärken, heißt es in der Bilanz. Vorzeigeprojekt ist die Schnellbahnstrecke, die die Hauptstadt Bangkok mit der südwestchinesischen Metropole Kunming verbinden soll. Dabei wird Laos durchquert, dessen Hochgeschwindigkeitsstrecke nach China bereits 2021 eröffnet wurde.

Trotz der Verzögerungen im thailändischen Abschnitt hat Thailands Premierminister Srettha Thavisin Anfang des Jahres dem chinesischen Außenminister Wang Yi bei dessen Besuch in Bangkok versichert, dass die Fertigstellung der China-Thailand-Bahn beschleunigt werden soll. Diese 872 Kilometer lange Eisenbahnverbindung soll Bangkok mit der Stadt Nongkhai an der Grenze zu Laos verbinden und voraussichtlich 2028 in Betrieb gehen.

Das Beispiel Thailands zeigt exemplarisch, dass Blockdenken, Nullsummenrechnungen, Decoupling und ähnliche Konzepte der unipolaren Ordnung nicht mehr durchsetzbar sind. Wenn selbst westliche Kommentatoren diese Tatsache nicht mehr ausblenden können, dann ist diese Realität sicherlich in weiten Kreisen der transatlantischen Eliten angekommen. Statt dies, wie allzu oft geschehen, als Sicherheitsbedrohung und Gefahr für die Demokratie abzutun, sollte eine vergleichbare "Bambus-Diplomatie" auch von europäischen Ländern praktiziert werden. Es scheint, dass die Flexibilität des Westens deshalb so schwierig ist, weil die eigene Verwurzelung sich gelockert hat. In einem ersten Schritt könnte der Westen mit Thailand und anderen ASEAN-Staaten, die mit China und Russland kooperieren, an Infrastruktur- und realwirtschaftlichen Projekten (z.B. Eisenbahn- und Kanalprojekte) arbeiten, die die strategische Bedeutung der Region spürbar erhöhen könnten. Dazu muss sich allerdings im Westen die Erkenntnis durchsetzen, dass sich das „Rad der Geschichte" nicht zurückdrehen lässt.

Die Fünf Prinzipien der friedlichen Koexistenz

Wie Asien die Grundsätze für eine Friedensordnung der Weltgemeinschaft entwickelte

4. Juli, 2024

Im Westen weitgehend unbekannt, sind die "Fünf Prinzipien der friedlichen Koexistenz" ein zentraler Bestandteil der asiatisch-afrikanischen Identität. Ende letzter Woche fand in Peking eine internationale Jubiläumskonferenz statt, um das 70-jährige Bestehen dieser Prinzipien zu feiern. Ähnlich wie die Charta der Vereinten Nationen betonen sie Souveränität, territoriale

Integrität, Nichteinmischung in innere Angelegenheiten, Aggressionsverzicht und Gleichberechtigung in den internationalen Beziehungen als Grundlage jeder friedlichen Koexistenz. Hervorgegangen aus den antikolonialistischen Bewegungen, wurden sie zunächst von China und Indien und später von der gesamten Blockfreienbewegung und darüber hinaus festgeschrieben. Sie sind heute aktueller denn je und finden Widerhall bei den BRICS, der Shanghai Cooperation Organisation und im gesamten globalen Süden.

In den deutschen Medien findet sich keine Zeile über die Feierlichkeiten in Peking, obwohl sie in Anwesenheit zahlreicher internationaler Delegationen in der Großen Halle des Volkes abgehalten wurden. Der chinesische Staatspräsident Xi Jinping verwies in seiner Rede darauf, dass sich nach dem Zweiten Weltkrieg weltweit nationale Unabhängigkeits- und Befreiungsbewegungen ausbreiteten und in dessen Folge das Kolonialsystem zusammenbrach. Er erinnerte daran, dass 1955 im indonesischen Bandung 29 asiatische und afrikanische Staaten zu einer historischen Konferenz zusammenkamen, bei der die Fünf Prinzipien die Grundlage für die Abschlusserklärung bildeten. Auch in der Bewegung der blockfreien Staaten, die sich Anfang der 60er Jahre formierte, seien die Prinzipien zur Leitlinie erklärt worden. Ebenso habe die Generalversammlung der Vereinten Nationen 1970 eine Erklärung über die Errichtung einer neuen Weltwirtschaftsordnung verabschiedet, die ebenfalls die Fünf Prinzipien in den Mittelpunkt stellte.

Zum Verständnis ist sicherlich eine Rückblende notwendig. Knapp zwei Jahre nach der Kapitulation Japans im Zweiten Weltkrieg fand Anfang April 1947 in der indischen Hauptstadt Delhi die Asian Relation Conference statt. Dort wurden vorrangig Entwicklungs- und Gleichberechtigungsfragen diskutiert, die den asiatischen Staaten besonders dringend auf der Seele brannten. Mehr als 190 Delegierte und 50 Beobachter aus verschiedenen Ländern Süd- und Zentralasiens, aber auch aus England, Australien, den USA und den Vereinten Nationen nahmen vor Tausenden von Zuschauern daran teil. Indische Journalisten sprachen von einem Meilenstein in der Geschichte Asiens. Westliche Beobachter kritisierten die Konferenz allerdings als zu anti-westlich. Was die meisten Teilnehmer beflügelte, war die Tatsache, dass Indien seit kurzem eine eigene provisorische Regierung hatte, die das riesige Land nach langem Kampf gegen die britische Kolonialherrschaft in die Unabhängigkeit führen sollte. Neben Mahatma Gandhi war Jawaharlal Nehru die wichtigste Führungspersönlichkeit in diesem Prozess.

Nehru, eine Schlüsselfigur der indischen Unabhängigkeitsbewegung und enger Vertrauter Gandhis, war von 1947 bis 1964 der erste Premierminister des unabhängigen Indien. Während seiner Amtszeit besuchte 1954 der chinesische Außenminister Zhou Enlai Indien. Zhou und Nehru veröffentlichten am 28. Juni eine gemeinsame Erklärung, die die Fünf Prinzipien (auf Hindi Panchsheel) enthielt. Zhou soll sie bereits während der Verhandlungen über Grenzstreitigkeiten zwischen den beiden neuen unabhängigen asiatischen Mächten formuliert haben. In ihrer Erklärung hieß es, dass diese Prinzipien nicht nur für ihre beiden Länder, sondern auch für die Beziehungen zwischen allen anderen Nationen von entscheidender Bedeutung seien, da sie eine solide Grundlage für Frieden und Sicherheit in der Welt darstellten. Angesprochen fühlten sich insbesondere alle neu entstandenen Nationen, die ihre hart erkämpfte Unabhängigkeit sichern und ihre Entwicklung vorantreiben wollten. Die Prinzipien lauteten wörtlich: Gegenseitige Achtung der territorialen Integrität und Souveränität des anderen, gegenseitiger Nichtangriff, gegenseitige Nichteinmischung, Gleichberechtigung und gegenseitiger Nutzen sowie friedliche Koexistenz - daher der Name.

Wenige Jahre später fand im September 1961 im damals jugoslawischen Belgrad auf Initiative von Nehru, Gamal Abdel Nasser, dem Präsidenten der Vereinigten Arabischen Republik (einem Zusammenschluss von Ägypten und Syrien), und Josip Broz Tito, dem Präsidenten Jugoslawiens, das erste Gipfeltreffen der Nichtpaktgebundenen statt. Anfangs nahmen 25 Staaten teil. Beim sechsten Gipfel 1979 im kubanischen Havanna waren es bereits 92, und heute sind es 120 Staaten, die zuletzt in der ugandischen Hauptstadt Kampala zu einem Spitzentreffen zusammenkamen. Mit den Fünf Prinzipien der friedlichen Koexistenz war von Anfang an auch der Grundsatz der Nichtpaktgebundenheit verbunden. Für die Einladung zu den Gipfeltreffen wurden Kriterien formuliert: Erstens muss die Politik des Landes unabhängig sein und auf friedlicher Koexistenz beruhen; zweitens muss das Land nationale Befreiungsbewegungen unterstützen; drittens darf es keinem Militärbündnis angehören, das es in die Streitigkeiten der Großmächte hineinziehen könnte; viertens darf das Land kein bilaterales Bündnis mit einer Großmacht haben; fünftens dürfen sich keine ausländischen Stützpunkte auf dem Territorium des Landes befinden.

Konflikte gab es natürlich immer wieder. Im Jahr 1962 kam es an der Grenze zwischen China und Indien zu schweren Kämpfen, die aber nach einem Monat wieder beendet wurden. In der Folge waren die Beziehungen zwischen China und Indien 26 Jahre lang eher frostig. Die indische Premierministerin Indira Gandhi versuchte 1984 mit einer Geheimmission die indischchinesischen Beziehungen aufzutauen. Die Verhandlungen wurden jedoch Ende Oktober 1984 abgebrochen, als Frau Gandhi einem Attentat zum Opfer fiel. Erst als ihr Sohn und Nachfolger im Amt des Premierministers, Rajiv Gandhi, Anfang 1988 nach Peking flog und vom damals 84-jährigen chinesischen Präsidenten Deng Xiao Ping empfangen wurde, brach das Eis. Der Besuch wird seither als historischer Akt und Neubeginn gewertet.

Chinesische Kommentatoren schreiben bis heute in regelmäßigen Abständen, dass Indien eines der wenigen Länder sei, das Missverständnisse und Konflikte abmildern könne. Der Grundtenor: China und Indien haben viele gemeinsame Interessen, die ihre Meinungsverschiedenheiten überwiegen. Grenzstreitigkeiten, die im Grunde ein Problem und Erbe der Kolonialzeit sind, sollten kein Hindernis sein, ihre Partnerschaft voranzubringen. In vielen Kommentaren wird davon gesprochen, dass China und Indien gemeinsam ein Asiatisches Jahrhundert einläuten könnten - eine Vision, die schon die Pioniere der blockfreien Bewegung hatten. Wenn Indiens strategische Unabhängigkeit jeglichem Druck von außen standhält, wird sich kein Keil zwischen die beiden asiatischen Giganten treiben lassen. Ein friedlich koexistierendes Tandem China-Indien würde so Stabilität in ganz Asien garantieren.

Den Ausdruck "Asiatisches Jahrhundert" soll schon der bereits erwähnte chinesische Staatspräsident Deng Xiaoping 1988 bei seinem Treffen mit seinem indischen Amtskollegen Rajiv Gandhi verwendet haben. Heute spricht beispielsweise der indische Außenminister Subramanian Jaishankar wieder von einem asiatischen Jahrhundert.

Denn Indien und China sind beide Mitglieder der BRICS und der Shanghaier Organisation für Zusammenarbeit (SOZ). Als der chinesische Präsident Xi Jinping 2014 Indien besuchte und der indische Premierminister Narendra Modi diesen Besuch im Jahr darauf erwiderte, zeichnete sich ein weiterer Schritt der Annäherung hin zu einem harmonischen Miteinander ab. Aufbauend auf diesem Erbe hat der chinesische Staatspräsident Xi Jinping auf der eingangs erwähnten Konferenz zum 70. Jahrestag der Vereinbarung über die Fünf Prinzipien betont, dass Länder, die sich in ihren Gesellschaftssystemen, ihrer Ideologie, ihrer Geschichte, ihrer Kultur, ihrem Glauben, ihrer Entwicklung und ihrer Größe voneinander unterscheiden, wenn sie sich an die Fünf Prinzipien halten, eine Beziehung des gegenseitigen Vertrauens, der Freundschaft und der Zusammenarbeit führen können.

Die Fünf Prinzipien seien ein Weg zur friedlichen Beilegung historischer Streitigkeiten und zur Überwindung überkommener, engstirniger, antagonistischer und konfrontativer Haltungen, wie sie in der Blockpolitik und der Politik der Einflusssphären zu finden seien. China biete heute eine zeitgemäße Version der Fünf Prinzipien an, nämlich die Gemeinschaft mit einer gemeinsamen Zukunft für die Menschheit, die, wie Xi sagte, die Kerninteressen und zentralen Anliegen aller Länder respektiere, was eine gleichberechtigte und geordnete Welt ermögliche, in der jedes Land seinen Platz in einem multipolaren System finden und seine Rolle im Einklang mit dem Völkerrecht spielen könne.

Der chinesische Staatspräsident bot sogar konkrete Hilfe bei der Zusammenarbeit mit den Ländern des Globalen Südens an. Unter anderem die Gründung eines Forschungszentrums des Globalen Südens, 1000 Stipendien und 100.000 Ausbildungsplätze für Vertreter der Länder des Globalen Südens. Alle Probleme - von der Ukraine-Krise über den Palästina-Israel-Konflikt bis hin zu den Spannungen auf der koreanischen Halbinsel, in

Myanmar und Afghanistan - könnten konstruktiv gelöst werden, erklärte Xi. Die Rede war eine der wenigen optimistischen Zukunftsvisionen in einer Zeit, in der einige noch auf Eskalation und Großmachtpoker setzen.

Der Westen versteht die SCO nicht

Die Shanghai Cooperation Organisation als Nukleus einer neuen Sicherheitsordnung

9. Juli, 2024

Mehr als 20 Jahre ignoriert, dann plötzlich diffamiert. So oder so ähnlich könnte man die Geschichte der Shanghai Cooperation Organisation (SCO) in der deutschen Presse beschreiben. Vom 3. bis 4. Juli fand in der kasachischen Hauptstadt Astana bereits das 24. Treffen des Rates der Staatschefs der SCO statt. Neun Mitglieder, ein Neumitglied und 14 Dialogpartner kamen zusammen. Sie verabschiedeten eine Erklärung von Astana und stimmten 25 strategischen Abkommen über die Zusammenarbeit in den Bereichen Energie, Handel, Finanzsystem und Informationssicherheit zu. Es ist eines der größten Sicherheits- und Wirtschaftsbündnisse der Welt und repräsentiert Staaten mit mehr als 3,3 Milliarden Menschen. Die westliche Berichterstattung spricht vom „Club der Autokraten" und ignoriert dabei, dass auch UN-Generalsekretär Guterres eine Rede gehalten hat. Deutschland unterhält positive Beziehungen zu SCO-Mitgliedern wie Usbekistan und Kasachstan. Hier wird also ein Raster gezeichnet, das nicht passt, und eine Agenda unterstellt, die nicht stimmt.

Auch wenn der Zuspruch für die Staaten der SCO noch nicht ganz so überwältigend ist, wie das bei den BRICS-Ländern der Fall ist, so ist auch diese Organisation urplötzlich in das öffentliche Interesse hierzulande gerückt. Nach dem Motto: Huch, da braut sich plötzlich etwas Unheilvolles zusammen, berichten Zeitungen, von der Taz über die Frankfurter Rundschau bis zur NZZ, über eine quasi aus dem Nichts auftauchende "antiwestliche Allianz". Dabei geht es auch in diesem Jahr um die gleichen Themen, die schon die Gründung der Organisation und ihres Vorläufers geprägt haben: Sicherheit durch Kooperation, Entspannung durch Dialog, Partnerschaft durch Handel. 2001 von China, Kasachstan, Kirgisistan, Russland, Usbekistan und Tadschikistan gegründet, stand das Thema Sicherheit und Stabilität im postsowjetischen Raum Asiens im Vordergrund. Die gemeinsame Bekämpfung von Terrorismus, Separatismus und Drogenhandel bestimmten die anfängliche Agenda. Einmischung in die inneren Angelegenheiten und Gewaltandrohung waren durchweg tabu. Der Mechanismus funktionierte, ganz im Gegensatz zur Geschichte der NATO in den letzten mehr als 20 Jahren.

Wenn jemand behauptet, Russland wolle die territoriale Ausdehnung der Sowjetunion wiederherstellen, dann muss man die Gegenfrage stellen: Warum hat Präsident Putin dann nicht Kasachstan und weitere Länder in Zentralasien angegriffen? Dort hätte er sich mit wenig Aufwand riesige Landflächen und Rohstoffvorkommen einverleiben können, die einst zur Sowjetunion gehörten. Es ist leicht zu durchschauen, dass dieses westliche „Narrativ" nur dazu dient, eine Drohkulisse aufrechtzuerhalten und die NATO als den unentbehrlichen schützenden großen Bruder darzustellen. Das schafft Legitimierung und sichert das Budget. Das Problem ist, dass die NATO stärkere Aufrüstung mit mehr Sicherheit gleichsetzt und das glatte Gegenteil erreicht, nämlich mit jedem Schritt mehr Spannungen und Konfliktpotential erzeugt.

Die SCO ist von Anfang an konsequent den umgekehrten Weg gegangen. Schon die Vorgängerorganisation der SCO, die sogenannten Shanghai Five (China, Kasachstan, Kirgisistan, Russland, Tadschikistan), erklärten im Jahr 2000, dass sich niemand in die inneren Angelegenheiten anderer einmischen oder unter dem Vorwand des Schutzes von Menschenrechten intervenieren dürfe. Im Rahmen der Shanghai Five wurde bereits 1996 vereinbart, die militärischen Kräfte entlang der neuen Grenzen zu reduzieren. Aus dieser anfänglichen vertrauensbildenden Maßnahme entstand schließlich die heutige Schanghaier Organisation für Zusammenarbeit.

Im Jahr 2017 nahm die SCO Indien und Pakistan als Mitglieder auf, 2023 den Iran, und soeben auch Belarus. Die meisten neuen Mitglieder hatten vorher Beobachterstatus. Vielleicht wird der Westen deswegen nervös, weil mittlerweile 14 weitere Länder den Beobachterstatus innehaben. Dazu gehören Länder wie Ägypten, Qatar, Saudi-Arabien, Kuwait, die Vereinigten Arabischen Emirate, Aserbaidschan, Armenien, und einige andere, wie zum Beispiel die Türkei. Die Frankfurter Rundschau schreibt dazu, „was die SCO angeht, wäre ein Beitritt des Nato-Mitglieds Türkei für Europa problematisch". Und die Plattform Table Media versteigt sich gar zu der Äußerung „größten Grund zur Sorge bietet jedoch die Anwesenheit von Präsident Erdogan in Astana. Denn die Türkei hat für den Westen einen erheblichen strategischen Wert - nicht nur in der Migrationspolitik." Gleiches schrieb die taz. Eine Ursachenanalyse, warum Präsident Erdoğan zum

SCO-Gipfel gereist ist und warum er vom Westen nicht mehr so viel erwartet, fehlt allerdings.

UNO-Generalsekretär Antonio Guterres rief in seiner Rede in Astana zum Frieden auf, und zwar nicht nur in der Ukraine, sondern auch im Sudan, in der Sahelzone, in der Demokratischen Republik Kongo, in Somalia, Myanmar, Haiti und Afghanistan. Mit Schuldzuweisungen hielt sich Guterres zurück. Die Vereinten Nationen seien „bereit, mit der Shanghai Cooperation Organisation im Kampf gegen den Terrorismus überall zusammenzuarbeiten". Weiter sagte er: „Die Institutionen der Global Governance, vom Sicherheitsrat bis zum Bretton-Woods-System, sind nicht mehr zeitgemäß. [...] Reformen des Sicherheitsrates und eine neue Friedensagenda werden helfen, Konflikte zu lösen, geopolitische Beziehungen neu auszubalancieren und den Entwicklungsländern eine proportional stärkere Stimme auf der Weltbühne zu geben". Er lud alle Mitglieder zum Gipfel der Zukunft der UNO nach New York ein, um diese Themen gemeinsam zu diskutieren. Über diese Rede findet sich in der deutschen Presse kein Wort, denn sie passt einfach nicht in das Gut-Böse-Schema.

Der wichtigste Punkt, der von den deutschen Kommentatoren unterschlagen wird, ist: Die Sicherheitsagenda sowohl des SCO-Gipfels in Astana als auch des bevorstehenden BRICS-Gipfels in Kasan wird von einer zentralen Idee bestimmt, nämlich der Schaffung einer eurasischen Sicherheitsarchitektur, die auf den Prinzipien der UN-Charta, den Fünf Prinzipien der friedlichen Koexistenz und dem von den Shanghai Five als "Shanghai Spirit" bezeichneten Konzept beruht. Der russische Präsident sagte vor Spitzenvertretern des russischen Außenministeriums am 14. Juni dazu: „Wir haben uns darauf geeinigt, ein gemeinsames

Dokument über die internationalen Beziehungen in einer multipolaren Welt zu verabschieden. Wir haben unsere Partner auch eingeladen, dieses Thema auf anderen internationalen Plattformen zu diskutieren, in erster Linie bei der SCO und den BRICS".

Will man das im Westen nicht ernst nehmen oder will man sein Publikum möglichst lange täuschen? In Astana haben sich keine Autokraten zigarrenrauchend zur Verschwörung gegen den dekadenten Westen verabredet. Die SCO gehört neben den BRICS zu den zentralen Plattformen für die Neuordnung der Sicherheit und der internationalen Beziehungen in Eurasien, ist aber eine offene Architektur, die auch Ländern aus Europa und anderen Kontinenten, einschließlich NATO-Staaten, offensteht. Warum also die tiefen Sorgenfalten und die Überraschung in der westlichen Presse? Es geschieht doch einfach nur, was bereits angekündigt wurde.

China hat nun den rotierenden Vorsitz der SCO für die Jahre 2024 bis 2025 übernommen. Der chinesische Präsident Xi Jinping machte in seiner Ansprache deutlich, dass man an einer gemeinsamen Vision von umfassender, kooperativer und nachhaltiger Sicherheit festhalten wolle. Er betonte die Festigung der Einheit und die Abwehr externer Einmischung, um die SCO-Familie kohärenter zu machen. Aus dem gleichen Grund fanden auch bilaterale Treffen zwischen allen anwesenden Staaten statt, deren Ergebnisse wegen des Umfangs hier nicht im Einzelnen wiedergegeben werden können.

Die Aufgabe, eine umfassende eurasische Sicherheitspartnerschaft aufzubauen, ist natürlich nicht von heute auf morgen zu bewältigen. Deshalb wurde ein Programmentwurf für eine Entwicklungsstrategie der SCO bis 2035 verabschiedet. Diese sieht nicht nur langfristige Leitlinien für die Vertiefung in politischen und sicherheitspolitischen Fragen vor, sondern auch in den Bereichen Wirtschaft, Energie, Landwirtschaft, Hochtechnologie und Innovation. Das durchschnittliche Wirtschaftswachstum der SCO-Mitglieder lag im vergangenen Jahr bei über 5%. Das industrielle Wachstum lag bei 4,5%. Man vergleiche dies mit den jüngst veröffentlichten katastrophalen Zahlen über die Schrumpfung des industriellen Outputs in Deutschland. All dies zusammengenommen macht die SCO zu einem äußerst attraktiven Forum und multilateralen Aktionsfeld, um die eurasische Sicherheitsarchitektur in der Tradition der neu entstehenden multipolaren Ordnung mitzugestalten. Es ist ein Skandal, dass die westliche und insbesondere die deutsche Öffentlichkeit darüber völlig im Dunkeln gelassen wird.

Modi in Moskau und Wien

Russisch-Indische Beziehungen boomen. Und Wien schätzt Brückenbauer und BRICS

14. Juli, 2024

Der indische Premierminister Modi hat kürzlich Moskau besucht. Dabei wurde er vom russischen Präsidenten Putin mit dem Orden des Heiligen Andreas ausgezeichnet. Der seit dem 17. Jahrhundert bestehende Orden wird für besondere zivile oder militärische Leistungen verliehen. Modi habe sich außerordentliche Verdienste um die Förderung einer privilegierten strategischen Partnerschaft zwischen Russland und Indien sowie um die freundschaftlichen Beziehungen zwischen dem russischen und dem indischen Volk erworben, heißt es in der Begründung.

Westliche Medien fragen schockiert, wie der indische Premierminister Narendra Modi in Moskau ein so vertrauensvolles Verhältnis mit dem russischen Präsidenten Putin pflegen könne. Modi war doch gerade erst als Ehrengast beim G7-Gipfel eingeladen. Hat der Westen wieder einmal seinen Einfluss auf Indien überschätzt? Offenbar will man die strategischen Realitäten der sich herausbildenden neuen multipolaren Weltordnung immer noch nicht wahrhaben.

Russische und indische Kommentatoren sehen die Lage in einem anderen Licht. Der Besuch des indischen Premierministers Modi in Moskau ist nach Ansicht des russischen Historikers Dr. Alexej Kuprianow anders zu bewerten als alle bisherigen. Und das aus zwei Gründen. Zum einen, weil die russisch-indischen Beziehungen in den vergangenen zwei Jahren eine beispiellose Transformation durchlaufen haben. Zum anderen liege es im strategischen Interesse Indiens, den politischen Dialog mit Moskau als globalem Zentrum der polyzentrischen Welt zu intensivieren. Im Zuge der Ukraine-Krise habe sich Indien entschieden, dem Druck westlicher Politiker, Experten und Journalisten nicht nachzugeben und sich nicht dem antirussischen Lager anzuschließen. Stattdessen habe sich die indische Führung als außerordentlich flexibel erwiesen. Dies habe auch daran gelegen, dass die Ukraine-Krise aus indischer Sicht ein relativ unbedeutender Konflikt sei, weit weniger relevant als beispielsweise die Situation in Afghanistan. Daher habe die Ukraine-Krise keine ernsthaften Auswirkungen auf die innenpolitische Agenda Indiens gehabt.

Gleichzeitig habe der russisch-indische Handel noch bis zum Beginn der Ukraine-Krise relativ stagniert und nur mit Mühe die 12-Milliarden-Grenze überschritten. Indien exportierte nur

Lebensmittel und einfache Industrieprodukte, darunter auch pharmazeutische Produkte. Doch nach Beginn der militärischen Spezialoperation und der westlichen Sanktionen schoss der indisch-russische Handel innerhalb von 2 Jahren auf 65 Milliarden Dollar in die Höhe. Vor allem für russisches Öl wurde Indien zu einem wichtigen Abnehmer, nachdem die Lieferungen in den Westen zunehmend unterbrochen wurden. Die indische Geschäftswelt soll bei der Suche nach alternativen Liefer- und Zahlungswegen zur Umgehung der westlichen Sanktionen übrigens sehr behilflich gewesen sein.

Nachdem sich indische Unternehmen mit dem russischen Markt und seinen Regeln vertraut gemacht hätten, lieferten sie auch zunehmend Hochtechnologieprodukte, um den Ausfall westlicher Lieferanten zu kompensieren. Entgegen dem Mythos, Russland beziehe seine Technologien ausschließlich aus China, um seine Industrie und Wirtschaft am Laufen zu halten, spielt auch Indien eine wichtige Rolle. Doch während der Westen China ständig unter Druck setzt, den Handel mit Technologieprodukten mit Russland auszusetzen, werden vergleichbare Forderungen an Indien nicht gestellt. Auch nicht wegen des Kaufs großer Mengen russischen Öls. Einmal mehr zeigt sich, dass der Westen mit zweierlei Maß misst.

Noch nie hat so viel russisches Öl zu so günstigen Preisen die indische Wirtschaft angekurbelt. Laut Handelsblatt hat der Handel zwischen den beiden Ländern allein im Jahr 2023 um 60 Prozent zugenommen. Laut der Abschlusserklärung zwischen Putin und Modi soll der Umsatz in den nächsten fünf Jahren sogar auf 100 Milliarden Dollar steigen. Langfristige Verträge garantierten Öllieferungen von Russland nach Indien mit einem finanziellen Rabatt. Nach China sei Indien schlagartig zum zweitgrößten

Abnehmer russischen Öls aufgestiegen. Gemeinsame Projekte umfassen aber auch die Rüstungsindustrie, Kernenergie, fossile Energieträger, Hochtechnologie und Weltraumforschung.

Das britische Wochenmagazin The Economist stellt ernüchtert fest, dass es Indien gelungen sei, westlicher Kritik auszuweichen und der Welt zu zeigen, dass die westlichen Bemühungen, Russland zu isolieren, gescheitert seien. Das liege oft daran, dass Indiens Außenpolitik sich nicht zu sehr vom Westen und der westlich dominierten Weltordnung abhängig machen wolle. Und die beiden Präsidenten hätten neben dem Ausbau der Handelsbeziehungen sogar über neue Schifffahrtsrouten gesprochen, darunter den arktischen Seeweg und eine Verbindung zwischen Wladiwostok in Russland und Chennai in Indien.

Narendra Modi wurde Anfang Juni für eine historische dritte Amtszeit wiedergewählt. Nur der erste Premierminister der indischen Unabhängigkeitsbewegung, Nehru, hielt sich ähnlich lange an der Spitze des Landes. Der russische Präsident gehörte zu den rund 50 Staats- und Regierungschefs aus aller Welt, die Modi telefonisch gratulierten. Im März hatte Modi Putin ebenfalls telefonisch zu seinem historischen Wahlsieg gratuliert. Modis Besuch in Moskau war der erste seit 2019 und gilt als klare Bestätigung der strategischen und umfassenden Freundschaftsbeziehungen zwischen den beiden Ländern.

Der ehemalige stellvertretende nationale Sicherheitsberater Indiens, Pankaj Saran, brachte es in einem Kommentar in der Hindustan Times, einer großen Tageszeitung in Delhi, auf den Punkt. Er schrieb: „Indien und Russland haben eine gemeinsame Nachbarschaft, aber keine gemeinsame Grenze. Beide sprechen von Multipolarität, interpretieren sie aber unterschiedlich. Indien ist ein nicht-westliches Land, aber nicht gegen den Westen.

Diese unterschiedlichen Herangehensweisen werden in den BRICS und der Schanghaier Organisation für Zusammenarbeit auf den Prüfstand gestellt. Die unterschiedlichen historischen Erfahrungen werden gegenseitig akzeptiert. Keiner will den anderen nach seinem Bild umformen. Die positive Einstellung der Bevölkerungen, Pragmatismus und gegenseitiger Respekt bilden potenziell den Kern einer neuen Übereinkunft zwischen den beiden Ländern, die in die heutige Ära starker Bewegungen und in die heutige Weltordnung passt".

Was die gemeinsame Erklärung nach dem indisch-russischen Jahresgipfel betont, ist die Zusammenarbeit nicht nur in den politischen Beziehungen. Auch die Parlamente und nationalen Sicherheitsräte sollen enger zusammenarbeiten. Ebenso will man in den Bereichen Bildung, Wissenschaft, Technologie, Kultur, Tourismus, bei den Vereinten Nationen und anderen multilateralen Foren enger kooperieren. Im Bereich Güterverkehr und Konnektivität wird gemeinsam an einem erweiterten eurasischen Wirtschaftsraum gearbeitet, einschließlich der Zusammenarbeit beim internationalen Nord-Süd-Transportkorridor (INSTC) und der Nördlichen Seestraße. Im Fernen Osten Russlands soll in den Bereichen Landwirtschaft, Energie, Rohstoffförderung, Diamanten und Seefracht Kooperationen angestrebt werden.

Anschließend besuchte Modi das Nicht-Nato-Land Österreich. Er wurde von Bundeskanzler Karl Nehammer empfangen. In der Wiener Hofburg fand ein indisch-österreichisches Wirtschaftsforum statt, gefolgt von einem Treffen zwischen Modi und dem österreichischen Bundespräsidenten Alexander Van der Bellen. Der offizielle Anlass war die Feier der Aufnahme diplomatischer Beziehungen im Jahr 1949, also vor 75 Jahren. Die österreichische Tageszeitung Der Standard kommentierte das Treffen mit bemerkenswerter Balance. Er schrieb: „In Putins neuer multipolarer Weltordnung spielt Indien eine wichtige Rolle." Nehammer sehe „in Modi eine wichtige Brücke und einen möglichen Vermittler im Ukraine-Konflikt." Der Besuch sei ein wichtiges Signal für eine breite Friedensinitiative. Europa müsse "die westliche Echokammer verlassen", und dazu brauche es "Verbündete wie die BRICS-Staaten".

Eine solche Ausgewogenheit in der Sprache und die Bereitschaft, auch die Interessen anderer in einem größeren historischen und geographischen Kontext zu berücksichtigen, täte auch der deutschen politischen und medialen Landschaft gut. Leider ist dies in der gegenwärtigen Konstellation in Deutschland undenkbar. In Berlin werden quasi 1:1 Blaupausen aus Washington und London übernommen. Das Beispiel Österreich zeigt aber deutlich, dass dies nicht die einzige Option ist. Die Eurasische Partnerschaft und die damit verbundene multizentrische Neuordnung globaler Angelegenheiten ist eine unumkehrbare Realität. Diese Realität dringt zunehmend auch in die europäischen Kernländer vor.

Malaysia will in die BRICS

Infrastrukturprojekte und die BRICS-Option als Realitäten der multipolaren Welt

24. Juli, 2024

Es war eine Eröffnungszeremonie von besonderer Bedeutung. Sie fand am 19. Juni an einem Bahnhof im Nordosten der malaysischen Hauptstadt Kuala Lumpur statt. Hauptredner waren der chinesische Premierminister Li Qiang und der malaysische Premierminister Anwar Ibrahim. Sie versprachen, "Hand in Hand den Weg zu mehr Wohlstand und Glück" zu ebnen. Im wahrsten Sinne des Wortes, denn es geht um ein strategisch wichtiges Eisenbahnprojekt, das in nicht allzu ferner Zukunft Kuala Lumpur mit China verbinden wird. Und nur wenige Tage vor der Ankunft des chinesischen Premierministers Li sprach Ibrahim in mit der Shanghaier Nachrichtenseite Guancha und kündigte an, dass sein Land bald die formalen Prozeduren für den Beitritt zur BRICS-Gruppe einleiten werde. Deutlicher kann ein Land kaum zum Ausdruck bringen, dass es die Zeichen der Zeit erkannt hat und grundlegende Weichen stellen muss, um in der entstehenden multipolaren Welt eine vorteilhafte Position zu erlangen.

Malaysia ist im Westen ein eher unbekanntes Land. Die Bevölkerung des mehrheitlich muslimischen Staates in Südostasien betrug im Jahr 2023 ca. 33 Millionen mit einem Durchschnittsalter von nur ca. 30 Jahren. Rund 25% der Bevölkerung sind sogar jünger als 15 Jahre. Die Arbeitslosigkeit ist mit 4-5 % relativ gering. Das Land, das sich auf eine Insel und eine Halbinsel verteilt, hat ein geschätztes BIP von ca. 400 Milliarden US-Dollar und eine jährliche Wachstumsrate von ca. 4-5 %. Es ist eine bedeutende Handelsnation, die vor allem elektronische Artikel, Palmöl, Erdölprodukte, Flüssigerdgas und Maschinen exportiert. Die wichtigsten Handelspartner sind China, Singapur, die Vereinigten Staaten und Japan.

Das Eisenbahnprojekt trägt den Namen East Coast Rail Link (ECRL), wurde bereits 2019 begonnen und soll 2026 fertiggestellt werden. Bei der Zeremonie der beiden Regierungschefs ging es um den Baustart der Gombak Integrated Terminal Station am Stadtrand von Kuala Lumpur. Von dort aus soll die Strecke bis zum Hafen Port Klang an der Straße von Malakka weitergeführt werden. Insgesamt führt die ECRL über 665 Kilometer von Kuala Lumpur nach Kuantan an der Ostküste Malaysias und weiter entlang der Ostküste bis nach Kota Bahru kurz vor der thailändischen Grenze. Es ist das größte Verkehrsinfrastrukturprojekt, das jemals unter Beteiligung chinesischer Unternehmen im Ausland in Angriff genommen wurde. Es handelt sich um ein 50:50-Joint-Venture unter der Leitung des malaysischen Verkehrsministeriums. Es umfasst 20 Bahnhöfe, davon 10 mit kombiniertem Personen- und Güterverkehr, 40 Tunnel mit einer Gesamtlänge von knapp 70 km und Viadukte mit einer Gesamtlänge von 100 km. Die ECRL gilt als Vorzeigeprojekt der Belt And Road Initiative (BRI).

Malaysia liegt in einer strategisch wichtigen Position an der Straße von Malakka und dem Südchinesischen Meer. Das Land ist ein regionales Zentrum für Unternehmen aus den BRICS- und ASEAN-Staaten. ASEAN steht für Association of Southeast Asian Nations. Sie ist eine 1967 gegründete internationale Organisation mit Sitz in Jakarta, Indonesien. ASEAN ist ein Zusammenschluss von zehn Staaten: Brunei, Indonesien, Kambodscha, Laos, Malaysia, Myanmar, Philippinen, Singapur, Thailand und Vietnam mit dem Ziel, die wirtschaftliche, politische und soziale Zusammenarbeit zu fördern und die Stabilität in der Region zu sichern. Malaysia wird ab 2025 den ASEAN-Vorsitz übernehmen und damit für die Organisation und Leitung wichtiger Treffen wie des ASEAN-Gipfels und verschiedener Ministerkonferenzen verantwortlich sein. Die Straße von Malakka ist eine der wichtigsten Wasserstraßen der Welt und spielt eine entscheidende

Rolle im Welthandel. Zwischen 20 und 25 % des weltweiten Seeverkehrs wird durch die Straße von Malakka abgewickelt. Täglich passieren rund 2.000 Schiffe die Meerenge.

Ein weiterer Paukenschlag ist der mögliche Beitritt Malaysias zu den BRICS. Premierminister Anwar Ibrahim kündigte am 18. Juni an, dass der Antrag in Kürze eingereicht werden soll. Die Symbolik dieser Ansage kurz vor der Ankunft des chinesischen Premierministers ist nicht zu unterschätzen. Im offiziellen Teil feierten beide Länder den 50. Jahrestag der Aufnahme diplomatischer Beziehungen. In den 1970er Jahren hatte der damalige malaysische Premierminister Tun Abdul Razak Hussein trotz der Herausforderungen des Kalten Krieges die Beziehungen zu China aufgenommen. Obwohl Premierminister Hussein bereits 1976 starb, ist er als Vater der Entwicklung bekannt und spielte eine wichtige Rolle bei der Einführung der neuen Wirtschaftspolitik Malaysias zur Überwindung der Armut. Premierminister Hussein spielte bereits im Vorfeld eine entscheidende Rolle bei der Aufnahme diplomatischer Beziehungen zwischen Malaysia und China. Im Mai 1974 besuchte er Beijing und traf mit dem chinesischen Premierminister Zhou Enlai zusammen. Während dieses historischen Besuchs unterzeichneten die beiden Länder am 31. Mai 1974 ein gemeinsames Kommuniqué, mit dem Malaysia als erstes ASEAN-Land diplomatische Beziehungen zur Volksrepublik China aufnahm.

Politische Analysten haben ihre Einschätzungen zum Schritt in Richtung BRICS-Mitgliedschaft rasch kundgetan. Allgemeiner Tenor: Malaysia vollzieht eine strategische Neupositionierung zur Diversifizierung seiner internationalen Beziehungen. Ziel von Premierminister Anwar Ibrahim sei es, sowohl stärker mit dem globalen Süden zu kooperieren als auch gleichzeitig die

Entdollarisierung voranzutreiben. In einer Welt der Multipolarität, so der Kommentator Risal Hamdan, könne man nur überleben, wenn man auch Mitglied der BRICS werde. Malaysia sei ein souveränes Land, und der effektivste Weg, seiner Stimme Gehör zu verschaffen, sei die aktive Teilnahme an multilateralen Organisationen wie den BRICS. Dr. Oh Ei Sun ist der Ansicht, dass sich Malaysia darauf konzentrieren sollte, chinesische Investitionen willkommen zu heißen und gleichzeitig hochwertige Investitionen aus dem Westen anzuziehen. Länder wie Indonesien, Vietnam und Singapur würden dies ebenfalls tun.

Premierminister Ibrahim wird mit den Worten zitiert, Chinas dominante Position sei nichts, wovor man sich fürchten müsse. China sei vielmehr ein wahrer Freund. Natürlich hätten beide Länder auch Streitpunkte, die man aber als gleichberechtigte und vertrauensvolle Partner lösen würde. Bei einem Treffen mit 200 Geschäftsleuten, das Ibrahim und Li Qiang gemeinsam besuchten, sagte er: „Die Leute sagen, 'Malaysia ist eine aufstrebende Wirtschaft, lasst euch eure Privilegien nicht von China wegnehmen.' Ich sage 'Nein, im Gegenteil, wir wollen gegenseitig voneinander Nutzen ziehen, wir wollen voneinander lernen und wir wollen beide von diesem gemeinsamen Engagement profitieren.'" China ist seit 15 Jahren in Folge Malaysias größter Handelspartner mit einer Handelsbilanz von 62 Milliarden US-Dollar im vergangenen Jahr. Diese Realitäten beeinflussen das Denken und Handeln der regionalen Führungspersönlichkeiten. Strategisch wichtige Infrastrukturprojekte, wie der eingangs beschriebene Korridor zwischen Kuala Lumpur und Thailand, intensivieren die physische wie auch ideelle Verbindung zwischen China und Malaysia. Die BRICS-Option ist eine weitere strategische Dimension dieser Realitäten einer neuen multipolaren Welt.

Chancay: Chinas Drehkreuz in Südamerika

China investiert Milliarden in Tiefseehafen in Peru - USA nervös, Europa spöttisch

29. Juli, 2024

Die Schifffahrt auf dem Pazifik befindet sich in einem gigantischen Umbruch. Mega-Containerschiffe werden bald direkt zwischen China und Südamerika pendeln. Dafür entsteht an der peruanischen Küste ein gewaltiger Tiefseehafen. Chinesische Investoren spielen dabei die Hauptrolle. Die strategische Bedeutung des Hafens ist so groß, dass im Spätherbst 2024 sogar der chinesische Staatspräsident Xi Jinping das Projekt besuchen soll. In US-Militär- und Sicherheitskreisen herrscht Nervosität. Man wirft den Chinesen vor, sich durch wirtschaftliche Kooperation Einfluss im amerikanischen Einzugsgebiet zu erkaufen. Doch regionale Politiker kontern nicht selten mit dem Satz: Selbst schuld, ihr habt euch nicht um uns gekümmert. Das Projekt symbolisiert den historischen Phasenwechsel hin zu einer Welt, in der Asien im Zentrum einer neuen Wirtschafts- und Entwicklungsordnung für die kommenden Jahrhunderte steht.

Die Chefin des amerikanischen Südlichen Militärkommandos, auch Southern Command (Southcom) genannt, General Laura Richardson, sprach im Mai auf einer Sicherheitskonferenz an der International University of Florida in Miami, USA. Ihr Hauptthema: Chinas wachsender Einfluss beim Aufbau kritischer Infrastruktur in Lateinamerika. Die Generalin mit den vier Sternen auf der Schulter erklärte, dass der Bau großer Seehäfen und anderer Infrastrukturprojekte Peking zusätzlichen Zugang zu wertvollen Rohstoffen in Lateinamerika verschaffe - auf Kosten lokaler Akteure. Zudem sieht sie in der wachsenden Verflechtung Chinas mit den Ländern Südamerikas eine potenzielle Bedrohung amerikanischer Sicherheitsinteressen. "Wir sind besorgt über Chinas mögliche militärische Nutzung dieser Einrichtungen in der von den USA dominierten Hemisphäre", sagte sie. Man müsse nun international zusammenarbeiten, um Chinas technologischer und wirtschaftlicher Expansion in der Region entgegenzuwirken und "demokratische Alternativen" wie den Schutz der Menschenrechte und den Schutz von Daten als Vorteile anzubieten.

Es dauerte nicht lange, bis das Wall Street Journal (WSJ) die Story aufgriff. Konkret geht es um den Tiefseehafen Chancay an der peruanischen Pazifikküste. Vielleicht wäre die Story nicht so heiß, wenn der Hauptinvestor nicht eine große chinesische Reederei wäre, nämlich die China Ocean Shipping Corporation, kurz COSCO. Und so berichtet im Juni das Wall Street Journal brav, die USA seien besorgt, dass Chinas Kontrolle über die erste echte globale Wirtschaftsdrehscheibe in Südamerika Chinas Einfluss in Amerikas nächstem Nachbarland ausweiten könnte. Die Gefahr sei, dass letztlich auch Militär in der Nähe stationiert werde. Amerikanische Regierungsvertreter betonten allerdings, dass diese Entwicklung nicht ohne amerikanisches Zutun abgelaufen sei. Denn die Amerikaner hätten sich auf die Ukraine und den Nahen Osten konzentriert und in Südamerika ein diplomatisches Vakuum hinterlassen, wird der ehemalige Spitzendiplomat des Außenministeriums, Eric Farnsworth, im WSJ zitiert. „Es gibt China über die Plattform Südamerika einen ganz neuen

Zugang zu den Weltmärkten. Das ist nicht nur eine Handelsfrage, das ist eine strategische Frage", so Farnsworth.

Der Hafen von Chancay liegt rund 80 Kilometer nördlich der peruanischen Hauptstadt Lima. 3,5 Milliarden US-Dollar wurden seit Projektbeginn 2018 investiert. Im November 2024 soll die erste Phase, also gut 40 Prozent, abgeschlossen sein und der Hafen bereits teilweise in Betrieb gehen. Die Güterströme zwischen Südamerika, vor allem Peru, Chile, Ecuador, Kolumbien, aber auch Brasilien und Argentinien, werden eine neue, effizientere Route bekommen. 35 bis 40 Tage dauert es heute, um von Südamerika nach China, Korea oder Japan zu gelangen. Über den Hafen von Chancay werden es nur noch 23 Tage sein. Die Schiffe werden auf jeden Fall größer sein als die, die heute den Panamakanal passieren können, nämlich bis zu 400 Meter lang mit einer Ladekapazität von 18.000 TEU (Standardcontainer). Der Bau des Hafens hat 1300 direkte und 8000 indirekte Arbeitsplätze geschaffen. Chancay soll ein regionaler Umschlagplatz für Kupferexporte aus den Anden und Sojaprodukte aus dem Westen Brasiliens werden. Um den Hafen herum sollen eine Sonderwirtschaftszone und ein Industrie- und Gewerbegebiet für die Weiterverarbeitung der Rohstoffe entstehen.

Wenn die Amerikaner so besorgt sind über den wachsenden Einfluss Chinas in Peru, meint der peruanische Außenminister Javier Gonzalez-Olaechea, dann sollten sie ihre eigenen Investitionen in die Region erhöhen. „Die Amerikaner sind überall auf der Welt präsent und haben viele Initiativen, aber für Lateinamerika ist kaum etwas übrig. Sie verhalten sich wie ein wichtiger Freund, der aber kaum Zeit mit uns verbringt", beklagt der Spitzenpolitiker. Es ist sicher nicht nur dieser eine Hafen, der die Amerikaner in Aufregung versetzt. Chinesische Unternehmen sind an Terminals in 100 Häfen außerhalb Chinas beteiligt, und China hat in den letzten 20 oder mehr Jahren fast 30 Milliarden US-Dollar in entsprechende Infrastrukturarbeiten in 46 Ländern investiert. Keiner dieser Häfen wurde jemals zu einem Militärstützpunkt. In Lateinamerika haben die Amerikaner nie wirklich viel Geld in die Hand genommen und in kontinentale Infrastrukturprojekte investiert. Jetzt, wo der peruanische Tiefseehafen Gestalt annimmt, gibt es endlich die erhoffte Wende, und die südamerikanischen Länder diskutieren über den Bau einer Autobahn zwischen den Ozeanen, also von der lateinamerikanischen West- zur Ostküste. Auch die lange diskutierte, aber nie realisierte interozeanische Eisenbahnverbindung, die bisher nur auf dem Reißbrett existierte, kommt wieder auf den Tisch.

Man könnte meinen, dass Europa ein gesteigertes Interesse an der infrastrukturellen Entwicklung Lateinamerikas hat. Schließlich könnten sich europäische Unternehmen daran beteiligen. In einer Welt der Vernetzung und Kooperation kommt man ohnehin nicht umhin, mit chinesischen Investoren und Unternehmen zusammenzuarbeiten. Doch statt die Chancen des Projekts aufzuzeigen, redet die Presse das Ganze lieber schlecht. Einen Monat nach dem kritischen Artikel im Wall Street Journal schwappt das Ganze auch zu uns, und zwar, oh Wunder, in die Neue Zürcher Zeitung, wo am 21. Juli eine peinlich moralisierende Schmähkritik erschien. Die Chinesen wollten "die lateinamerikanischen Märkte über Chancay mit ihren E-Autos, Handys und Billigkleidern erobern, die bei rund 200 Millionen Armen und konsumhungrigen Menschen einen reißenden Absatz finden sollten", schreibt die Autorin Sandra Weiss. Die Autorin zitiert typische antichinesische Think Tanks wie das Center for Strategic and International Studies. Dementsprechend wird viel über die bedrohte Natur, die korrupten Behörden und den zu großen Einfluss der Chinesen geschwafelt. Und am Ende müssen natürlich die Bedenken Washingtons beschworen werden, so als ob die einst ausgewogen berichtende NZZ plötzlich den Verlautbarungen des Pentagon mehr Glauben schenken würde als den Erfahrungen vor Ort.

Aber all dies wird den historischen Trend nicht aufhalten, dass heute die überwältigende Mehrheit der Nationen und Völker nach friedlicher Kooperation und fairer wirtschaftlicher Vernetzung strebt. China hat diese Realität längst erkannt und ebnet mit seinen Investitionen in die Neue Seidenstraße zu Land und zu Wasser den Weg in eine gleichberechtigte multipolare Weltordnung. Und mit dieser gemeinsamen Entwicklung kommt entsprechend auch mehr gemeinsame Sicherheit. Es ist nicht zwingend, dass wirtschaftliche Infrastruktur die Vorstufe militärischer Präsenz sein muss. Es gibt dafür keinen Beweis und es lässt sich auch nicht aus der jahrtausendealten Geschichte Chinas ableiten, das nie als Kolonialmacht aufgetreten ist. Diese Tatsache ist in den Ländern des globalen Südens und der globalen Mehrheit bekannt. Europäer und Amerikaner sollten das Vertrauensverhältnis zu Lateinamerika nicht als Selbstverständlichkeit betrachten - ein Vertrauen, das sich China Schritt für Schritt erarbeitet. Deshalb werden sie den kommenden Besuch des chinesischen Präsidenten Xi Jinping in Chancay offen begrüßen, auch wenn Washington, London und Brüssel sich darüber aufregen.

Poker im Indopazifik

Indopazifik-Strategie versus ASEAN-Neutralität - ein gefährliches Spannungsfeld

5. August, 2024

Deutschlands Sicherheit wird jetzt auch noch im Indopazifik verteidigt. So jedenfalls lässt sich der Besuch des deutschen Verteidigungsministers Boris Pistorius beim weltweit größten Seestreitkräfte-Manöver Rim of the Pacific in und um Hawaii erklären. Von dort ging es weiter nach Südkorea und auf die Philippinen, wo jeweils der Ausbau der Rüstungskooperation beschlossen wurde. Damit beteiligt sich Deutschland de facto auch militärisch an der US-Indo-Pazifik-Strategie, die darauf abzielt, Stärke gegenüber dem amerikanischen Rivalen und erklärten Gegner China zu demonstrieren. Doch die Länder der Region, allen voran die 10 Mitgliedsstaaten der südostasiatischen Staatengruppe ASEAN, wollen nicht zwischen den Rivalitäten der Großmächte zerrieben werden. Man übt sich in Neutralität, wünscht sich externe Partnerschaften ohne Konfrontationen und konzentriert sich auf wirtschaftliche Entwicklung, Handel und Konnektivität. In Kommentaren lokaler Zeitungen heißt es, die USA und andere sollten den Versuch aufgeben, eine Anti-China-Front in der Region zu schmieden. Wenn sie kooperieren wollen, sollten sie ihr wirtschaftliches Engagement erhöhen, anstatt nur Sicherheitsbündnisse anzubieten.

Auch wenn die USA mit Australien, Japan und Südkorea über enge Partner im Großraum Indo-Pazifik verfügen, sind die meisten anderen, vor allem in Süd- und Südostasien, zurückhaltend, sich auf die Seite Amerikas gegen Peking zu stellen. Man ist besorgt über die militärische Machtprojektion der USA in der Region, da dies einen Zusammenprall mit China provozieren könnte. Die Länder haben zu wenig Vertrauen in die weit entfernte Supermacht jenseits des Pazifiks, um sich vorbehaltlos an die Seite der USA zu begeben. Nur wenn sich die USA wirklich anstrengen, das Vertrauen stärken und mehr und verlässlichere wirtschaftliche Anreize bieten, würden sich einige der unentschlossenen Länder doch noch stärker gegenüber den USA öffnen, so der allgemeine Tenor. Länder der ASEAN-Gruppe wie Thailand, Indonesien und Singapur können zwar auf eine lange Zusammenarbeit mit den USA zurückblicken, das heißt aber nicht, dass sie nicht auch auf die lukrativen Investitionen und den Handel mit China abgewiesen sind. Der wirtschaftliche Einfluss der USA ist im Vergleich zu China nämlich um einiges geringer. Nach einer Umfrage eines Think Tanks in Singapur, die in der Zeitung The Diplomat veröffentlicht wurde, halten nur etwas mehr als 14 Prozent die USA für die einflussreichste Wirtschaftsmacht in der Region, gegenüber fast 60 Prozent für China.

Das Argument des deutschen Verteidigungsministeriums für ein stärkeres Engagement im indopazifischen Raum ist ja gerade die strategische Bedeutung der Region für Wirtschaft, Technologie und Sicherheit, auch für Deutschland und seine europäischen Partner. In einer Erklärung heißt es: "Etwa 90 Prozent des weltweiten Handels finden auf dem Seeweg statt, ein Großteil davon über den Indo-Pazifik. Deutschland hat demnach ein strategisches Interesse an freien Seewegen in der Region. Denn eine Beeinträchtigung der Transportrouten im Indo-Pazifik, und damit der Lieferketten von und nach Europa, hätte gravierende Folgen – auch für die Versorgung der Bundesrepublik Deutschland."

Wenn das schon für das ferne Deutschland gilt, wie viel mehr dann für die benachbarte Wirtschaftssupermacht China. Niemand in der Region, schon gar nicht China, hat ein Interesse an Spannungen in der Region, die Handel, Lieferketten und Produktionsstandorte gefährden würden.

Der aus Kambodscha stammende ASEAN-Generalsekretär Kao Kim Hourn sagte kürzlich bei einem Treffen in der US-Hauptstadt, Washington und China sollten zuerst ihre Differenzen beilegen, bevor sie diese in der Region austragen. „Sie sollten uns nicht auf die eine oder andere Seite ziehen. Das werden wir nicht tun. Dies ist ein strategischer Wettbewerb zwischen China und den Vereinigten Staaten, nicht mit ASEAN". Das hinderte den Staatssekretär im US-Außenministerium, Kurt Campbell, der mit Hourn zusammentraf, nicht daran, Südostasien zu einer Einheitsfront gegen China zu drängen. Campbell ist der ursprüngliche Autor des sogenannten Pivot to Asia, einer Strategie der Einkreisung und Einschüchterung Chinas. Campbell hat diese Strategie bereits unter Hillary Clinton, der damaligen Außenministerin unter Präsident Obama, initiiert und unter Präsident Joe Biden weitergeführt. Er forderte unmissverständliche Botschaften gegen Chinas "Provokationen" im Südchinesischen Meer. Doch Generalsekretär Hourn zeigte sich am Runden Tisch in den USA realistisch. Denn nur vier der zehn asiatischen Staaten - Vietnam, Malaysia, Brunei und die Philippinen - hätten überhaupt Ansprüche im Südchinesischen Meer. Viele davon betreffen nicht einmal China. So beobachten die Philippinen auch die Aufschüttung von Inseln durch Vietnam in einer zwischen beiden umstrittenen Region. Auf jeden Fall würde man das untereinander aushandeln. Ein entsprechender Verhaltenskodex sei in Vorbereitung.

ASEAN (Association of Southeast Asian Nations) ist eine im August 1967 in Bangkok (Thailand) gegründete zwischenstaatliche Organisation. Ihre Mitglieder - damals 5, heute 10 - haben sich zum Ziel gesetzt, das Wirtschaftswachstum zu fördern, den Lebensstandard ihrer Bevölkerung zu erhöhen, die Forschung, die Bildung, die technischen und administrativen Aufgaben zu unterstützen sowie den Handel, den Verkehr und die Kommunikationsinfrastruktur zu verbessern. 2007 gaben sie sich einen institutionellen Rahmen, die sogenannte ASEAN-Charta, und 2019 den ASEAN Outlook on the Indo-Pacific, der strategische Leitlinien für die Zusammenarbeit vorgibt. Darin wird das Prinzip der zentralen Zuständigkeit der ASEAN für die Belange externer Akteure festgeschrieben. Sicherheitsfragen in der Region können daher eigentlich nicht durch bilaterale Sicherheitsabkommen zwischen den USA oder Deutschland und den Philippinen o.ä. geregelt werden.

Gerade in der indopazifischen Schlüsselfrage, nämlich Taiwan, wird von den USA und anderen immer wieder Verwirrung gestiftet. Auch das deutsche Verteidigungsministerium spricht von "Chinas Anspruch auf Taiwan" und verschiebt damit die Bedeutungen so, dass jeder glauben muss, Taiwan sei ein unabhängiges und souveränes Land. Längst hat der Westen Taiwan als eigenständigen Akteur in seinen geopolitischen Machtpoker einbezogen. Die Entsendung amerikanischer und britischer Kriegsschiffe, die in regelmäßigen Abständen die 200 Kilometer breite Meeresenge zwischen der Insel Taiwan und dem chinesischen Festland durchqueren, empfindet Peking zu Recht als alarmierende Provokation. Demnächst soll sich wohl auch Deutschland an diesen Aktionen beteiligen.

Dabei gehört Taiwan auch völkerrechtlich eindeutig zu China. Bereits 1972 stellten US-Präsident Richard Nixon und Chinas Premierminister Zhou Enlai im Kommuniqué von Shanghai fest: Die USA verpflichten sich, das Recht Chinas und anderer asiatischer Staaten auf Selbstbestimmung zu respektieren; Taiwan ist Chinas innere Angelegenheit und kein Land hat das Recht, sich einzumischen. Wörtlich heißt es: „Die Vereinigten Staaten erkennen an, dass alle Chinesen auf beiden Seiten der Straße von Taiwan der Meinung sind, dass es nur ein China gibt und dass Taiwan ein Teil Chinas ist". In der Resolution 2758 der Generalversammlung der Vereinten Nationen vom Oktober 1971 wurde die Volksrepublik China als „einziger legitimer Vertreter Chinas bei den Vereinten Nationen" anerkannt. Das viel zitierte Taiwan-Gesetz von 1979 steht damit in keinem Zusammenhang. Dieser sogenannte Taiwan Relations Act ist ein unilateraler Akt, in dem der US-Kongress beschlossen hat, Waffen an Taiwan liefern zu dürfen. Es wurde nie von China oder der internationalen Gemeinschaft anerkannt. Trotzdem liefern die USA rechtswidrig und unter Protest Beijings F-16 Kampfflugzeuge, moderne Raketensysteme und Kampfpanzer an Taiwan.

Darüber hinaus mischen sich die USA in die Innenpolitik Chinas ein, indem sie bestimmte politische Parteien in Taiwan unterstützen. So finanzierte die reiche amerikanische Stiftung National Endowment for Democracy im Jahr 2014 die sogenannte Sunflower-Bewegung. Diese diente der separatistischen Demokratischen Volkspartei (DDP) und der taiwanesischen Unabhängigkeitsbewegung als Zugpferd. Im Frühjahr 2014 belagerten sie im Stil der weltweit angezettelten "Farabrevolutionen" das Exekutivgebäude in Taipeh, das sie später stürmten. DDP-Vertreter wie die langjährige Vorsitzende Tsai Ing-wen wurden von den USA stets hofiert und auf eine Stufe mit Präsidenten gestellt. Der US-Verteidigungsminister unter Donald Trump, Patrick Shanahan, sprach 2019 dann von "indo-pazifischen Demokratien wie Singapur, Taiwan, Neuseeland". Experten wie Howard Wang von der Boston University sahen in der Bezugnahme auf Taiwan als ein Land, das mit Singapur oder Neuseeland vergleichbar sei, eine ganz zentrale Abweichung von der Art und Weise, wie die USA zuvor auf Taiwan Bezug genommen hätten. Dies sei ein klarer Bruch mit den bestehenden Vereinbarungen mit China.

Die größte Gefahr besteht darin, dass, angestachelt durch die Unterstützung des Westens, radikale Separatistengruppen in Taiwan einseitig die Unabhängigkeit erklären und die USA Taiwan im Alleingang anerkennen. Damit würde ein absolutes Kerninteresse Chinas, nämlich die territoriale Integrität, massiv verletzt. Das hätte Konsequenzen, bis hin zu möglichen militärischen Auseinandersetzungen zwischen China und den USA, die sich niemand in der Welt wünscht. Deshalb ist es vernünftig, dass die ASEAN-Staaten ihre Position verteidigen, die Region nicht zum Austragungsort geopolitischer Spannungen missbrauchen zu lassen. Sie werden sich mit aller Kraft dagegen wehren, instrumentalisiert zu werden und einseitig gegen China Stellung zu beziehen. Dessen sollte sich auch die deutsche Bundesregierung voll bewusst sein. Dass man sich hier in einen geopolitischen Strudel hineinziehen lässt, sollte trotz der Ferne des Geschehens alle Bundesbürger beunruhigen. Die Freiheit der Seewege und die Entflechtung von Territorialkonflikten lassen sich nicht durch das Patrouillieren einiger deutscher Kampfschiffe garantieren. Es braucht Verhandlungsgeschick, umfassende Diplomatie, wirtschaftliche Investitionen und kulturellen

Austausch, um Sicherheit und Wohlstand für beide Seiten zu gewährleisten.

Brasilien und die BRI

Der Beitritt Brasiliens zur Neuen Seidenstraße würde den Globalen Süden aufwerten

12. August, 2024

Es war eine geradezu glühende Einladung, die der chinesische Botschafter Zhu Qingqiao beim Chinesisch-Brasilianischen Wirtschaftsrat Anfang August in der brasilianischen Metropole São Paulo verkündete. Brasilien sei bei der Belt and Road Initiative (BRI), in Deutschland auch als Neue Seidenstraße bekannt, höchst willkommen. Eine Teilnahme bedeute ein "Bekenntnis zur Stabilität bei der langfristigen Zusammenarbeit" beider Länder. Der Botschafter reagierte damit auf Äußerungen des brasilianischen Staatspräsidenten Lula da Silva bei einer Veranstaltung im Juli dieses Jahres, bei der Investitionsmittel für die Sanierung eines brasilianischen Autobahnabschnitts präsentiert wurden. Lula erklärte, man wolle die Beteiligung an der Neuen Seidenstraße diskutieren. Dazu bereite man einen Vorschlag vor, in dem die Vorteile einer BRI-Mitgliedschaft für Brasilien erörtert würden. Die Äußerungen von Botschafter Zhu könnte man als vorweggenommene Antwort auf Lulas Vorschlag interpretieren. Die Initiative, so der chinesische Diplomat, sei absolut kompatibel mit der Entwicklungsstrategie Brasiliens zur Reindustrialisierung und zur Beschleunigung des Wirtschaftswachstums. Es gehe vor allem um Technologie, Produktion mit höherem

Mehrwert, Digitalisierung. Es wäre eine neue, höhere Stufe der Zusammenarbeit, die über die bisherige Rolle Brasiliens als Rohstoffexporteur hinausginge.

Der Direktor der Asien-Pazifik-Abteilung des brasilianischen Außenministeriums, Eduardo Saboia, sagte auf dem Wirtschaftsrat, dass Anstrengungen unternommen werden müssten, um die Exportpalette Brasiliens zu diversifizieren. Dazu könne man in strategische Lieferketten investieren und in Infrastruktur, die Brasilien mit dem neu entstehenden peruanischen Tiefseehafen Chancay verbinden würde. Brasilien ist die größte und wichtigste Volkswirtschaft Lateinamerikas. Es hat eine Bevölkerung von rund 215 Millionen Menschen mit einer durchschnittlichen Lebenserwartung von fast 78 Jahren. Das Bruttoinlandsprodukt (BIP) des Landes nähert sich der Marke von 2 Billionen US-Dollar, womit Brasilien zur neuntgrößten Volkswirtschaft der Welt aufgerückt ist. Das Land erwirtschaftete im vergangenen Jahr einen Handelsbilanzüberschuss von rund 87 Milliarden US-Dollar. Davon stammen allein 51 Milliarden aus dem Handel mit China. Das bedeutet, dass Brasilien für über 50 Milliarden US-Dollar mehr Waren nach China exportiert als es umgekehrt aus China importiert. Bei den allermeisten Handelspartnern Chinas verhält es sich umgekehrt. Selbst Deutschland wies im Außenhandel mit China im Jahr 2023 einen Importüberschuss von 59,8 Mrd. USD auf. Brasilien ist ein führender Produzent und Exporteur von Soja, Kaffee, Zucker, Orangen und Rindfleisch; weitere wichtige Exportgüter sind Erdöl, Eisen und Stahl.

Brasiliens Präsident Lula hatte bereits im Vorfeld mögliche Kooperationsfelder beschrieben: Zusammenarbeit in Wissenschaft, Technologie, Halbleiterproduktion und Software würden die Beziehungen zwischen beiden Ländern unendlich bereichern und gedeihen lassen. Die chinesische Regierung ihrerseits antwortete, die Beziehungen zu Brasilien seien von großer Bedeutung und hätten in der chinesischen Diplomatie immer Priorität gehabt. Da am 15. August der 50. Jahrestag der Aufnahme diplomatischer Beziehungen zwischen den beiden Ländern gefeiert werde, sei dies eine gute Gelegenheit, Synergien zwischen der Belt and Road Initiative und den brasilianischen Entwicklungsstrategien wie der "New Industry Brazil" zu identifizieren. Eine praktische Zusammenarbeit auf hohem technologischem und qualitativem Niveau sei für beide Länder, ihre Kontinente und letztlich für die ganze Welt von großem Nutzen, hieß es. Im Mittelpunkt steht die Zusammenarbeit bei der sogenannten digitalen Seidenstraße, also bei künstlicher Intelligenz, Datenzentren und 5G-Netzen als neuen Wachstumsmotoren. Bereits 21 von 24 lateinamerikanischen Ländern haben übrigens mit China Kooperationsabkommen für die neue Seidenstraße geschlossen. Nur Brasilien, Kolumbien und Paraguay gehören noch nicht zu den Unterzeichnern.

China und Brasilien befinden sich in einer Phase der Aufwertung ihrer Zusammenarbeit. Der öffentliche Diskurs in China lobt ausdrücklich die Zusammenarbeit im Bereich der globalen Diplomatie. So haben China und Brasilien einen gemeinsamen Vorschlag für die Aufnahme von Friedensverhandlungen zur Beilegung des Krieges in der Ukraine vorgelegt. Dies wird als großer Schritt in Richtung Verantwortungsübernahme der Kräfte des globalen Südens für Lösungen internationaler Konflikte gewertet. Eine "neue Ära in den diplomatischen Beziehungen zwischen Entwicklungsländern" nennt es zum Beispiel die offizielle chinesische Tageszeitung Global Times. Als zwei Länder, die nicht einseitig Partei ergriffen hätten, seien sie nun in der idealen

Position, einen Dialog zwischen der Ukraine und Russland zu vermitteln. Beide Länder setzten sich auch für eine Reform des UN-Sicherheitsrates und der G20 ein, um die Vertretung der Länder des globalen Südens zu stärken. Innerhalb der BRICS intensivierten sie zudem ihre Wirtschaftsbeziehungen und den Aufbau eines Zahlungsmechanismus in nationalen Währungen unter Umgehung des US-Dollars. In China blickt man mit sichtbarem Optimismus auf Brasilien, die Ausweitung der gemeinsamen Handelsnetze und Wachstumsstrategien.

Vom 18. bis 19. November dieses Jahres findet in der brasilianischen Metropole Rio de Janeiro der G20-Gipfel statt. Dort werden sich Lula und sein chinesischer Amtskollege Xi Jinping erneut treffen. Kurz zuvor wird Chinas Staatschef auch am Asiatisch-Pazifischen Wirtschaftsforum (APEC) teilnehmen, das vom 10. bis 16. November in Peru stattfindet. Sein Besuch in Peru wird mit besonderer Spannung erwartet, da die Einweihung der ersten Betriebsphase des mit chinesischen und peruanischen Investitionen gebauten Tiefseehafens an der Pazifikküste ansteht. Hochrangigen Kreisen der US-amerikanischen Außen- und Sicherheitspolitik ist diese Kooperation Lateinamerikas mit China eher ein Dorn im Auge. Allerdings haben sie selbst wenig anzubieten, denn die von den USA im Juni 2021 ins Leben gerufene Infrastruktur-Initiative "Build Back Better World" (B3W) gilt als reine Werbekampagne ohne weitergehende Folgeaktivitäten. So blieb der Vorsitzenden des US Southern Command, General Laura Richardson, bei ihrem Besuch in Rio de Janeiro Ende Mai 2024 nichts anderes übrig, als China mit Schmutz zu bewerfen. "Als Demokratien respektieren wir einander und unsere Souveränität", sagte sie. Mit einem kommunistischen Land gehe das nicht, weil sie "die Rechte ihrer eigenen Bevölkerung nicht respektierten". China würde mit der Belt and Road Initiative "den Staaten ihre Souveränität nehmen". Viel nützen wird die Anti-Propaganda freilich nicht.

Schließlich geht es nicht nur um die Zusammenarbeit zwischen China und Brasilien oder China und Lateinamerika. Es ist ein historischer Paradigmenwechsel im Gange, nachdem der Westen selbst nach Jahrhunderten des Kolonialismus nie gleichberechtigte Beziehungen zum globalen Süden aufgebaut hat. Nun liegt es vor allem an China und den BRICS-Staaten als Speerspitze einer neuen wirtschaftlichen und technologischen Macht, mit dem globalen Süden auf Augenhöhe zu kooperieren. Das Londoner Wochenmagazin The Economist berichtete soeben in einem längeren Artikel, wie chinesische Unternehmen im globalen Süden immer stärker Fuß fassen, während sich der Westen immer mehr aus der Verantwortung zurückzieht. Gerade die chinesischen Unternehmen, die der Westen nun mit Zöllen vom eigenen Markt ausschließt, versuchten, ihre Produkte im Süden zu produzieren und zu verkaufen: Das reiche von Hafen- und Eisenbahninfrastruktur über Energiesysteme, Telekommunikation, Autos, Batterien bis hin zu erneuerbaren Energien.

Eine Billion Dollar an Investitionen seien über die Belt and Road Initiative in den globalen Süden geflossen. "In dem Maße, in dem sich der Westen mehr und mehr abschottet, rücken China und der Rest der aufstrebenden Welt immer näher zusammen." Es gehe also immer weniger um die direkte Konkurrenz zwischen den Märkten Chinas und der "reichen Welt". Das neue "Schlachtfeld" seien zunehmend die schnell wachsenden Volkswirtschaften der südlichen Hemisphäre. Das Wort Kooperation kommt in der Analyse des Economist typischerweise nicht vor.

Es scheint, als würde der Westen noch keine grundsätzlichen Konsequenzen aus dieser neuen Realität ziehen wollen.

BRICS-Vision ist "nicht-westlich"

Beitrittsdiskussion verbreitet sich vor allem in Südostasien

19. August, 2024

Die Welt zu verstehen, wird durch den Prozess der Multipolarisierung nicht einfacher, aber das liegt in der Natur der menschlichen Zivilisation, die aus verschiedenen Kulturen und Nationen mit den unterschiedlichsten Identitäten besteht. Im Westen, d.h. in der transatlantischen Welt, mag es als beängstigend empfunden werden, wenn die Mehrheit der Nationen der Welt ihre Beziehungen neu ausrichten will. Denn dies bedeutet, sich nicht mehr nur an den USA und Westeuropa als Vorbild und Maßstab zu orientieren, sondern zunehmend auch an China und den BRICS-Staaten. Dort ist es der nächste logische Schritt. Die jüngste Erweiterung der 5 BRICS-Staaten auf 10 Mitglieder war hier sicherlich ein Meilenstein und Impulsgeber. Die BRICS insgesamt repräsentieren heute 31,5 Prozent des globalen Bruttosozialprodukts. Vor allem die Länder Südostasiens, eine vitale Region des globalen Südens, die bisher eher an der Peripherie der BRICS zu finden war, rückt nun mehr und mehr in den Vordergrund.

Eine Umfrage des ASEAN Studies Center des Yusof Ishak Institute in Singapur kam jüngst sogar zu dem Ergebnis, dass fast 60 Prozent der südostasiatischen Staaten China und nicht die

USA für die wirtschaftlich und politisch einflussreichste strategische Macht in der Region halten. In einem Punkt hat sich die Wahrnehmung sogar dramatisch verschoben: Müsste man sich angesichts der US-China-Rivalität für eine Seite entscheiden, würden sich heute 50,5 Prozent für China und nur 49,5 Prozent für die USA entscheiden. Man vergleiche dies mit den Zahlen des Vorjahres, als nur 38,9% für China und 61,1% für die USA gestimmt haben. Es ist also etwas Gewaltiges im Gange.

Das liegt natürlich vor allem an der Wirtschaftskraft Chinas, denn das Vertrauen zwischen China und den südostasiatischen Ländern hat noch viel Luft nach oben. Dennoch liegt China in der strategischen Relevanz als Dialogpartner inzwischen vor den USA, Japan und der Europäischen Union, gefolgt von Südkorea, Großbritannien und Australien. Laut Zhu Tianxiang, Dekan des Instituts für BRICS-Studien an der Sichuan International Studies University, sucht der globale Süden nach einer verlässlichen Führungsmacht, um seine Rechte und Interessen zu sichern. Diese Rolle falle nun den BRICS zu. Dies verdeutlicht die Attraktivität des Prozesses der Multipolarität, wie er von den BRICS verfolgt wird, im Gegensatz zu Hegemonismus und einseitiger Sanktionspolitik, wie sie die vom Westen vertretene "regelbasierte Ordnung" betreibt. Dr. Rais Hussin von Emir Research, einem unabhängigen Think Tank in Kuala Lumpur, Malaysia, schreibt, die BRICS seien ein Dialogforum, in dem die Mitglieder wichtige Themen diskutieren könnten, ohne sich geopolitisch festlegen zu müssen. Es ginge nicht darum, sich gegen den Westen zu stellen, sondern westliche Institutionen zu ergänzen. „Diese Diversifizierung ist zentral in einer multipolaren Welt, in der die wirtschaftliche Stabilität durch den Austausch mit einem größeren Kreis von Partnern erhöht werden kann", sagt Hussin.

Die Diskussion über einen möglichen Beitritt südostasiatischer Länder zu den BRICS wird immer lauter. Kin Phea vom Institut für Internationale Beziehungen der Königlichen Akademie Kambodschas sagte in einem Interview mit dem russischen Rat für Internationale Angelegenheiten (RIAC): „Ich denke, die BRICS sind eine sehr wichtige Alternative für uns. Ich glaube, die BRICS sind das Rückgrat der Weltwirtschaft, vor allem für den globalen Süden. Meiner Meinung nach sollte Kambodscha darüber nachdenken, wenn möglich Mitglied zu werden oder zumindest einen Beobachterstatus zu bekommen. Ich glaube, dass die BRICS in Zukunft eine Alternative zu den G7 sein werden. Sie sind breiter aufgestellt, inklusiver. Die G7 sanktionieren oder bestrafen andere Länder und behandeln sie unfair." Außerdem, so Phea, sei die Welt zu abhängig vom US-Dollar und die BRICS würden mit der Entdollarisierung eine Alternative darstellen, denn Ausgewogenheit sei in der heutigen Zeit besonders wichtig. Kambodschas langjähriger Premierminister Hun Sen hegte übrigens schon lange den Wunsch, dass sein Land Mitglied der BRICS wird. 2022 wurde Kambodscha deshalb zum High Level Dialogue des 14. BRICS-Gipfels eingeladen. Auch das philippinische Finanzministerium sondiert die Möglichkeit eines Beitritts zur BRICS-Allianz. Jedenfalls äußerte sich Finanzminister Ralph G. Recto in der Zeitung Manila Bulletin auf Anfrage eines Senators in diese Richtung. Angesichts des starken Einflusses, den die USA derzeit auf den Philippinen ausüben, ist eine solche Äußerung durchaus ungewöhnlich, sollte aber auch nicht überbewertet werden. Der Minister räumte ein, dass es noch keine formellen Gespräche mit dem Kabinett von Präsident Marcos gegeben habe.

Der Vizepremierminister und Außenminister von Laos, Saleumxay Kommasith, zeigte das Interesse seines Landes an den BRICS durch seine Teilnahme am Dialog der Außenminister der BRICS-Staaten im Juni dieses Jahres in Nizhny Novgorod, Russland. Mit deutlichen Worten drückte er aus, dass das derzeitige geopolitische Umfeld schlecht für die eigene Entwicklung sei. Unilateralismus und doppelte Standards in den internationalen Beziehungen müssten vermieden werden. "Die Demokratische Republik Laos ist bereit, eng mit den BRICS und anderen Ländern zusammenzuarbeiten, um den Multilateralismus und eine globale Entwicklungsperspektive zu fördern", zitierte ihn die Vientiane Times. Anwesend waren auch die Außenminister von Bangladesch, Sri Lanka, Kuba, Venezuela, Vietnam, Thailand und anderen. Sie hätten die Bedeutung des Dialogs gelobt, weil er die Einheit und Zusammenarbeit unter den Entwicklungsländern verbessere und den Einfluss des globalen Südens bei der Schaffung einer vernünftigeren internationalen Ordnung ermögliche. Auch der laotische Minister für Planung und Investitionen, Khamjane Vongphosy, sagte, man werde die Voraussetzungen für eine Mitgliedschaft genau prüfen.

Die Liste lässt sich fortsetzen. Sogar der Minister für Investitionen und Handel Myanmars habe Interesse an einem Beitritt seines Landes zu den BRICS bekundet, um die Möglichkeit der Nutzung einer möglichen BRICS-Währung zu prüfen, hieß es kürzlich in der Laotian Times. Währenddessen berichtete die Deutsche Welle, dass der Sprecher des vietnamesischen Außenministeriums im Mai erklärte: „Wie viele Länder in der Welt beobachten wir den Expansionsprozess der BRICS-Mitglieder sehr genau". Sie zitieren einen Forscher des Zentrums für indo-pazifische Studien an der Jawaharlal Nehru Universität in Neu-Delhi mit den Worten, dass Vietnam, Laos und Kambodscha potenzielle Kandidaten sein könnten, da sie alle gute Beziehungen zu China, Indien und Russland hätten - alles Hauptakteure der BRICS. Was Indonesien betrifft, trat der indonesische Präsident Joko Widodo jedoch Gerüchten entgegen, sein Land werde sich ebenfalls um eine Mitgliedschaft in der Gruppe bewerben. Laut dem indonesischen Außenminister Retno Marsudi würden die Vor- und Nachteile einer Mitgliedschaft derzeit noch abgewogen.

Welches Fazit lässt sich aus all dem ziehen? Der globale Süden rückt kollektiv von der westlich dominierten, regelbasierten Ordnung ab. Vor allem davon, dass deren Hegemonie mit Sanktionen, Strafmaßnahmen bis hin zu militärischer Gewalt durchgesetzt werden soll. Der wirtschaftliche Aufstieg Chinas und die wachsende Anziehungskraft des BRICS-Bündnisses sorgen gerade in Südostasien für eine Welle der Neuorientierung. Dies bedeutet keine Abkehr von der wirtschaftlichen Zusammenarbeit mit dem Westen. Man will sich aber nicht dem einen oder anderen Lager zuordnen, sondern seine Partner nach den eigenen Interessen wählen. Der russische Botschafter in der thailändischen Hauptstadt Bangkok, Jewgeni Tomikhin, bringt es in einem Meinungsbeitrag in der Bangkok Post auf den Punkt: „BRICS wird als die führende Stimme der Schwellen- und Entwicklungsländer wahrgenommen und ist zu einem unverzichtbaren Teil der aktuellen geopolitischen Landschaft geworden. Sie hat eine verbindende positive Agenda und setzt sich für eine bedeutende Rolle des globalen Südens bei der Schaffung einer inklusiveren, partizipativeren und demokratischeren Weltordnung ein." Er fügte hinzu, dass die BRICS-Vision "nicht anti-westlich", sondern nur "nicht-westlich" sei und die Prioritäten der Mehrheit der Weltbevölkerung widerspiegele. Mit dieser BRICS-Vision kann der Westen natürlich kooperieren. Es wäre sogar absolut notwendig, dass der Westen sein "regelbasiertes" Hegemoniestreben aufgibt und sich friedlich in diese fairere multipolare Ordnung einfügt, damit die gesamte Menschheit eine Aussicht auf eine friedliche und bessere Zukunft hat.

Die Lösung des Malakka-Dilemmas

Die enorme geostrategische Bedeutung des Isthmus von Kra

2. September, 2024

Den Panamakanal und den Suezkanal kennt jedes Kind. Aber wer kennt schon den Kra Kanal? Dabei könnte dieses noch nicht realisierte Projekt für den globalen Güterverkehr eine ähnlich große Bedeutung erlangen. Der Kanal würde eine zusätzliche Route vom Indischen Ozean zum Pazifik eröffnen. Er durchschneidet die thailändische Landzunge an ihrer schmalsten und günstigsten Stelle. Im Westen liegt die Andamanensee, im Osten der Golf von Thailand und das Südchinesische Meer. Für China, Indien, Thailand und seine Nachbarn wäre es das Sensationsprojekt dieses Jahrhunderts. Nun hat erst am 16. August die 38-jährige neue Premierministerin Paetongtarn Shinawatra ihr Amt in Bangkok angetreten. Auf ihrer ersten Pressekonferenz lobte sie die tiefen und freundschaftlichen Beziehungen zu China, das zuvor als möglicher Investor für das Projekt umworben worden war. Nun fragt sich die interessierte Öffentlichkeit, ob Frau Shinawatra das Vorhaben weiterverfolgen wird. Für die Idee der Multipolarität wäre es ein enormer Gewinn.

Zur Geographie: Auf der thailändischen Landzunge, etwa auf der Höhe der Stadt Ranong, befindet sich der Fluss Kra Buri, der Myanmar auf der Westseite und Thailand auf der Ostseite trennt. Dort, wo der Fluss schmal wird, sind es nur noch 44 Kilometer über Land nach Osten bis zum Golf von Thailand nahe der Stadt Chumphon. Dieser Fluss und die Landenge, auch Isthmus von Kra genannt, gaben dem Projekt seinen Namen: Kra-Kanal. Inzwischen hat sich auch die Bezeichnung Thai Kanal eingebürgert. Seit dem 17. Jahrhundert wissen Seefahrer, Kaufleute und Geostrategen um diese geographisch äußerst günstige Lage. Dementsprechend gehen auch die Pläne, diese Landenge als Schifffahrtsweg zu erschließen, auf diese Zeit zurück. Doch sowohl die französische als auch die britische Kolonialmacht verwarfen das Projekt wegen der gebirgigen Geographie und der hohen Baukosten. Ende des 19. Jahrhunderts verhinderte das Britische Empire sogar jegliche Weiterverfolgung des Projekts, da es mit dem an der Straße von Malakka gelegenen Singapur einen eigenen regionalen Handelsknotenpunkt und Kontrollposten aufgebaut hatte. Im Anglo-Thai-Vertrag von 1946 wurde der Regierung von Siam, wie die britische Kolonie damals hieß, sogar der Bau eines solchen Kanals untersagt. Der heute extrem hohe Schiffsverkehr durch die Straße von Malakka machte jedoch eine Neubewertung dringend erforderlich.

In den 1980er und 1990er Jahren rückte das Projekt wieder in den Mittelpunkt des Interesses. Amerikanische und japanische Beratungsfirmen veröffentlichten Studien, die dessen Wirtschaftlichkeit belegen sollten. Der japanische Global Infrastructure Fund (GIF) errechnete Ende der 1990er Jahre Kosten von 20 Milliarden Dollar für einen 50 Kilometer langen Kanal. Unter Premierministerin Yingluck Shinawatra wurde das Kanalprojekt gar

Bestandteil einer thailändischen Entwicklungsprojektinitiative. Doch dann kam es zu regierungskritischen Protesten, deren Mitglieder alle gelbe T-Shirts trugen und von der Peoples Democratic Reform Committee angeführt wurden. Das zunehmende Chaos im Land wurden 2014 vom thailändischen Militär beendet. Der Westen bezeichnete dies als Militärputsch und brach daraufhin die Beziehungen zu Thailand ab.

Oberbefehlshaber General Prayut Chan-o-Cha, der von 2019-23 auch Premierminister war, baute daraufhin notgedrungen die Beziehungen zu China und anderen Nationen stärker aus, vor allem in den Bereichen Verteidigung und Sicherheit. Prayut bildete auch eine thailändisch-chinesische Forschungsgruppe, die das Potential des Kanalprojekts untersuchen sollte. Es muss jedoch hinzugefügt werden, dass das ursprüngliche Kanalprojekt inzwischen einem Landbrückenprojekt mit deutlich reduziertem Umfang gewichen ist. Jetzt geht es darum, an den westlichen und östlichen Enden Tiefseehäfen und Industriezonen zu bauen und die Landverbindung durch Pipelines, Güterverkehrstrassen und Eisenbahnschienen für Güterwaggons zu ersetzen.

2023 wurde Srettha Thavisin zum Premierminister Thailands gewählt. Als vor allem wirtschaftsfreundliches Staatsoberhaupt baute er die Beziehungen sowohl zum Westen als auch zu China aus. Kurz nach seinem Amtsantritt besuchte Srettha im Oktober 2023 das Belt and Road Forum in Peking, das wichtigste Gipfeltreffen der an Chinas Seidenstraßen-Initiative beteiligten Länder. Im Abschlusskommuniqué bekräftigten China und Thailand ihre umfassende strategische Kooperationspartnerschaft. Gemeinsame Aktionspläne zur Neuen Seidenstraße, zur Maritimen Seidenstraße und zu Verbindungskorridoren, zu Handel, Logistikketten, Hochgeschwindigkeitszügen, Landwirtschaft,

Fischerei, Infrastruktur bis hin zu digitaler Wirtschaft, künstlicher Intelligenz, Luftfahrt und anderen wissenschafts- und technologiegetriebenen Bereichen wurden erstellt bzw. bekräftigt. Auf dem anschließenden thailändisch-chinesischen Investitionsforum in Peking sagte Thavisin, das Megaprojekt der thailändischen Landbrücke solle den Warentransport um sechs bis neun Tage gegenüber der Route über die Straße von Malakka verkürzen. Der Premierminister umwarb aber auch Investoren aus den USA, Japan oder den Vereinigten Arabischen Emiraten. Die erste Phase des Projekts solle bis 2030 abgeschlossen sein, die Fertigstellung bis 2039, so die Planung.

Premierminister Srettha Thavisin wurde am 14. August 2024 allerdings vom Verfassungsgericht seines Amtes enthoben. Kurz darauf wählte das Repräsentantenhaus in Bangkok Paetongtarn Shinawatra zur neuen Premierministerin. Am 25. August schrieb dann die einflussreiche South China Morning Post aus Hongkong in einem Meinungsartikel, die neue Premierministerin sei offen für chinesische Investitionen in die Landbrücke von Kra und werde damit in die Fußstapfen ihres Vorgängers treten. Es wurde an die Bereitschaft chinesischer und Hongkonger Unternehmen erinnert, ihren Beitrag zur Entwicklung des Projekts zu leisten. Auch die thailändische Holzindustrie bekundete ihr Interesse an dem Projekt. Die 2 Milliarden Dollar schwere Branche, die vor allem mit Teak-, Eukalyptus-, Mango- und Durianholz handelt, würde vom Landbrücken-Korridor profitieren, hieß es in einer entsprechenden Fachzeitschrift.

Am wichtigsten sei jedoch, dass die Straße von Malakka, der kürzeste und am stärksten befahrene Seeweg zwischen dem Mittleren Osten, dem Indischen Ozean und Ostasien, entlastet werden könnte. Aus chinesischer Sicht ist dies eine absolute

Notwendigkeit, da nach Angaben der US Energy Information Agency rund 70% des chinesischen Öl- und Gasbedarfs durch diese Straße transportiert werden müssen. Der chinesische Staatspräsident Hu Jintao hat dies bereits vor mehr als 20 Jahren als "Malakka-Dilemma" bezeichnet, das sich aus dem Mangel an Alternativen und der Anfälligkeit der chinesischen Energielieferungen im Falle regionaler Konflikte ergibt. Deshalb entwickeln die Chinesen schon lange neue Routen für ihre Energieimporte, darunter Pipelines mit Russland und Zentralasien, einen Wirtschaftskorridor mit Pakistan und den Nördlichen Seeweg als Alternativen zum indopazifischen Nadelöhr der Malakkastraße.

In einer multipolaren Welt dürften sowohl die Anrainerstaaten als auch die wichtigsten internationalen Akteure im Seeverkehr den Kra-Kanal bzw. die Landbrückenvariante begrüßen. Die ASEAN-Gruppe, d.h. die zehn wirtschaftsstärksten südostasiatischen Staaten, gehört zu den am schnellsten wachsenden Regionen der Welt. Ihre Rolle im Weltseehandel wird weiter zunehmen. Insofern geht es nicht, wie manche Kritiker behaupten, um die Konkurrenz zweier Seewege, sondern um die dringend notwendige Diversifizierung und Entflechtung der globalen Warenströme. Chinas Wirtschaftskraft, seine kreditstarken Staatsbanken und Bauunternehmen, aber auch die Asia Infrastructure Investment Bank und die New Development Bank der BRICS eröffnen zudem neue Finanzierungsmöglichkeiten, die bis vor kurzem durch die Unilateralität der westlich dominierten Entwicklungsbanken nicht gegeben waren. Multipolarität bedeutet also insbesondere, an den Nutzen aller zu denken und auf Rivalität und Konkurrenzneid zu verzichten. Es wäre deswegen wünschenswert, wenn auch westliche Teilnehmer das Projekt über den Isthmus von Kra in Thailand auf ihre Agenda setzen würden.

China und Afrika: Partnerschaft für Modernisierung

Im Mittelpunkt des China-Afrika-Forums 2024 stand die Industrialisierung Afrikas

30. September, 2024

Juncao, eine Grasart, verändert Afrika. China hat diese widerstandsfähige und nährstoffreiche Pflanzenart in über 40 afrikanischen Ländern eingeführt. Sie dient als Viehfutter, als Befestigung gegen Bodenerosion und als Nährboden für Pilzzucht. In China hat sie viele Dörfer aus der Armut geholt. Jetzt wird das Modell auch in Afrika erfolgreich kopiert, konnte man dieser Tage lesen. Es ist nur ein Beispiel von vielen, wie chinesische Technologien auf den afrikanischen Kontinent übertragen werden. Das nennt man Knowledge Sharing und Capacity Building, um den Teufelskreis der Armut zu durchbrechen. China hat mit solchen und vielen anderen Mitteln die extreme Armut im eigenen Land bis 2020 überwunden. Jetzt ist Afrika an der Reihe.

Was ist der Kontext? Vom 4. bis 6. September fand in der chinesischen Hauptstadt Peking das 9. China-Afrika-Kooperationsforum (FOCAC) statt. Staats- und Regierungschefs, Außenminister und Wirtschaftsminister aus 53 der insgesamt 54 afrikanischen Staaten pilgerten nach Peking. Auch der Vorsitzende der Kommission der Afrikanischen Union und der Generalsekretär der Vereinten Nationen sowie die Vorsitzenden verschiedener anderer internationaler Organisationen waren anwesend. Die Teilnehmer zeigten sich zufrieden bis begeistert über die

Errungenschaften, die seit der Gründung des FOCAC im Jahr 2000 erreicht wurden. Dazu gehörten der Bau von Eisenbahnlinien in Ostafrika, eine E-Commerce-Plattform in Ruanda, moderne landwirtschaftliche Produktion in Mosambik. In der Presse hieß es, China habe Afrika geholfen, mehr als 10.000 Kilometer Eisenbahnlinien und rund 100.000 Kilometer Straßen, etwa 1.000 Brücken und 100 Häfen zu bauen oder zu sanieren.

China ist das Land mit der größten Handelspartnerschaft mit afrikanischen Ländern seit 15 Jahren in Folge. UN-Generalsekretär Antonio Guterres sprach in seiner Eröffnungsrede davon, dass die Partnerschaft zwischen China und Afrika die wichtigste Säule der Süd-Süd-Kooperation sei. Der chinesische Präsident Jinping wiederum betonte in seiner Eröffnungsansprache, dass alle afrikanischen Länder, mit denen China diplomatische Beziehungen unterhalte, auf die Ebene einer strategischen Partnerschaft gehoben würden. Es werde eine chinesisch-afrikanische Gemeinschaft mit einer gemeinsamen Zukunft aufgebaut. Ziel sei es, die Zusammenarbeit mit Afrika in den Bereichen Industrie, Landwirtschaft, Infrastruktur, Handel und Investitionen zu vertiefen. Aber auch in den Bereichen Berufsausbildung, Armutsbekämpfung und bei der Schaffung von Arbeitsplätzen. Der chinesische Präsident kündigte 10 Aktionen für eine solche neue Partnerschaft an. Diese reichen von akademischen Institutionen, einer Null-Prozent-Zollpolitik für Importe aus 33 afrikanischen Staaten, gemeinsamen industriellen Lieferketten, einer Initiative zur Förderung afrikanischer mittelständischer Unternehmen, bis hin zu Digitalisierung, Gesundheitszentren und technologischer Innovation.

An finanziellen Mitteln stellt Peking für die kommenden drei Jahre rund 30 Milliarden in Form von Krediten zur Verfügung, weitere 11 Milliarden sollen in Form von anderer Unterstützung gewährt werden. Darüber hinaus sollen chinesische Unternehmen 10 Milliarden in Afrika investieren. Außerdem wurde versprochen, 2000 medizinische Fachkräfte und 500 Landwirtschaftsexperten nach Afrika zu entsenden. 20 Gesundheits- und Malariabehandlungsprogramme sollen gestartet werden. Chinesische Unternehmen in Afrika wurden aufgefordert, nicht weniger als eine Million weiterer Arbeitsplätze vor Ort zu schaffen und 60.000 Ausbildungsprogramme zu initiieren. Experten des China-Africa Industrial Forum erklärten, Afrika sei der vielversprechendste Markt und eine wichtige Region für die Zusammenarbeit beim Aufbau von Produktionskapazitäten.

China verfolgt eine langfristige Strategie zur Industrialisierung Afrikas. Bislang ist der Industrialisierungsgrad in den meisten afrikanischen Ländern eher gering und der Anteil der Industrie an den Volkswirtschaften niedrig. Es fehlt an Infrastruktur, Geld, Technologie und ausgebildeten Arbeitskräften. Genau hier setzt FOCAC an: So haben chinesische Unternehmen beispielsweise in Simbabwe den Bergbau, die Landwirtschaft und die verarbeitende Industrie gefördert. Mit einer Investition von einer Milliarde US-Dollar wurde in Simbabwe das größte Stahlwerk Afrikas errichtet. Entgegen den pessimistischen Einschätzungen der westlichen Presse sollen zwischen 2006 und 2021 155 Milliarden US-Dollar der insgesamt 191 Milliarden US-Dollar an zugesagten Krediten vergeben worden sein.

Afrika-Experten widersprechen auch dem Vorwurf, China treibe Afrika in die Schuldenfalle. Selbst der internationale Schuldenbericht 2023 der Weltbank spricht davon, dass 80 Prozent der Schulden Afrikas bei privaten und multilateralen Geldgebern liegen und nur 11 Prozent bei China. Die Johns Hopkins

University in den USA hat die Schuldenstrukturen untersucht und festgestellt, dass von 46 Ländern, die Afrika Schulden erlassen haben, China allein für 63% des Schuldenerlasses im Jahr 2020 und 2021 verantwortlich ist. Der Direktor des Zentrums für Chinastudien in Nigeria sagte, China sei einfach flexibler bei der Umschuldung. Der Direktor eines Forschungszentrums in Simbabwe erklärte gegenüber der Presse, dass sich China im Gegensatz zu den westlichen Mächten nicht in die inneren Angelegenheiten der afrikanischen Länder einmische. Es habe einfach kein Interesse daran, afrikanischen Ländern seinen Willen aufzuzwingen.

Der Ständige Vertreter der Afrikanischen Union in China, Rahamtalla Osman, erklärte, das FOCAC sei der wichtigste Mechanismus zur Steuerung der chinesisch-afrikanischen Beziehungen. Die Tatsache, dass 53 von insgesamt 54 afrikanischen Ländern durch Staatsoberhäupter, Vizepräsidenten oder Premierminister vertreten waren, unterstreiche die außerordentliche Bedeutung des Forums. Die Afrikanische Union unterzeichnete entsprechend mit China ein Memorandum of Understanding zur gemeinsamen Unterstützung der afrikanischen Agenda 2063, die eine vollständige industrielle und infrastrukturelle Erschließung des afrikanischen Kontinents vorsieht. Gleichzeitig hatten bislang 52 der 54 afrikanischen Staaten ein Memorandum of Understanding zur Zusammenarbeit im Rahmen der Neuen Seidenstraße, auch Belt and Road Initiative (BRI) genannt, unterzeichnet. Sowohl die Agenda 2063 als auch die BRI hätten dasselbe Ziel, nämlich die umfassende Entwicklung Afrikas in den Bereichen Landwirtschaft, Bildung und Wirtschaft.

Osman wird mit den Worten zitiert: „Die Vorstellung, dass China Afrika ausbeutet, ist nicht korrekt. Wir sind reif genug, um zu wissen, was wir tun, und wir wissen, wie man mit einem Partnerland umgeht. Wir sind froh, dass wir mit China zusammenarbeiten. Das ist nichts Neues, wir haben schon lange mit China zu tun, seit der Kolonialzeit. Die gleichen Länder, die uns heute Vorwürfe machen, haben damals unseren Kontinent kolonisiert. China war eines der wenigen Länder, das uns geholfen hat, den Kolonialstatus abzuschütteln".

Zum Abschluss des China-Afrika-Gipfels 2024 wurde einstimmig eine Pekinger Erklärung verabschiedet. Sie bildet einen strategischen Rahmen für gemeinsame Entwicklungsaktivitäten Chinas und Afrikas. Ein umfassender Aktionsplan 2025 bis 2027 wurde ebenfalls beschlossen. Dieser legt Bereiche und Prioritäten für die gemeinsame Entwicklungszusammenarbeit fest: Von Infrastruktur, Investitionen in Lieferketten und Industrien, Wissenschaft und Technologie, ländliche Entwicklung, Ernährungssicherheit bis hin zur Zusammenarbeit in den Bereichen Energie, Handel, Digitales, Bildung, Frauen und Jugend, Umweltschutz, Kultur, Tourismus und Sport ist so ziemlich alles vertreten.

China und Afrika stellen zusammen ein Drittel der Weltbevölkerung. Die Entwicklung, Industrialisierung und Modernisierung des afrikanischen Kontinents sollte auch für Europa oberste Priorität haben, jedoch nicht in Konkurrenz oder gar Rivalität zu China, sondern in der Suche nach Synergieeffekten. Dazu bräuchte Europa einen eigenen Entwicklungsplan für Afrika, der sich harmonisch in die Agenda 2063 und die BRI einfügt. Von einer solchen Einsicht scheint Europa in seinem heutigen Zustand meilenweit entfernt, doch ist dies der offenbar einzig gangbare Weg.

BRICS-Gipfel 2024 - Was steht an?

Es wird viel spekuliert: wer kommt, was wird disku-
tiert? Hier einige Details

9. Oktober, 2024

Die Erwartungen an den bevorstehenden BRICS-Gipfel sind hoch. Die BRICS sollen in diesem Jahr zum wichtigsten Forum der Schwellen- und Entwicklungsländer der Welt werden. Entsprechend groß ist das Interesse, an dem Gipfel im russischen Kasan teilzunehmen. Die jüngsten Ankündigungen überschlagen sich förmlich. Erstmals werden am BRICS-Gipfel vom 22. bis 24. Oktober neben den bisherigen ständigen Mitgliedern Brasilien, Russland, Indien, China und Südafrika auch die vier neuen Vollmitglieder teilnehmen. Dabei handelt es sich um den Iran, die Vereinigten Arabischen Emirate, Ägypten und Äthiopien. Der gastgebende russische Präsident Wladimir Putin erwartet auch die Staatschefs der Länder der Gemeinschaft Unabhängiger Staaten (GUS), also Armenien, Aserbaidschan, Weißrussland, Kasachstan, Kirgisistan, Moldawien, Tadschikistan und Usbekistan. Jedenfalls sind an alle diese Länder Einladungen ergangen.

Einer der wichtigsten Ehrengäste wird sicherlich der chinesische Staatspräsident Xi Jinping sein. Dieser reist nicht nur zum BRICS-Gipfel, sondern auch zur Eröffnungszeremonie anlässlich des 75. Jahrestages der Aufnahme diplomatischer Beziehungen zwischen Russland und China. In der Ankündigung hieß es, die strategischen Beziehungen zwischen Russland und China seien stabil, gereift und an den aktuellen geopolitischen Realitäten orientiert. Mit anderen Worten: Man lässt sich nicht vom Westen spalten. Auch Indien will in vollem Umfang am BRICS-Gipfel teilnehmen. Darauf hatten sich die Außenminister Sergei Lawrow und Subramaniam Jaishankar bereits am Rande der letzten UN-Vollversammlung geeinigt. Der weißrussische Außenminister Maxim Ryzhenkov hat die bisherigen Spekulationen über die Aufnahme möglicher neuer Mitglieder konkretisiert. Zumindest sagte er, dass 10 neue Mitglieder aufgenommen werden und dass Belarus optimistisch ist, dass der eigene Antrag auf Mitgliedschaft bestätigt wird.

Von besonderer Bedeutung wird die Teilnahme des Iran am BRICS-Gipfel sein. Nicht nur weil sich das neue BRICS Mitglied Iran in einem ausufernden militärischen Konflikt mit Israel befindet, sondern auch weil das Land wichtige strategische Weichenstellungen in wirtschaftlicher Hinsicht vornehmen wird, um die westlichen Sanktionen weiter zu unterlaufen. Gerade erst hat der russische Ministerpräsident Michael Mischustin mehrfach den Iran besucht. Was dabei herauskam, war ein Gasdeal, der die Versorgung Teherans mit russischem Gas für die nächsten 30 Jahre sichern wird. Dafür wird auch eine neue Pipeline unter dem Kaspischen Meer gebaut. Die bilaterale Agenda zwischen Russland und dem Iran orientiere sich an der Bildung einer neuen Weltordnung, die auf Strukturen wie den BRICS, der Shanghaier Organisation für Zusammenarbeit und der Eurasischen Wirtschaftsunion basiere. Im Jahr 2025 soll ein Freihandelsabkommen zwischen der Eurasischen Wirtschaftsunion und dem Iran ratifiziert werden.

Ein zentrales Thema wird das enorme Potenzial der BRICS-Nationen in der Zusammenarbeit bei der Energiesicherheit sein. Am 26. September fand bereits ein Treffen der BRICS-Energieminister in Moskau statt, um an einem integrierten

240

energiepolitischen Rahmenwerk zu arbeiten, das die Energiesouveränität und Energiesicherheit der Länder gewährleisten soll. "Dies ist ein entscheidender Moment, um die BRICS so zu positionieren, dass sie die globale Energiearchitektur neu justieren und Zugang, Sicherheit und Bezahlbarkeit von Energie gewährleisten und Energiearmut beseitigen", wird der südafrikanische Energieminister Kgosientso Ramokgopa zitiert. Und der ägyptische Minister für Erdöl und Bodenschätze, Karim Badawi, sagte am Rande der russischen Energiewoche Ende September in Moskau, man konzentriere sich ganz auf Investitionen und die Entwicklung des Energiesektors der BRICS-Staaten als Schwerpunkt der mittelfristigen Zusammenarbeit.

Insgesamt müsse der globale Süden eine führende Rolle bei der Gestaltung der Welt spielen, sagte der russische Präsident Putin. Länder wie Indonesien evaluieren derzeit die Vorteile einer BRICS-Mitgliedschaft. Auch der Premierminister des afrikanischen Landes Burkina Faso sagte kürzlich, eine Mitgliedschaft bei den BRICS sei wichtig, um der Dominanz von Dollar und Euro entgegenzuwirken und fairere Handelsbeziehungen mit internationalen Akteuren aufzubauen. Bereits 2023 hatte die Regierung des westafrikanischen Staates ein Memorandum zur Zusammenarbeit mit den BRICS in den Bereichen Wirtschaft, Gesundheit, Bildung und anderen Feldern unterzeichnet. Erst vor wenigen Tagen erklärte auch der syrische Botschafter in Moskau, Baschar Dschaafari, dass das Land einen schriftlichen Antrag auf Beitritt zu den BRICS gestellt habe. Das sagte der Diplomat auf einer Konferenz über die geostrategischen Möglichkeiten des Nordkaukasus. Auch Länder wie Kuba und Sri Lanka werden Delegationen entsenden. Gerüchten zufolge wird sogar das islamische Emirat Afghanistan am BRICS-Gipfel teilnehmen.

Die Türkei wird auf dem diesjährigen BRICS Gipfel eine besondere Rolle spielen. Der türkische Präsident Erdoğan sagte: "Nur weil wir ein NATO-Land sind, können wir unsere Beziehungen mit der türkischen Welt und der islamischen Welt nicht abbrechen. BRICS und ASEAN sind Strukturen, die uns Möglichkeiten bieten, unsere wirtschaftliche Zusammenarbeit auszubauen. Unsere Teilnahme bedeutet nicht, dass wir die NATO aufgeben. [...] Auch wenn es in der heutigen Welt internationale Spannungen gibt. Die Zeiten des Kalten Krieges sind vorbei." Der türkische Parlamentssprecher Numan Kurtulmuş sagte bei seinem jüngsten Treffen mit Putin in Moskau, dass es am 23. Oktober beim BRICS-Gipfel ein bilaterales Treffen zwischen Erdogan und Putin geben werde. „Die Anwesenheit der Türkei bei den BRICS wird sicherlich einen ernsthaften Beitrag zum Weltfrieden leisten. [...] Die Türkei wird das außenpolitische Instrumentarium bereichern und wir hoffen, dass die Türkei durch ihre Teilnahme an solchen Organisationen zur Stärkung eines friedlichen multipolaren Weltsystems beitragen kann".

Die am häufigsten gestellte Frage ist, ob ein neues Finanzsystem entstehen wird. Der russische Außenminister Sergei Lawrow sagte in einem Interview mit Sky News Arabia, dass man auf einen Bericht der Finanzminister und Zentralbankchefs der BRICS warte, wie man eine alternative Zahlungsplattform schaffen könne. Dieser Bericht wurde auf dem letzten BRICS Gipfel in Südafrika in Auftrag gegeben. Die Ära, in der die USA Dollars drucken und andere Länder mit wirtschaftlichem Druck einschüchtern können, neigt sich dem Ende zu, so Lawrow. Schon heute würden China und Russland 90% ihres Handels in Landeswährungen abwickeln. Mit Indien seien es 60 Prozent. Der stellvertretende russische Außenminister Sergej Rjabkow sprach von der Arbeit an einem zuverlässigen und nachhaltigen Zahlungssystem und Interbanken-Netzwerken innerhalb der BRICS. Man wolle die Rolle der BRICS-Staaten im internationalen Währungs- und Finanzsystem deutlich stärken. Lawrow wird mit den Worten zitiert: „Viele fühlen sich davon angezogen, dass innerhalb der BRICS Bezahlsysteme entwickelt werden, die Handel, Investitionen und andere wirtschaftliche Aktivitäten ermöglichen, ohne von denjenigen abhängig zu sein, die beschlossen haben, den Dollar und den Euro als wirtschaftliche Waffen einzusetzen".

Die Erwartungen, dass jetzt eine neue BRICS-Währung entsteht, seien jedoch verfrüht. Grund dafür seien laut Rjabkow die großen Unterschiede in der Regulierung der Zahlungsbilanzen, der nationalen Finanzmärkte und der Inflationsziele. Der BRICS Business Council und die Arbeitsgruppen für Finanzdienstleistungen und Investitionen würden aktiv an diesem Thema arbeiten. „Wir sollten uns keine Illusionen machen und keine künstlich aufgeblähten Erwartungen hegen. [...] Aber das Thema wird sicher eines der zentralen Themen des Gipfels sein." Am BRICS-Gipfel in Kasan wird übrigens auch UN-Generalsekretär Antonio Guterres teilnehmen. Eine Grundvoraussetzung für die Teilnahme ist, dass man sich den Sanktionen gegen die BRICS-Mitgliedsstaaten nicht angeschlossen hat. Das schließt natürlich eine ganze Reihe von Ländern aus, darunter auch Deutschland. Hierzulande hält man an der Dominanz des kollektiven Westens fest, obwohl der BRICS Gipfel in Kasan mehr als deutlich machen wird, dass eine neue unabhängige und multipolare Weltordnung im Entstehen ist.

BRICS-Reservewährung kommt - bald

Eine der wichtigsten Erwartungen an die BRICS-Staaten: ein neues Finanzsystem

21. Oktober, 2024

Die weniger erfreuliche Nachricht gleich vorweg. Wer gehofft hatte, dass bereits auf dem aktuellen BRICS-Gipfel (22.-24. Oktober) ein umfassendes neues Finanzsystem vorgestellt wird, muss sich noch gedulden. „Was eine gemeinsame BRICS-Währung angeht, denken wir im Moment nicht darüber nach. Es ist noch nicht reif genug. Wir müssen sehr vorsichtig sein, Schritt für Schritt vorgehen, ohne Hast." Das jedenfalls erklärte der russische Präsident Wladimir Putin in einem rund zweistündigen Pressegespräch am 18. Oktober in Moskau mit den Vorsitzenden der großen Medienorganisationen der BRICS-Staaten. Gleichzeitig kündigte er an, dass an einem alternativen System des Informationsaustausches zwischen den BRICS-Zentralbanken gearbeitet werde. Vom derzeit dominierenden System, dem 1970 gegründeten Swift, ist Russland im Zuge westlicher Sanktionen ausgeschlossen. Auch die Ausweitung der Verwendung nationaler Währungen in der Zahlungsbilanz im Handel zwischen den BRICS-Ländern und darüber hinaus wird geprüft.

Am selben Tag trat Putin auch auf dem BRICS Business Forum auf. Er sagte: „Die Länder, die Teil unserer Gruppe sind, sind die Motoren des globalen Wirtschaftswachstums. In den BRICS wird in absehbarer Zukunft der größte Teil des Wachstums des globalen Bruttosozialprodukts generiert werden". Über die BRICS-eigene New Development Bank (NDB) meinte er: "Die New Development Bank sollte einer der Hauptinvestoren in die größten Technologie- und Infrastrukturprojekte in der BRICS-Region und im globalen Süden insgesamt werden." Die 2014 auf dem 6. BRICS Gipfel in Brasilien gegründete New Development Bank ist mit einem Kapitalstock von 100 Milliarden Dollar und einem Stabilisierungsfonds namens CRA in gleicher Höhe ausgestattet. Von den neuen BRICS-Mitgliedern sollen noch der Iran und Äthiopien in die NDB aufgenommen werden. Mindestens 30 Nationen wollen sich auf die eine oder andere Weise den BRICS-Aktivitäten anschließen, sagte der russische Präsident. „Was alle Mitglieder der Organisation betrachten sollten, ist eine gemeinsame Position zur Erweiterung. Aber wir werden definitiv niemanden abweisen, unsere Tür steht definitiv offen".

Bereits am 11. Oktober trafen sich die Finanzminister und Notenbankchefs der BRICS. In ihrer gemeinsamen Erklärung heißt es, dass sich das Wachstum in den BRICS trotz der Risiken der geoökonomischen Fragmentierung und der unilateralen Sanktionen beschleunigt und deutlich über dem der G7 liegt. Eine tiefgreifende Restrukturierung sei unumgänglich. „Wir bekräftigen die Notwendigkeit einer umfassenden Reform der globalen Finanzarchitektur, um die Stimme der Entwicklungsländer und ihre Vertretung im IWF, der Weltbank und den MDBs zu stärken." MDBs sind die multilateralen Entwicklungsbanken wie die Asiatische Entwicklungsbank, Afrikanische Entwicklungsbank, Asiatische Infrastruktur-Investitions-Bank und andere. Weiter heißt es: „Wir bekräftigen die Schlüsselrolle der BRICS im Prozess der Verbesserung des internationalen Währungs- und Finanzsystems, um es an die Bedürfnisse aller Länder anzupassen, nachhaltiges Wachstum der Weltwirtschaft beizutragen."

Verschiedene Task Forces arbeiten an einem grenzüberschreitenden BRICS-Zahlungssystem, das kostengünstiger und schneller funktionieren soll. Man begrüßt den verstärkten Einsatz von Landeswährungen und will auch in Zoll- und Steuerfragen zusammenarbeiten. Besonders wichtig ist die Forderung nach einer effektiven Mobilisierung von Kapital zur Finanzierung von Infrastrukturprojekten. Die Neue Entwicklungsbank soll dabei zu einer neuen Art von multilateralen Entwicklungsinstitutionen des 21. Jahrhunderts ausgebaut werden, in der auch die Zahlung in nationalen Währungen stetig ausgeweitet wird.

Neben den Finanzministern trafen sich internationale Experten zu einem Seminar über die Verbesserung des Währungs- und Finanzsystems der BRICS-Länder. Es wurde über die Beiträge des amerikanischen Professors Jeffrey Sachs berichtet, der die Illegalität der unilateralen Sanktionen hervorhob. Die USA würden den Dollar als Waffe einsetzen und ihren Status als Kreditgeber der letzten Instanz missbrauchen. Die einzige Möglichkeit, das internationale Finanz- und Währungssystem zu verbessern, bestehe darin, eine Alternative zu den bestehenden Elementen aufzubauen. Deutliche Worte fand auch der brasilianische Ökonom Paulo Nogueira Batista, der neben Jeffrey Sachs ebenfalls der Gruppe von BRICS-Finanzexperten angehört. Fakt sei, dass „das gegenwärtige internationale Finanz- und Währungssystem, das vom Westen kontrolliert wird, im Grunde nicht reformierbar ist". IWF und Weltbank seien nicht in der Lage Veränderungen herbeizuführen, und das Zahlungssystem Swift werde weiterhin als Waffe benutzt, um den Zugang zu internationalen Banken zu beschränken. „Wir müssen ein alternatives internationales Zahlungssystem schaffen, das immun gegen die extraterritorialen Sanktionen der USA und anderer ist. Wir müssen eine neue

Verrechnungseinheit schaffen, die aus einem Währungskorb der BRICS-Mitgliedsländer bestehen könnte. Das könnte der Übergang zur Schaffung einer neuen Reservewährung sein", so Batista.

Batista, der selbst einst Vizepräsident der Neuen Entwicklungsbank und Vertreter Brasiliens beim Internationalen Währungsfonds war, hatte am 23. September bei einem BRICS-Seminar zur Regierungsführung in Moskau eine wegweisende Rede gehalten. Wegweisend deshalb, weil sie einen gangbaren Kurs nach vorn aufzeigt. „Besteht nicht die Gefahr, dass die BRICS zu einer Plauderrunde werden?" fragte er provokant. „Natürlich setzen die USA alle Länder auf eine schwarze Liste, auch einzelne Personen, die sich wirklich auf den Weg machen, Alternativen zum Dollar praktisch und effektiv zu erarbeiten." Aber, so warnte er, „die BRICS würden überall im globalen Süden Enttäuschung hervorrufen, wenn sie es bei Slogans, Reden und Proklamationen bewenden lassen und sich als unfähig erweisen, bahnbrechende praktische Initiativen zu ergreifen". Die Schaffung einer neuen Reservewährung wäre laut Batista ein Game Changer in der globalen Finanzwelt.

Eine solche neue Reservewährung könne nicht der chinesische Yuan sein. Das liegt an der internen Struktur des chinesischen Banken- und Finanzsystems. Laut Batista könnten die BRICS jedoch sofort eine Institution schaffen, die eine neue Reservewährung der BRICS-Länder herausgeben könnte, auch wenn noch nicht alle an einem Strang zögen. Dies wäre keine Währung in Scheinen und Münzen wie der Euro oder Dollar, sondern eine rein digitale Einheit, die parallel zu den beibehaltenen nationalen Währungen existiert. Diese wäre durch das Vermögen der Mitgliedsländer gedeckt und auch frei in neue

Reserveanleihen konvertierbar. Ein Anfang dazu hätte bereits längst gemacht werden können, meint Batista, nämlich die Schaffung einer Verrechnungseinheit. Diese besteht aus einem Währungskorb der teilnehmenden Staaten. Jeder Staat enthält in der Verrechnungseinheit einen Anteil, der seinem Bruttoinlandsprodukt, also seiner realen Wirtschaftskraft entspricht. Batista merkt jedoch an: „Dieser relativ einfache Schritt hätte bereits getan werden können. Es ist enttäuschend, dass die russische Präsidentschaft 2024 es noch nicht geschafft hat. Hoffen wir, dass es Brasilien während seiner BRICS-Präsidentschaft 2025 gelingt."

Die Erwartungen der mehr als 30 Staaten, die sich der BRICS-Plus-Dynamik anschließen wollen, werden auf der Konferenz sicherlich eine wichtige Rolle spielen. So wird zum Beispiel auch das seit Jahrzehnten durch US-Sanktionen isolierte und verarmte Kuba anreisen. Der Vertreter Kubas bei den Vereinten Nationen, Ernesto Guzman, sagte bereits im Vorfeld: „Die BRICS-Staaten haben ein gemeinsames Interesse und enorme Möglichkeiten im Außenhandel. Sie können eine Alternative zu internationalen Finanzinstitutionen wie der Weltbank und dem Internationalen Währungsfonds sein". Der kubanische Außenminister Bruno Rodriguez erklärte in einer Botschaft an Präsident Putin, dass sein Land offiziell beantragt habe, den BRICS als Partnerland beizutreten. Und auch Brasiliens Präsident Lula da Silva will sich bei der Erweiterung der Gruppe für ein Gleichgewicht zwischen allen Weltregionen einsetzen. Für viele ist das eine existenzielle Frage. Zum Beispiel im Agrar- und Lebensmittelsektor und bei der Energieversorgung sind die BRICS bereits heute eine unverzichtbare Kraft in der Welt. Präsident Putin sagte dazu gegenüber den BRICS-Pressevertretern: „In einigen Bereichen kann die Menschheit ohne die BRICS-Länder überhaupt nicht existieren".

BRICS - Bilanz und Ausblick

Putins BRICS-Gipfel 2024 war ein Erfolg - was ist von Lula 2025 zu erwarten?

29. Oktober, 2024

Der zu Ende gegangene 16. BRICS-Gipfel im russischen Kazan wird als großer Erfolg gefeiert. Hier einige Stimmen: Der kasachische Botschafter in Russland, Dauren Abayev, sagte, der Gipfel habe das ernsthafte Potenzial der BRICS als Plattform zur Lösung aktueller globaler Probleme gezeigt. Der serbische Minister für internationale wirtschaftliche Zusammenarbeit, Nenad Popovich, betonte, dass die BRICS das sich am schnellsten entwickelnde Bündnis der Welt geworden sei. Kubas Präsident Miguel Diaz Canel meinte, er fühle sich geehrt, den BRICS als Partnerland beizutreten. „Fünf Buchstaben und eine große Hoffnung für die Länder des Südens auf dem Weg zu einer gerechteren, demokratischeren und stabileren internationalen Ordnung", so Canel. Südafrikas Präsident Ramaphosa stellte fest, der BRICS-Gipfel in Kazan sei der erfolgreichste überhaupt gewesen. Man habe neue Mitglieder aufgenommen und die Position des globalen Südens insgesamt gestärkt. Der globale Süden habe sich zu einer Plattform für den weiteren Ausbau der Multipolarität und der Fortentwicklung im wirtschaftlichen, kulturellen und sozialen Bereich etabliert. Der Gipfel in Zahlen ausgedrückt: Mehr als 5000 Mitglieder offizieller Delegationen aus 36 Staaten waren vom 22. bis 24. Oktober in Kazan anwesend, darunter 24 Staatschefs. Der russische Vizeaußenminister Sergej Rjabkow erklärte im Anschluss, dass die erfolgreiche Ausrichtung des BRICS-Gipfels die Messlatte sehr hoch gelegt habe.

Insgesamt standen wirtschaftliche Themen im Vordergrund. Ernährungs- und Energiesicherheit sowie die Versorgung mit wichtigen Agrarprodukten bei gleichzeitiger Abwehr von Handelsbeschränkungen. Der russische Präsident Putin schlug eine Getreidehandelsplattform vor, um Preisspekulationen und Sanktionen entgegenzuwirken. Energieproduzenten und -konsumenten der BRICS streben eine engere Zusammenarbeit an. Dabei geht es um die effiziente Nutzung aller Energiequellen nach dem Prinzip der Technologieneutralität. Alle fossilen Energieträger, erneuerbare Energien und vor allem die Kernenergie sollen ausgebaut werden. Da der Großteil des Wachstums in Zukunft im globalen Süden stattfinden wird, werden die BRICS auf Vorschlag Russlands eine Investitionsplattform ins Leben rufen. Damit sollen Kredite und Kapitalströme dorthin gelenkt werden, wo sie am dringendsten benötigt werden. Alternative Zahlungsmethoden unter Verwendung nationaler Währungen werden stärker in den Vordergrund gerückt.

China will insbesondere Plattformen für den Technologietransfer schaffen. So kündigte Staatspräsident Xi Jingping an, ein China-BRICS-Zentrum für die Zusammenarbeit beim Aufbau von Sonderwirtschaftszonen, ein BRICS-Kompetenzzentrum für die Industrie und eine Plattform für künstliche Intelligenz und Informationstechnologie zu gründen. Damit soll die Entwicklungslücke zwischen Industrie- und Entwicklungsländern zunehmend geschlossen werden. Die Abschlusserklärung unterstreicht die "Bedeutung von Wissenschaft, Technologie und Innovation als zentrale Katalysatoren für die wirtschaftliche Entwicklung und die Verbesserung des Lebensstandards der

Menschen in den BRICS-Staaten". Auch im Bereich Logistik und Güterverkehr soll die Infrastruktur umfassend ausgebaut werden, um den multimodalen Transport von Gütern reibungsloser und effizienter zu gestalten.

Wie sehen die Perspektiven für den weiteren BRICS-Prozess aus? Dazu muss man wissen, dass ab dem 1. Januar 2025 Brasilien den rotierenden Vorsitz der BRICS übernehmen wird. Ein Blick in die Rede des brasilianischen Präsidenten Lula da Silva in Kazan macht deutlich, wohin die Reise gehen wird: Armutsbekämpfung, Ausbau der Entwicklungskredite, Verbesserung des Lebensstandards der Menschen in den Entwicklungsländern und weitere De-Dollarisierung. Die BRICS-eigene New Development Bank soll mehr Projekte umsetzen, abgestimmt auf die jeweiligen nationalen Prioritäten. Dies soll ohne die Auferlegung von Konditionalitäten geschehen. Lula kritisierte die bisherigen Bretton-Woods-Institutionen IWF und Weltbank als gescheitert. Die multipolare Ordnung müsse sich im internationalen Finanzsystem widerspiegeln. Ein alternatives Zahlungssystem für Transaktionen zwischen den BRICS-Ländern werde kommen, ohne die nationalen Währungen zu ersetzen. Die Diskussion darüber müsse ernsthaft, mit Vorsicht und technischer Solidität angegangen werden, dürfe aber nicht auf die lange Bank geschoben werden.

Präsident Lula zählte klar und deutlich auf, was die Menschen im globalen Süden dringend benötigen: ausreichend Nahrungsmittel, menschenwürdige Arbeit, öffentliche Schulen und Krankenhäuser, die für alle zugänglich sind. Man wolle in Frieden leben, ohne Waffen, die unschuldige Menschen opferten. Lula stimmte dem türkischen Präsidenten Erdogan zu, der vor der UN-Vollversammlung den Gazastreifen als „größten Friedhof der Welt für Kinder und Frauen" bezeichnet hatte. Deshalb müsse man Eskalationen vermeiden und auch im Ukraine-Konflikt Friedensverhandlungen in den Mittelpunkt stellen. Der brasilianische Präsident lud zudem alle Länder ein, sich seiner Globalen Allianz gegen Hunger und Armut anzuschließen. Damit ist die Agenda sowohl für den kommenden G20-Gipfel am 18. und 19. November in Rio de Janeiro als auch für den BRICS-Gipfel im kommenden Jahr bereits relativ klar umrissen.

Einer der wichtigsten Berater bei der Formulierung von Lulas Positionen ist Celso Amorim, altgedienter Diplomat und ehemaliger Außen- und Verteidigungsminister Brasiliens. Dieser gab einen Tag vor Beginn des russischen BRICS-Gipfels ausgerechnet dem Spiegel ein bemerkenswertes Interview. Trotz der feindseligen und tendenziösen Fragen des Journalisten Jens Glüsing antwortete Amorim ganz im Sinne der BRICS und der blockfreien Weltmehrheit. Er sagte, ja, man habe normale Beziehungen zu Russland, man sei gegen Sanktionen. Die BRICS seien kein militärisches Bündnis, ihr Ziel sei die Zusammenarbeit. Man wolle nicht von einer einzigen Währung abhängig sein, denn heute habe jede Änderung der Zinspolitik der USA schwerwiegende Folgen für alle Länder. Hinzu komme das Problem der Sanktionen, unter denen brasilianische Firmen keine Verträge mehr auf Dollarbasis mit Firmen beispielsweise in Asien abschließen könnten, das sei absurd.

Auf die Frage, welchen Einfluss die BRICS hätten, antwortete er: "Die Tatsache, dass Sie mir diese Frage stellen, zeigt, dass die BRICS Einfluss haben." Die internationalen Finanzinstitutionen seien leider immer noch auf dem Stand von 1945 und trügen nicht dazu bei, die Ungleichheit zu verringern. In Bezug auf die USA sagte er, dass eine Demokratie, die nur von

Finanzinteressen dominiert wird, eine falsche Demokratie ist. Lula und Amorim sprechen Klartext und machen deutlich, dass die Erfolge und Durchbrüche des diesjährigen BRICS-Gipfels kein kurzes Aufbäumen oder eine vorübergehende Erscheinung sind, sondern dass ein Phasenwechsel in der Menschheitsgeschichte eingetreten ist und der Westen, auch Deutschland, gut daran täte, sich dieser neuen BRICS-Agenda konstruktiv zu stellen und die eigene Wirtschafts- und Außenpolitik entsprechend kompromissfähig und kooperativ zu gestalten.

Deutschlands "Asien-Krise"

Nimmt unsere Wirtschaftspolitik den strategisch wichtigen Indopazifik ernst?

5. November, 2024

Die jüngste Indienreise von Bundeskanzler Olaf Scholz und acht Kabinettsmitgliedern, darunter Wirtschaftsminister Robert Habeck und Verteidigungsminister Boris Pistorius, wird in der deutschen Presse nicht gerade wohlwollend kommentiert. Die deutsche Wirtschaft fordere endlich belastbare Handelsabkommen mit der südasiatischen Macht, aber das lasse seit Jahren auf sich warten. Stattdessen kritisiert Habeck Indien dafür, dass es sich den Sanktionen des Westens gegen Russland nicht angeschlossen hat. Der Minister wird mit den Worten zitiert: „Indien besteht auf einer Art Neutralität, Führungsrolle für die BRICS-Staaten, für die noch nicht so stark entwickelten Länder, das entspricht nicht immer unseren Werten und unseren Wertvorstellungen." Da will der Wirtschaftsminister eines 80-Millionen-

Volkes das Verhalten von 1,4 Milliarden Menschen in Indien an seinen Maßstäben messen. Selbst der deutsche Wirtschaftsdelegationsleiter Roland Busch, Vorstandsvorsitzender von Siemens und Chef des Asien-Pazifik-Ausschusses, APA, soll in diesem Zusammenhang gesagt haben: „Wir sollten Freihandelsabkommen als das behandeln, was sie sind: Handelsabkommen."

In der Pressemitteilung des APA anlässlich der 18. Asien-Pazifik-Konferenz der Deutschen Wirtschaft (APK), die Teil des Besuchsprogramms war und vom 24. bis 26. Oktober in Neu Delhi stattfand, heißt es: „Der indo-pazifische Raum ist für Deutschland und die EU von immenser geostrategischer Bedeutung". Weiter wird betont, dass „eine starke Präsenz der deutschen Wirtschaft im gesamten asiatisch-pazifischen Raum ein entscheidender Faktor für die globale Wettbewerbsfähigkeit der deutschen Wirtschaft ist". Die EU solle den Partnern in der Region „leicht zugängliche Kooperationsangebote" unterbreiten und dabei „insbesondere die Staaten des sogenannten globalen Südens im Blick behalten". An der APK nahmen 750 Entscheidungsträger aus Politik und Wirtschaft vor allem aus Deutschland und der Asien-Pazifik-Region teil. Was wurde beschlossen? Laut Mitteilung des Auswärtigen Amtes nicht besonders viel. Eine Green Hydrogen Roadmap, Partnerschaften in den Bereichen grüne urbane Mobilität, fortgeschrittene Materialien, theoretische Wissenschaften, Biowissenschaften. Katastrophenschutz, Polar- und Ozeanforschung, berufliche Bildung und akademischer Austausch.

Wo bleiben die großen Handelsabkommen und Investitionszusagen für Infrastruktur, Digitalisierung und Produktionskapazitäten? Das Handelsblatt schreibt, dass Indien und die ganze Region um deutsche Investitionen buhlen. Malaysia bei

Halbleitern, Indonesien bei Rohstoffen und Autos, Indien bei Infrastrukturprojekten und im Maschinenbau. Die Zeitung zitiert den Analysten Parag Khanna, der meint, Deutschland solle sich bei seiner Expansion in Süd- und Südostasien auf Schlüssel- und Spitzentechnologien in den Bereichen Automobil, Internet der Dinge, Werkstoffe, Chemie und anderen Sektoren konzentrieren. Deutschland müsse „starke bilaterale und regionale Exportbeziehungen mit Indien und Südostasien aufbauen, die über seine historischen Verbindungen zum chinesischen Markt hinausgehen".

Doch dann bringt das Handelsblatt eine Studie der Konrad-Adenauer-Stiftung (KAS) zur deutschen und europäischen Strategie in Südostasien auf. Darin geht es um den "wirtschaftlichen Wettlauf in Südostasien" und "warum Europa hinterherhinkt". Die Autoren kennen die Region sehr gut. Professor Edmund Terence Gomez lehrt am Asia Europe Institute der Universität Malaysia. Co-Autor Dennis Suarsana leitet das Indonesien-Büro der Konrad-Adenauer-Stiftung und war zuvor beim Arbeitgeberverband in Berlin und als Berater des Auswärtigen Amtes tätig. In ihrer Studie heißt es, dass die EU stagniere und Deutschland seit einigen Jahren an der Rezession entlang kratze. Jetzt würden europäische Unternehmen auch noch unter Druck gesetzt, Risiken zu entflechten, das sogenannte De-Risking. Dabei würde China bis 2030 so stark wachsen wie alle großen südostasiatischen Volkswirtschaften wie Indonesien, Malaysia, Vietnam, Singapur und die Philippinen zusammen. Zudem verfüge China über eine zunehmend kaufkräftige Mittelschicht, einen dynamischen Markt, ein hohes Innovationspotenzial und ausreichend qualifizierte Arbeitskräfte. Dafür gebe es einfach keinen Ersatz.

Die Amerikaner hingegen bauten ihren Sektor aus, vor allem bei der künstlichen Intelligenz und bei Datenzentren. Dafür werde privates Risikokapital mobilisiert, von Blackrock bis State Street und Vanguard. Die Japaner wiederum errichten "transnationale Wirtschaftskorridore" in der Region, um ihren Unternehmen günstige Bedingungen für den Markteintritt zu bieten. Die Chinesen seien die unangefochtenen Champions bei Infrastrukturprojekten und Sonderwirtschaftszonen. Und die EU und Deutschland? Fast 60 Prozent der europäischen Unternehmen fühlen sich laut der Untersuchung "nicht ausreichend unterstützt". Die EU habe „keine umfassende Strategie", um europäischen Unternehmen zu mehr Präsenz in Südostasien zu verhelfen. Die deutsche Regierung habe sogar Garantien für Auslandsinvestitionen deutscher Unternehmen stark eingeschränkt und gleichzeitig chinesische Investitionen stärker unter die Lupe genommen. Industrieunternehmen aus Deutschland und der gesamten Europäischen Union befänden sich in einer deutlichen Krise, so die Verfasser. Daher sei es an der Zeit, die "hochtrabende indo-pazifische Strategie in konkrete transformative Aktivitäten vor Ort umzuwandeln", so die Schlussfolgerung der Autoren.

Der indische Premierminister Narendra Modi jedenfalls kündigte in seiner Rede vor dem vollbesetzten Saal der Asien-Pazifik-Konferenz an, dass Indien sich zu einer Drehscheibe für den Welthandel entwickle, um eine bessere Zukunft für den indo-pazifischen Raum zu schaffen und den Bedürfnissen der Welt gerecht zu werden. Im Bereich der Technologie, der Infrastruktur habe Indien große Ambitionen, und die menschliche Innovation gebe große Impulse und schier unendliche Möglichkeiten, z.B. für Start-ups. Es gehe um die komplette Umgestaltung der physischen Infrastruktur, der Eisenbahnen, der Flughäfen und Häfen, was viele Chancen für deutsche Unternehmen biete. Die Frage ist, ob den Deutschen ein strategischer Wurf gelingen kann. Mit dem Grundsatzpapier "Fokus Indien", das die Bundesregierung pünktlich zur Indienreise veröffentlicht hat, ist zwar ein theoretischer Ansatz gemacht. Doch Papier ist geduldig. Und Taten sprechen lauter als Worte.

In der indischen Tageszeitung Hindustan Times war der Besuch des Kanzlers und die APK allerdings allenfalls ein kleiner Kasten auf Seite 13. Als viel wichtiger wurde die dramatische Verbesserung der Beziehungen zu China angesehen. Denn vom 23. bis 29. Oktober zogen sich die Soldaten beider Länder von der sogenannten Line of Actual Control (LAC), jener Demarkationslinie, die das von Indien kontrollierte Gebiet vom von China kontrollierten Gebiet trennt, zurück, an der es 2020 zu schweren Kämpfen gekommen war und wo bis heute Spannungen spürbar sind. Beide Armeen koordinieren nun ihre Patrouillen und wollen Scharmützel vermeiden. Die Entwicklungen seien sowohl für Indien als auch für China vorteilhaft, wird ein Generalleutnant zitiert. „Beide Armeen haben Disziplin und Reife bewiesen. Mit der Entflechtung sind die Möglichkeiten einer Gewaltspirale nun vernachlässigbar". Der indische Verteidigungsminister Singh sagte, dies sei eine wichtige Entwicklung, die die Bedeutung des Dialogs auf der Weltbühne unterstreiche.

Welchen Sinn macht es für die deutsche Bundesregierung und die Europäische Kommission, sich von China immer weiter zu entfernen und sich nun einseitig Indien anzunähern, wenn diese beiden Länder gerade dabei sind, sich miteinander zu versöhnen? Wie lässt sich der Widerspruch auflösen, dass Indien und Südostasien zwar in zahlreichen Positionspapieren als strategisch herausragende Region definiert werden, die Instrumente für das Engagement deutscher und europäischer Unternehmen in der Region aber nicht ausgereift sind? Über Global Gateway, die von der EU-Kommission mit hehren Worten angekündigte Alternative zu Chinas Neuer Seidenstraße, schreiben die genannten Autoren der KAS-Studie, dass der Anteil der für Asien veranschlagten Mittel viel zu gering sei. Nur etwa 10 Milliarden Euro. China würde mehr Geld für einen einzigen Industriepark ausgeben, die geplante Rempang Eco City in Indonesien, die China im Rahmen der Neuen Seidenstraße baut.

Die Empfehlungen der Experten klingen so einfach wie einleuchtend. Europäische Unternehmen hätten in Südostasien einen guten Ruf. Die EU solle sich daher für einen raschen Abschluss der ins Stocken geratenen Handelsabkommen einsetzen, Handelsbarrieren abbauen und den Markteintritt europäischer Unternehmen in Südostasien unterstützen. Um dies zu erreichen, sollten die Verhandlungen "nicht zu sehr mit nicht-handelsbezogenen Forderungen überfrachtet werden", d.h. das endlose Gerede über eine wertegeleitete Außenpolitik sollte in den Hintergrund treten. Global Gateway sollte besser strukturiert sein und einen strategisch gut abgestimmten Investitionsplan beinhalten. Und wenn die EU in ihren Entscheidungsprozessen zu komplex und gelähmt ist, dann sollte man keine Zeit verlieren und die Themen auch auf nationaler Ebene oder im multinationalen Verbund angehen. Klar ist: Wenn Deutschland seine Zukunftschancen im Indopazifik verspielt, stehen wir dumm da.

Die Taliban und die Neue Seidenstraße

Afghanistan wird regional integriert. Auch wenn sich der Westen bisher sträubt

11. November, 2024

Taschkent ist mit über zweieinhalb Millionen Einwohnern die größte Stadt Zentralasiens und Hauptstadt des Staates Usbekistan. Ende Oktober war die Metropole Gastgeber der Internationalen Woche der Partnerschaftsinitiativen, an der mehr als 300 ausländische Experten und über 4.000 lokale Fachleute teilnahmen. Das bevölkerungsreichste Land Zentralasiens (37 Millionen) ist übrigens ein Liebling des Westens und wird für seine umfassenden demokratischen und wirtschaftlichen Reformen nach westlichem Vorbild gelobt. Gleichzeitig strebt das Land eine engere Wirtschaftszusammenarbeit mit seinen Nachbarstaaten an. Der stellvertretende Vorsitzende des Senats, Sodyq Safoev, sagte vor Medienvertretern, die Gespräche auf dem Taschkenter Forum seien wichtig, um Vertrauen und Verständnis zwischen verschiedenen Nationen, Kulturen und Zivilisationen aufzubauen". Die Anwesenheit östlicher und westlicher Vertreter sei „sehr gut für die Öffnung Usbekistans zur Welt".

Zu den Nachbarn und Partnern Usbekistans zählt natürlich auch Afghanistan. Auf der Partnerschaftswoche machte der usbekische Verkehrsminister Ilhom Mahkamov eine aufsehenerregende Ankündigung: das lange geplante, aber bisher nie in Angriff genommene Projekt des Trans-Afghanischen Eisenbahnkorridors soll im kommenden Jahr den ersten Spatenstich erhalten. Das Milliardenprojekt wird voraussichtlich fünf Jahre

Bauzeit in Anspruch nehmen. Die Strecke wird den Transport von Gütern von Usbekistan über afghanisches Territorium nach Pakistan ermöglichen und die Transportzeit von bislang 35 Tagen auf nur 3 bis 5 Tage verkürzen. Die Kosten für Standardcontainer sinken dann massiv, und das Frachtvolumen steigt damit voraussichtlich auf jährlich über 10 Millionen Tonnen. Von der südusbekischen Stadt Termez führt die Bahn rund 650 Kilometer von Masar I Scharif im Norden Afghanistans bis zur Stadt Torkham an der pakistanischen Grenze. In Pakistan kann diese Eisenbahnlinie mit einem der Vorzeigeprojekte der Belt and Road Initiative (BRI / Neue Seidenstraße), dem China-Pakistan Economic Corridor (CPEC), verbunden werden, der über mehrere Strecken zu den pakistanischen Seehäfen Gwadar und Karatschi am Arabischen Meer führt.

Westliche Nachrichtenportale wie Euro News betonen vor allem die Öffnung der politischen, sozialen, kulturellen und wirtschaftlichen Bereiche Usbekistans. Die Wahl Mirziyoyevs 2016 bedeute ein Sieg der liberalen Reformparteien, die das Land dem Übergang zur Demokratie näher gebracht habe. Usbekistan sei ein Leuchtturm der Hoffnung in einer Region, die von politischer Starrheit geprägt wäre. Es geht den Berichterstattern meist darum, die Beteiligung der Zivilgesellschaft und die Meinungs- und Medienfreiheit überdeutlich zu betonen. Gleichzeitig wird jedoch zugestanden, dass das Land eine Brücke zwischen Ost und West bildet, indem es Kanäle für Handel, kulturellen Austausch und gemeinsame Entwicklung sowohl für die Weltmächte als auch für die Nachbarländer öffne. Es bleibt abzuwarten, ob der Westen versucht, Usbekistan als Vorposten der Einmischung und des Drucks für mehr liberale Transformation in Zentralasien zu missbrauchen, oder ob die Idee einer Brücke zwischen Kulturen, Zivilisationen und Systemen ernst gemeint ist.

Der Bau der Trans-Afghanischen Eisenbahn wird jedenfalls zu völlig neuen Beziehungen zwischen Zentralasien, Afghanistan, Pakistan, aber auch Iran und China führen. Der Iran hat seit 2005 eine Strategie, die sich "Blick nach Osten" nennt. Damit wollen sie die Zusammenarbeit mit Russland, China und Afghanistan vorantreiben. Bereits im Mai dieses Jahres sagte ein hochrangiger Vertreter der iranischen Handelskammer, dass ein iranisches Bergbaukonsortium in den afghanischen Bergbausektor investieren wolle. Auch Turkmenistan ist aufgrund seiner geographischen Lage ein unumgänglicher Partner für Usbekistan, Iran und Afghanistan. Im September dieses Jahres wurde offiziell mit dem Bau der ebenfalls seit langem geplanten Turkmenistan-Afghanistan-Pakistan-Indien Gas-Pipeline (TAPI) begonnen. Ebenso ist eine Stromleitung von Turkmenistan über Afghanistan nach Pakistan zusammen mit Glasfaserkabeln im Bau. Es scheint, dass all die Projekte, die in den 20 Jahren der NATO-Besatzung Afghanistans zwar viel diskutiert, dann aber in den Schubladen versteckt wurden, nun stückweise umgesetzt werden.

Die derzeitigen Machthaber im Islamischen Emirat Afghanistan, die Taliban, werden schrittweise anerkannt und in den regionalen Austausch integriert. Das russische Justizministerium schlug kürzlich vor, die Taliban von der Liste terroristischer Gruppen zu streichen. Kasachstan hat diesen Schritt bereits im Sommer dieses Jahres vollzogen, um Handels- und Wirtschaftskooperationen zu ermöglichen. Das Regime sei "nun einmal eine Tatsache", hatte der kasachische Präsident Tokajew gesagt. Als die Taliban im Sommer 2021 die Macht in Kabul übernahmen, verließen westliche Diplomaten quasi fluchtartig das Land. Russische Diplomaten blieben jedoch in ihrer Kabuler Botschaft. Im Juli 2024 nahmen die Taliban sogar erstmals am Sankt Petersburger Wirtschaftsforum teil. Im September 2023 wurde bereits ein chinesischer Botschafter in Kabul akkreditiert. Kurz darauf nahm der afghanische Minister für Industrie und Handel, Haji Nooruddin Azizi, im Oktober 2023 am dritten BRI/Seidenstraßen-Forum in Peking teil, wo er und seine Delegation Geschäftsleute, Investoren und Industrielle trafen und sie nach Afghanistan einluden. Es war eines der hochrangigsten multilateralen Gipfeltreffen, zu dem die Taliban-Regierung bis dahin eingeladen wurde.

Afghanistan ist aufgrund langjähriger Kriege, Besetzungen und Konflikte, Sanktionen und Isolation eines der weltweit ärmsten Entwicklungsländer. Das Land verfügt nur über etwa 35.000 km Straßen, von denen nur knapp 18.000 asphaltiert sind. Die 2.200 Kilometer lange, zweispurige Ringstraße ist zweifelsohne eine der Hauptverkehrsadern, auf der ein Großteil des Güterverkehrs des Landes abgewickelt wird. Die Modernisierung und der Ausbau des nationalen Straßennetzes ist natürlich ein großes Unterfangen, um alle Städte, Dörfer und ländlichen Gebiete zu erreichen. Im Rahmen der Wiedereröffnung der alten Handelsrouten der Seidenstraße wird nun zwischen Afghanistan und China ein ganz besonderes Straßen- und Entwicklungsprojekt verwirklicht: Eine Straße durch den Wakhan-Korridor, ein etwa 100 km breites und 350 km langes Berg- und Talgebiet im Osten, an dessen Ende die afghanische und die chinesische Grenze zusammentreffen. Handelsminister Azizi hat wiederholt erklärt, dass dies eine feste Handelsroute zwischen den beiden Ländern werden wird. Im Sommer dieses Jahres kündigte das

Kabuler Ministerium für Wiederaufbau und ländliche Entwicklung an, dass die Straße durch den Wakhan-Korridor bis zum Wintereinbruch dieses Jahres fertiggestellt sein wird.

Was die westliche Haltung gegenüber dem Islamischen Emirat betrifft, so fanden seit Mitte letzten Jahres in Doha, Katar, mehrere UN-Konferenzen mit mehr als 25 Staaten und internationalen Organisationen statt, jedoch ohne substanzielle Ergebnisse. Allein die Forderung nach einer Einbindung der Taliban, der erst im Juni 2024 stattgegeben wurde, rief massiven Widerstand und Proteste von Menschenrechtsgruppen hervor. Der Leiter der Taliban-Delegation, Zabihullah Mujahid, erklärte, dass sein Land bereits seit fast 50 Jahren unter Konflikten, ausländischen Invasionen und Einmischungen leide. Nicht einmal das von den Taliban verhängte Verbot des Anbaus, der Verarbeitung und des Schmuggels von Opium war dem Westen eine lobende Erwähnung wert. Für die Bauern, die früher Opium angebaut haben, müssen aber dringend Alternativen gefunden werden. Dazu müssten die Sanktionen und Restriktionen für Banken aufgehoben und auch die eingefrorenen Währungsreserven freigegeben werden, um die Krisensituationen entschärfen zu können, erklärte Mujahid.

Das Emirat sei bereit, die Grundlagen für eine eigenständige nationale Wirtschaft zu legen, Arbeitsplätze zu schaffen, Fabriken zu bauen, die Menschen aus der Armut zu holen und Geschäftsmöglichkeiten für Frauen zu schaffen. Auch die Trans-Afghanistan-Eisenbahn und die TAPI-Pipeline wurden von Mujahid als Argumente in die Waagschale geworfen, weshalb der Westen die Situation neu bewerten solle. Bisher ohne Reaktion. Westliche Sanktionen und Verteufelungen helfen der afghanischen Wirtschaft aber nicht, auch nicht der wirtschaftlichen und

sozialen Situation der Frauen. Zwischen der sich herausbildenden realistischen regionalen Integration Afghanistans und der
Marginalisierung durch westliche Regierungen, einschließlich
der deutschen, die mit ihrer rein "wertebasierten Außenpolitik"
unüberbrückbare Gegensätze aufbaut, klafft eine große Lücke.
Deshalb wäre eine verstärkte Vermittlerrolle Usbekistans als
Brücke zwischen den unterschiedlichen Kulturen der Region gerade jetzt so wichtig. Andererseits wird die Integration Afghanistans durch Usbekistan und Länder wie China, Iran, Pakistan und
darüber hinaus sicherlich weiter voranschreiten, ob es dem Westen gefällt oder nicht.

Lateinamerika zieht es nach China

*Ein Tiefseehafen, Infrastrukturprojekte und Kultur
rekalibrieren Südamerika*

17. November, 2024

Der globale Süden stellt gegenwärtig die Weichen in Richtung
China. Das wurde besonders deutlich, als der chinesische Präsident Xi Jinping und die peruanische Präsidentin Dina Boluarte
am 14. November in einer gemeinsamen Videoschaltung den pa-
zifischen Tiefseehafen Chancay rund 80 Kilometer nördlich der
peruanischen Hauptstadt Lima eröffneten. Das Projekt ist längst
nicht nur für Peru bedeutsam, sondern vor allem für Brasilien,
das keine Pazifikküste hat, aber ein zunehmend wichtiger Handelspartner Chinas ist. Brasiliens Präsident Lula da Silva und
seine Planungsministerin Simone Tebet sprechen von einem
"geoökonomischen Shift" und investieren massiv in die

regionale Infrastruktur. Mit dem Hafen von Chancay entsteht eine strategische Alternative zur bisherigen Atlantikroute und zum Panamakanal. Er ist zudem der modernste in Lateinamerika mit automatisierten Kransystemen, elektrischen Container-LKWs und autonomer Fahrtechnik.

Es ist erstaunlich zu erfahren, dass 10% der peruanischen Bevölkerung der chinesischen Gemeinschaft angehören. Vor kurzem feierte man 175 Jahre Integration, denn 1849 kamen die ersten 75 Arbeiter als Einwanderer nach Peru. Sie halfen in der Landwirtschaft, im Bergbau, beim Bau von Eisenbahnen und Dörfern. Heute sind es über 1 Million. Perus Exporte nach China machen 36% der Gesamtexporte aus. Der Kapitalstock chinesischer Unternehmen in Peru beläuft sich auf 30 Milliarden Dollar. Dazu gehört die Kupfermine Las Bambas (Peru und Chile sind die beiden größten Kupferproduzenten der Welt), aber auch ein großes Krankenhaus in der Hauptstadt Lima. Der chinesische Präsident Xi schrieb vor seinem Besuch in einer Kolumne von der Schaffung eines See-Land-Korridors zwischen China und Lateinamerika. Auch Kultur, Kunst, Bildung, wissenschaftliche Forschung, Tourismus, kulturelles Erbe und Archäologie sollen in der Zukunftspartnerschaft ausgebaut werden.

Kurz nach der Einweihung des Hafens begann in Lima der APEC-Gipfel, ein seit 1989 stattfindendes Wirtschaftstreffen von mehr als 20 Staaten des asiatisch-pazifischen Raums, bei dem sich Staats- und Regierungschefs aus China, den USA, Japan, Indonesien, Australien, den Philippinen, Chile und vielen anderen Ländern treffen. Doch US-Präsident Joe Biden kündigte lediglich an, dass er Peru in den nächsten fünf Jahren mit 65 Millionen Dollar bei der Drogenbekämpfung unterstützen werde. Außerdem spendete die US-Regierung 90 Waggons und 19 Triebwagen für die U-Bahn in Lima. Hinsichtlich neuer wirtschaftlicher Zusagen für die Region war das Portfolio offenbar etwas dünn. Chinas Staatschef Xi konnte dagegen mit der Einweihung von Chancay punkten. 4,5 Milliarden jährliches Einkommen und 8000 direkte Arbeitsplätze soll das Projekt generieren. Im Rahmen der neuen Seidenstraße eröffne der Hafen ganz neue Möglichkeiten für den Handel zwischen Asien und Lateinamerika, schrieben regionale Medien.

Pro-transatlantische Zeitungen wie The Japan Times warnen vor einer Hinwendung Lateinamerikas zu China. Auch wenn sie die Vorteile klar benennen. Brasilien, das traditionell seine Handelsbeziehungen vorwiegend auf den atlantischen Raum konzentrierte, wendet sich nun dem asiatisch-pazifischen Gebiet zu. Ein neues Straßen- und Eisenbahnsystem, das nach Chancay führt, werde den Transport von Waren aus Brasilien nach China um 10 bis 12 Tage beschleunigen, heißt es. Das bringe jährlich 22 Milliarden US-Dollar oder ein Prozent Wachstum des brasilianischen Bruttoinlandsprodukts. Brasiliens Präsident Lula da Silva, so die Autoren, wolle sein Land wirtschaftlich entwickeln und auf der Wertschöpfungsleiter nach oben bringen. Grundlage dafür seien ein nationales Infrastrukturprogramm, regionale Integrationsrouten und die Modernisierung der Industrie. Die USA seien jedoch besorgt über Chinas Rolle als Investor. Als die US-Handelsbeauftragte Katherine Tai sich kürzlich in Sao Paolo aufhielt, sagte sie: „Wir bitten unsere Freunde in Brasilien, sich die Risiken anzusehen und darüber nachzudenken, wie die brasilianische Wirtschaft am besten widerstandsfähiger gemacht werden kann". Chinas Investitionen in Brasilien, aber auch in Argentinien, Uruguay, Paraguay und Bolivien belaufen sich derzeit auf knapp 100 Milliarden Dollar. Bald sollen es 250 Milliarden sein.

Bis 2017 waren die USA der größte Lieferant von Sojabohnen nach China. Doch mit Trumps Strafzöllen hat China neue Wege gesucht. Heute ist Brasilien der größte Exporteur von Soja und anderen Lebensmitteln nach China. Die brasilianische Planungsministerin Tebet schätzt, dass Brasilien sogar die Nachfrage nach Nahrungsmitteln in vielen Ländern Asiens bedienen wird, einschließlich Vietnam, Indonesien, Korea und Bangladesch. Bereits im Sommer 2024 wurden deshalb die ersten fünf Integrationsrouten zwischen Brasilien und seinen Nachbarländern vorgestellt. Sie verbinden Brasilien mit Guyana, Französisch-Guayana, Surinam, Venezuela, Kolumbien, Peru, Ecuador, Bolivien, Paraguay, Argentinien, Uruguay und Chile. Die Interamerikanische Entwicklungsbank investiert fast dreieinhalb Milliarden, die Entwicklungsbank für Lateinamerika und die Karibik drei Milliarden, die brasilianische Entwicklungsbank weitere drei Milliarden. Ähnliche Pläne, sagt Ministerin Tebet, seien in den vergangenen drei Jahrzehnten immer wieder gescheitert. „Aber dieses Mal wird es anders sein", fügt sie hinzu. Und der Pressesprecher des Hafenmanagements von Chancay sagt: „Der Hafen wird eine Drehscheibe, die Waren aus Chile, Ecuador, Kolumbien und Brasilien empfangen wird. Mit einer Eisenbahn von Brasilien nach Peru wird Südamerika zur Weltmacht."

Auch bei einem der wichtigsten APEC-Staaten, Indonesien, zeigt sich, wie Prioritäten gesetzt werden. Die erste Auslandsreise des neu gewählten indonesischen Präsidenten Prabowo Subianto führte ihn vom 8. bis 10. November nach Peking. Dort traf er neben dem chinesischen Präsidenten Xi Jinping auch Premierminister Li Qiang und den Vorsitzenden des Nationalen Volkskongresses Zhao Leji. China und Indonesien vereinbarten ein Investitionspaket in Höhe von 10 Milliarden Dollar. Prabowo sagte: „Wir wollen vor allem von Chinas Erfahrung lernen, wie es sich in den letzten 30 Jahren so schnell entwickelt hat, vor allem bei der Beseitigung der extremen Armut". Zum Entsetzen westlicher Geopolitiker beinhaltet das chinesisch-indonesische Abkommen die gemeinsame wirtschaftliche Entwicklung der territorial umstrittenen Region um die Natuna-Inseln, einschließlich Fischerei, Öl- und Gasexploration. Prabowo, der sicherlich kein Gegner des Westens ist, beharrt jedoch auf der Zuständigkeit der ASEAN in der Region des Südchinesischen Meeres und hat seine Verpflichtung zur Neutralität bekräftigt.

Die Zusammenarbeit Chinas mit Peru und anderen lateinamerikanischen Staaten soll viel tiefer gehen, sich nicht nur auf materielle Kooperation beziehen oder, wie es die Amerikaner tun, nur auf Rohstoffaustausch, Zusammenarbeit bei Küstenwache, Militär und Polizei basieren. Der chinesische Staatspräsident Xi Jinping verwies in seinem erwähnten Artikel in der Zeitung El Peruano geschickt auf gemeinsame zivilisatorische Ursprünge. Er nannte insbesondere die Seefahrerkultur der Caral (ab 2500 v. Chr.) und die Landkultur der Inka (ab 13. Jh. n. Chr.), die „ein Testament für die zeitlose Geschichte des tiefen Reichtums und der enormen Vielfalt der peruanischen Zivilisation" seien. Xi zitierte den peruanischen Philosophen José Carlos Mariategui (1894-1930) mit den Worten: „Geistig und materiell ist China uns näher als Europa. Die Psychologie unseres Volkes ist mehr asiatisch als westlich". Archäologen in China und anderswo, so der chinesische Präsident, seien sich einig, dass die südamerikanische und die chinesische Zivilisation von denselben Vorfahren abstammten. Das sei der "Code der Zivilisation, das untrennbare Band zwischen den chinesischen Einwanderern und den Einheimischen". Offensichtlich haben wir es hier vor allem mit der

Geistesmacht der chinesischen Zivilisation zu tun, die dem Westen weitgehend abhandengekommen ist.

Eurasiens Sicherheitsstrategien

Sicherheit in Eurasien hat hohe Priorität: China, Russland, SCO, CSTO

3. Dezember, 2024

Dass die neu gewählte EU-Kommission keine Weitsicht hat, zeigt sich nicht nur an der antirussischen Hardlinerin, der Hohen Vertreterin und EU-Vizepräsidentin Kaja Kallas, sondern auch an Jozef Sikela, der als Investmentbanker zunächst Handelsminister in der tschechischen Regierung wurde und nun das europäische Pendant zu Chinas neuer Seidenstraße, das sogenannte Global Gateway, leitet. Sikela ist ein entschiedener Gegner des wachsenden internationalen Einflusses Pekings und Moskaus. Mit Blick auf die multipolare Welt, so soll Sikela bei einer Anhörung im Europaparlament am 6. November 2024 gesagt haben, müsse Europa seine Bemühungen verstärken, eigene Partnerschaften mit Drittstaaten zu schmieden, denn „der Neokolonialismus kommt nicht aus Europa, das sind Dinge, die wir durch chinesische und russische Aktivitäten erleben". Anstatt also endlich den kooperativen Schulterschluss mit den BRICS und ihren polyzentrischen Beziehungen zu suchen, ist in Sachen Europäische Wirtschaftspartnerschaften wieder nur Geopolitik und Konfrontation angesagt. Ein Senior Fellow des Warschauer Zentrums für Oststudien, ein gewisser Krzysztof Debiec, sagte dem

Nachrichtenmagazin Politico, dass „die gesamte tschechische Regierung im Grunde antichinesisch" sei, und genau diese Haltung soll dem Ex-Handelsminister Sikela die Nominierung für den EU-Posten in der zweiten Amtszeit von der Leyens eingebracht haben.

Dass die EU die Dynamik in Richtung Multipolarität somit noch lange nicht verstanden hat, wird besonders deutlich, wenn man einen Vergleich mit ganz anderen Debatten jenseits der EU-Grenzen anstellt. Nehmen wir die gemeinsame Konferenz des Valdai Discussion Club und der East China Normal University (ECNU), die Mitte Oktober in Moskau stattfand. Hochkarätige Experten sprachen über die strategischen Antworten Russlands und Chinas auf die Transformation der Weltordnung. Beide Länder ziehen zunehmend an einem Strang, um eine "gerechte multipolare Welt" zu schaffen, die "ohne globale Hegemonieansprüche der USA oder des Westens" auskommt, hieß es. Valdai-Programmdirektor Oleg Barabanov sagte: „Der akute geopolitische Kampf in der modernen Welt hat die globale politische Geografie umgestaltet. Die Welt, in der wir leben, hat sich völlig verändert. Mehr noch, die Dynamik der weltweiten Veränderungen ist dermaßen groß, dass manchmal unser eigenes Verständnis der ablaufenden Prozesse nicht Schritt halten kann". Es sei klar, dass zu einem solchen Verständnis die oft zitierten „westlichen Postulate" und „westlich zentrierten Theorien der internationalen Beziehungen" nicht mehr funktionierten.

Die Teilnehmer des Valdai-ECNU-Forums waren sich einig, dass der grundlegende Unterschied des entstehenden Kooperations- und Sicherheitssystems im Großraum Eurasien gerade nicht in einer Hierarchie, sondern in den Werten der Souveränität und Gleichberechtigung liege. Nun gelte es, das optimale

Format der Interaktion zwischen China, Russland und den anderen Zentren Eurasiens zu gestalten. Ein konkreter Ansatz sei die Verzahnung der Euro-Asiatischen Wirtschaftsunion (EAWU) mit der chinesischen Belt and Road Initiative (BRI). Dies würde die verschiedenen Strukturen in Eurasien effizienter und enger miteinander verknüpfen. Es wird anerkannt, dass China und Russland mit der Entwicklung der BRICS, der Shanghaier Organisation für Zusammenarbeit (SCO) und anderer globaler nichtwestlicher und süd-orientierter Strukturen eine neue Art von Multilateralismus aufbauen. China, das demnächst den SCO-Vorsitz übernehmen wird, will der Interaktion zwischen SCO und BRICS Priorität einräumen. Damit einher gehe der Prozess der Entwicklung einer neuen gemeinsamen "Epistemologie" zur Analyse globaler politischer und sozioökonomischer Prozesse, erklärten die Forumsteilnehmer. Man wolle sich von den westlichen Wissenschaftskategorien lösen, die bisher alle Aktivitäten an Universitäten und Forschungszentren bestimmt hätten.

Diese Diskussionen sind nicht nur akademische Gedankenspiele, sondern längst Grundlage für weitreichende politische Strategieentscheidungen. So sagte der russische Außenminister Sergei Lawrow auf einer Pressekonferenz am 22. November im Anschluss an das Jahrestreffen der außenministeriellen Vertreter Russlands und Weißrusslands, internationale Organisationen wie die BRICS, die Schanghaier Organisation für Zusammenarbeit und die Eurasische Wirtschaftsunion seien bestrebt, Netzwerke zu schaffen, die dem Vorgehen des kollektiven Westens standhalten. „Wir müssen unsere Plattformen stärken, um gegen die Angriffe des Westens immun zu werden. Wir arbeiten bereits daran, sowohl innerhalb der BRICS und der SCO als auch innerhalb der Union von Russland und Weißrussland und der EAWU."

Wenig später, am 26. November, wurde Lawrow noch konkreter, als er im russischen Außenministerium vor Vertretern der russischen Regionen sprach. Eines der „Schlüsselelemente" sei die „umfassende Partnerschaft und strategische Zusammenarbeit zwischen Russland und China". Und weiter: „Tatsächlich erleben wir eine anhaltende und beständige Dynamik in der Entwicklung unserer Beziehungen zu China, auch in der heutigen Zeit und trotz der Versuche des Westens, alles zu kontrollieren und den Fortschritt hin zu einer multipolaren Weltordnung zu unterdrücken". Diese Partnerschaft zeige sich besonders auf regionaler und lokaler Ebene, so Lawrow. Überall gebe es Treffen zu Fragen der Bildung, der Forschung und zwischen Kulturinstitutionen. Auch im Rahmen der BRICS gäbe es ein Forum der Partnerstädte und kommunalen Einrichtungen. Die gegenseitige Verflechtung setzt sich unaufhaltsam fort.

Selbst hartgesottene neokonservative US-Außenpolitiker wie der stellvertretende US-Außenminister Kurt Campbell räumen inzwischen ein, dass Moskau und Peking „die Dynamik in ihren bilateralen Beziehungen aufrechterhalten, und das wird sich wahrscheinlich fortsetzen". Das jedenfalls erklärte der für seine bereits unter Hillary Clinton eingeführte "Pivot to Asia"-Strategie bekannte Mann auf einem Seminar des transatlantischen Think Tanks Center for Strategic and International Studies. Wörtlich sagte er: "Ich bin mir nicht sicher, ob wir diese wachsende Allianz zwischen Russland und China hätten verhindern, abschwächen oder unterbrechen können, aber wir haben es versucht, und am Ende haben China und Russland diesen Weg gemeinsam eingeschlagen, und zwar in einer Weise, die die Weltpolitik beleben wird, was sich erst jetzt abzeichnet."

Was auch immer der Westen in den letzten Jahrzehnten an subversiven Aktivitäten, Farbrevolutionen und Regimewechseln in Eurasien ausgelöst hat, diese Zeiten scheinen nun vorbei zu sein. Denn inzwischen nimmt die eurasische Sicherheitsarchitektur immer konkretere Formen an. So sind laut dem Direktor des russischen Inlandsgeheimdienstes FSB, Alexander Bortnikow, zwischen dem Commonwealth of Independent States (CIS/deutsch GUS), der Collective Security Treaty Organisation (CSTO/deutsch OVKS) und der Shanghai Cooperation Organisation (SCO/deutsch SOZ) Sicherheitsmechanismen etabliert worden, um "neue Herausforderungen und Bedrohungen effektiv zu identifizieren und zu verhindern". Das sagte er bei einem Treffen der Sicherheits- und Geheimdienstorganisationen der CIS-Mitgliedsstaaten. Bortnikov hält es für richtig, auch die Interessen der Eurasischen Wirtschaftsunion und künftig der BRICS in ähnlicher Weise zu sichern.

Das jüngste Treffen der CSTO und ihres Sicherheitsrates fand in der kasachischen Hauptstadt Astana unter dem Vorsitz von Kasachstans Präsident Tokajew statt. Dort demonstrierte der russische Präsident Wladimir Putin seine genaue Kenntnis der NATO-Waffengattungen, einschließlich der Reichweiten von Systemen wie ATACMS, JASSM, PrSM oder Storm Shadow. Er verglich deren Sprengkraft, einschließlich der des deutschen Marschflugkörpers Taurus, mit den entsprechenden russischen Systemen wie Kinshal, Kalibr, Zirkon und dem neuen Mittelstreckensystem Oreshnik. Für alle NATO-Systeme gebe es in Russland gleichwertige und oft überlegene Modelle. Vor allem bei den Geschwindigkeiten des Oreshnik-Gefechtskopfes mit 10-

facher Schallgeschwindigkeit und einer Erhitzung auf 4000 Grad Celsius sei das Projektil von westlichen Flugabwehrsystemen nicht abzufangen. Der international bekannte Journalist Pepe Escobar schrieb kürzlich, dass bald sogar Materialien am nationalen Forschungsinstitut Kurchatov zur Verfügung stehen könnten, die einen Flug bis Mach 20 in geringer Höhe ermöglichen. „Dies erzeugt einen noch heftigeren Einschlag, einschließlich eines Plasmaschocks, als wir ihn bei Oreshnik gesehen haben," so Escobar.

Die Sicherheitsstrategien Eurasiens sind aber nicht nur eine Frage der Aufklärung und des militärtechnischen Fortschritts. Auf der übergeordneten strategischen Ebene geht es wie erwähnt um eine Neuordnung der Beziehungen. Dazu werden auch Infrastrukturkorridore und Handelskapazitäten neu ausgerichtet. In Russland wurde gerade ein neuer Staatshaushalt verabschiedet, der diese Neuordnung widerspiegelt. Er sieht den Bau von Entwicklungskorridoren vom Schwarzen Meer und der Asowschen See nach Osten vor. Der Internationale Nord-Süd-Korridor (INSTC), der quasi von St. Petersburg über den Kaukasus zu den Häfen im Iran und in Indien führt, wird ebenfalls als vorrangig angesehen. Die Transportkapazitäten der Baikal-Amur-Magistrale und der Transsibirischen Eisenbahn werden ausgebaut, ebenso die Kaukasusautobahn nach Aserbaidschan sowie die nationalen Wasserstraßen und Häfen. Der russische Präsident soll den verstärkten Ausbau des Transportverkehrs in Richtung befreundeter Staaten angeordnet haben. Dies betrifft Süd- und Südostasien, die Region um das Kaspische Meer, den Südkaukasus, den Persischen Golf und Afrika. Europa taucht überhaupt nicht mehr auf. Angesichts all dessen stellt sich die grundsätzliche Frage: Wenn Europa weiterhin mit den alten

„westzentrierten Theorien" auf diese „Dynamik der Veränderungen in der Welt von so großem Ausmaß" reagiert, wird es dann noch Chancen haben, sich fruchtbar in die neue multipolare Ordnung einzubringen?

Der Sangesur-Korridor

Eine Handelsroute soll die Türkei und den Südkaukasus mit Asien verbinden

13. Dezember, 2024

Der Südkaukasus, eine geopolitisch besonders unruhige Region, wird wohl eine weitere wichtige West-Ost-Handelsroute erhalten. Es handelt sich um den bis dato eher umstrittenen Sangesur-Korridor, der die Türkei direkt mit dem Hafen der aserbaidschanischen Hauptstadt Baku am Kaspischen Meer verbinden würde. Damit würde der so genannte Mittlere Korridor der Neuen Seidenstraße um ein bedeutendes Stück leistungsfähiger. Der türkische Verkehrs- und Infrastrukturminister Abdulkadir Uraloğlu stellte jedenfalls den Bau auf türkischer Seite im Rahmen seiner Haushaltsberechnungen Ende November 2024 in Aussicht. Die Strecke von der osttürkischen Stadt Kars, die bisher nördlich über die georgische Hauptstadt Tiflis mit Baku verbunden ist, würde dann über eine weitaus kürzere Verbindung nach Baku führen. Die Türkei umgeht bislang ihren östlichen Nachbarn Armenien, mit dem sie ein angespanntes Verhältnis und keine vollen diplomatischen Beziehungen unterhält. Es gibt jedoch Anzeichen für ein Tauwetter. Der Sangesur-Korridor würde durch die zu Armenien gehörende Region Sjunik verlaufen. Sollte es hier zu einer Einigung kommen, wäre eine weitere Annäherung zum beiderseitigen Vorteil denkbar. Die Türkei scheint nun den Bau ihres Abschnitts in Angriff nehmen zu wollen. Dies ist auch Teil ihrer Strategie, die Türkei zu einer zentralen Drehscheibe für den eurasischen Güterverkehr zu machen.

Die Spannungen zwischen Armenien und Aserbaidschan sind ebenfalls hoch wegen der Konfliktregion Berg-Karabach. Könnte der Sangesur-Korridor auch hier zu Annäherung und Kooperation führen? Die Analyseplattform Modern Diplomacy schrieb dazu bereits Anfang des Jahres: „Die Eröffnung des Sangesur-Korridors, einer Transportroute, die das aserbaidschanische Festland über armenisches Territorium mit seiner Enklave Nachitschewan verbindet, kann die Wahrscheinlichkeit eines stabilen Friedens im Südkaukasus erhöhen. Das Hauptargument ist einfach: Dank des Sangesur-Korridors haben Aserbaidschan und Armenien die Möglichkeit, sich an einem gemeinsamen Projekt zu beteiligen, das die Wahrscheinlichkeit erneuter Feindseligkeiten verringert. [...] Wenn sich Aserbaidschan und Armenien auf die Öffnung des Sangesur-Korridors einigen, wird Jerewan an diesem Projekt teilnehmen und sich einen Platz in der internationalen Handels- und Transportarchitektur sichern. Folglich wird der Warentransit durch den Sangesur-Korridor den Handel durch die Senkung der Transitkosten und die Verkürzung der Transitzeit erheblich rationalisieren."

Der Kaukasus ist seit der Antike Schauplatz von Auseinandersetzungen. Dem Geschichtsschreiber Herodot zufolge sollen sich hier bereits Griechen und Perser die Köpfe eingeschlagen haben. In späteren Jahrhunderten hinterließen russisch-persische und russisch-türkische Konflikte ihre Spuren. Der Anspruch der christlichen Armenier auf Berg-Karabach wird damit begründet, dass die Region seit dem Mittelalter mehrheitlich von Armeniern bewohnt war. Seit dem Einfall der Seldschuken im 14. Jahrhundert siedelten sich aber auch muslimische Turkvölker in der Region an und bildeten zum Teil die ethnische Mehrheit. Nicht zuletzt kämpften auch die Osmanen, die Vorfahren der heutigen Türken, um die Vorherrschaft im Südkaukasus. Nach der kommunistischen Revolution 1917 wurden die Sowjetrepubliken Armenien und Aserbaidschan gegründet und das von beiden beanspruchte Gebiet Berg-Karabach zwischen ihnen aufgeteilt. Als die Sowjetunion 1991 zerfiel, brach zwischen den beiden nun unabhängigen Staaten ein Krieg aus, der 1992-94 wütete und zehntausende Menschenleben forderte. Zwar konnte 1994 ein Waffenstillstandsabkommen ausgehandelt werden, doch der seit nunmehr 25 Jahren schwelende Konflikt brach in jüngster Zeit - in den Jahren 2020 und 2023 - wieder aus.

Eine Gegenstrategie zu Konflikt und Misstrauen wäre die Zusammenarbeit im Rahmen der von China initiierten Belt and Road Initiative (BRI). In Bezug auf die BRI konzentriert sich die Türkei zunehmend auf den Aufbau einer regionalen Infrastruktur, die Asien und Europa durch die Entwicklung von Verkehrskorridoren durch die Türkei verbindet. Dieser sogenannte "Mittlere Korridor", der Zentralasien, die Region des Kaspischen Meeres einschließlich des Kaukasus und die Türkei umfasst, ist eines der Vorzeigeprojekte des neuen multipolaren Jahrhunderts. Die Türkei hat in diesem Zusammenhang bereits beträchtliche Investitionen getätigt, darunter den Marmaray-Eisenbahntunnel, den Eurasia-Tunnel, die dritte Istanbuler Brücke und den neuen Istanbuler Flughafen. Zu den geplanten Projekten gehören die Dardanellenbrücke und die Fertigstellung der

Hochgeschwindigkeitsstrecke von Edirne an der Grenze zu Griechenland und Bulgarien im Westen bis nach Kars fast an der Grenze zu Armenien im Osten. Auch der Containerhafen Kumport spielt eine wichtige Rolle. Im Jahr 2015 erwarb ein chinesisches Unternehmen für 940 Millionen US-Dollar einen Anteil von 65 Prozent an Kumport, dem drittgrößten Containerhafen der Türkei.

Auch Russland hat ein Interesse an dem Sangesur-Korridor, da es Vertragspartei des Waffenstillstandsabkommens von 2023 zwischen Armenien und Aserbaidschan ist. Armenien ist ein wichtiger sicherheitspolitischer und wirtschaftlicher Verbündeter Russlands. Bei einem kürzlichen Besuch des russischen Außenministers Sergei Lawrow in Baku, der Hauptstadt Aserbaidschans, Mitte September 2024 wurde Armenien darauf hingewiesen, dass es sich der Öffnung von Verkehrsverbindungen gemäß dem Waffenstillstandsabkommen von 2023 nicht verweigern sollte. Die Sprecherin des russischen Außenministeriums, Maria Sacharowa, erklärte zudem: „Der Korridor bleibt eine Priorität für Moskau". Russland werde darauf bestehen, dass der Korridor offen bleibe und seine Sicherheit vom russischen Sicherheitsdienst kontrolliert werde, wie im trilateralen Abkommen zwischen Aserbaidschan, Armenien und Russland vereinbart. Einige Meinungsverschiedenheiten mit dem südlichen Nachbarn Iran müssen noch ausgeräumt werden, da der Iran Veränderungen an der Grenze befürchtet und Einwände dagegen erhoben hat. Da der Sangesur-Korridor jedoch auch eine positive Rolle für die Nord-Süd-Verbindung zwischen Russland und dem Iran durch Aserbaidschan spielen wird, könnte der Iran durchaus von den Vorteilen des Projekts überzeugt werden, da der Iran der wichtigste Knotenpunkt des internationalen Nord-Süd-Transportkorridors ist.

Die Türkei hat sich inzwischen nicht nur zum Bau ihres Teils des Sangesur-Korridors verpflichtet, sondern auch ehrgeizige Pläne zur Modernisierung und zum Ausbau ihres nationalen Eisenbahnnetzes. So soll die bestehende Hochgeschwindigkeitsstrecke Ankara-Istanbul mit einer Länge von rund 344 Kilometern so modernisiert werden, dass die Züge mit einer Geschwindigkeit von 350 Stundenkilometern fahren können und sich die Fahrzeit zwischen der Bosporus-Metropole Istanbul und der türkischen Hauptstadt Ankara auf nur noch 80 Minuten verkürzt. Weitere Hochgeschwindigkeitsstrecken werden Ankara mit der nördlichen Schwarzmeerregion verbinden. Die neue Schnellzugverbindung von Ankara in die westliche Küstenstadt Izmir wird die Fahrzeit von derzeit 14 Stunden auf 3,5 Stunden verkürzen. Der Anteil der Investitionen des türkischen Verkehrsministeriums in den Schienenverkehr ist von 33 Prozent im Jahr 2013 auf 55 Prozent im Jahr 2024 gestiegen. Moderne Bahnstrecken in der Türkei haben eine Länge von fast 14.000 Kilometern erreicht und sollen bis Mitte des Jahrhunderts auf 28.500 Kilometer ausgebaut werden. Staatspräsident Erdoğan hatte Ende Oktober 2022 sein umfassendes Manifest „Century of Türkiye" vorgestellt, in dem Investitionen in die Infrastruktur einen wichtigen Platz einnehmen.

Inzwischen haben auch Deutschland und die Europäische Union Interesse am Mittleren Korridor bekundet. Zumindest wurde das Thema beim Besuch des deutschen Bundeskanzlers Scholz in Kasachstan im September 2024 angesprochen. Das Außenwirtschaftsportal des Auswärtigen Amtes namens Germany Trade and Invest verkündete in einer Veröffentlichung, dass dieser „Transportkorridor, der China und Zentralasien über das Kaspische Meer und den Südkaukasus mit Europa verbindet" für Deutschland „künftig eine wichtige Rolle spielen" soll, da Zentralasien als Rohstoffbeschaffungsmarkt in den Fokus der Bundesregierung gerückt sei. Weiter heißt es: „Die EU unterstützt die Entwicklung des mittleren Korridors im Rahmen ihrer Infrastrukturinitiative Global Gateway. Anfang 2024 sagte sie den zentralasiatischen Staaten 10 Milliarden Euro für den Aufbau der Transportinfrastruktur zu." Der Sangesur Korridor spielt dabei allerdings keine Rolle. Vielmehr geht es um die Produktion und den Transport von grünem Wasserstoff und andere Projekte der grünen Transformation in für die EU akzeptablen demokratischen Staaten. In Zentralasien und anderen Ländern entlang des mittleren Korridors, die über riesige Vorkommen an Erdgas, Erdöl und strategischen Rohstoffen verfügen, wird dies allenfalls ein untergeordnetes Segment im Portfolio sein. Es bleibt zu hoffen, dass sich Europa und insbesondere Deutschland strategisch und produktiv an den umfangreichen Investitionen im gesamten Mittleren Korridor beteiligt.

Russland und ASEAN

Russland, Malaysia und ASEAN zeigen großes Potenzial für Multipolarität

23. Dezember, 2024

In der malaysischen Hauptstadt Kuala Lumpur ragt der 118-stöckige Wolkenkratzer Merdeka 118 empor, mit rund 678 Metern das zweithöchste Gebäude der Welt, gleich nach dem Burj

Khalifa in Dubai (Vereinigte Arabische Emirate, VAE). Von den 20 höchsten Gebäuden der Welt stehen heute übrigens 11 in China. Diese Rekorde mögen symbolisch dafür stehen, wo heute und in Zukunft Maßstäbe gesetzt werden. Die VAE sind bereits seit Anfang 2024 Mitglied der BRICS, Malaysia ist seit dem BRICS-Gipfel Ende Oktober in Kazan vorgesehenes Partnerland. Malaysia ist zugleich auch Mitglied im Verband Südostasiatischer Nationen (ASEAN), deren Vorsitz es am 1. Januar 2025 übernehmen wird. Russland, das 2024 den Vorsitz der BRICS-Staatengruppe innehat, will die Gelegenheit nutzen, um sich noch enger mit ASEAN zu vernetzen und so eine weitere tragende Säule seiner internationalen Beziehungen aufzubauen. Aus diesem Grund fand vom 9. bis 10. Dezember 2024 in Kuala Lumpur die 15. Asien-Konferenz des Think Tanks Valdai Discussion Club statt. Auf dem Programm standen unter anderem die Themen "Russlands Vision für den asiatisch-pazifischen Raum" und "Malaysia, Russland und ASEAN: Plan für die entstehende Multipolarität".

Mehr als 100 Experten kamen in Kuala Lumpur zusammen. Darunter auch hochrangige Politiker wie der malaysische Außenminister Mohammad bin Haji Hassan und der russische Vizeaußenminister Andrei Rudenko. Haji Hasan sagte, ASEAN basiere auf Multilateralismus, Nachhaltigkeit und Pluralismus in der Politik unter Berücksichtigung verschiedener Wirtschaftsmodelle. „Dies ist der Schlüssel zur internationalen Zusammenarbeit, die als Beispiel für die ganze Welt dienen kann." Rudenko wird wie folgt zitiert: "Asien verdient Stabilität, konstruktive Ansätze, Erfolg und Wohlstand. In Übereinstimmung mit den Positionen der Schanghaier Organisation für Zusammenarbeit, ASEAN und anderen Organisationen sind wir bereit, unser gemeinsames eurasisches Zuhause zu stärken und auch die Zukunftsperspektiven der BRICS einzubeziehen". Professorin Shakila Yacob von der Sunway Universität in Malaysia wies darauf hin, dass das Konzept der BRICS mit den Forderungen der "Bandung Konferenz" - die Befreiung von der kolonialen Vergangenheit, der Geist der Solidarität und der Blockfreiheit - übereinstimmt. Sie bezog sich damit auf die Konferenz, die 1955 in Bandung, Indonesien, stattfand und an der 29 asiatische und afrikanische Länder teilnahmen. Diese Konferenz markiert einen Schlüsselmoment in der Befreiung des Globalen Südens vom Kolonialismus. Das ASEAN-Hauptquartier befindet sich übrigens unweit von Bandung in der indonesischen Hauptstadt Jakarta.

Ein weiterer Redner in Kuala Lumpur war Timofei Bordachev, Programmdirektor des Valdai Clubs. Er sprach davon, dass der kurze "unipolare Moment" des Westens nach dem Ende des Kalten Krieges ein unnatürlicher Zustand gewesen sei. Die Welt würde gerade zu einem globalen System des Gleichgewichts zurückkehren. Der Aufstieg Asiens spiele dabei eine Schlüsselrolle. Wirtschaftswachstum, zunehmender Konsum und steigende Lebensstandards in Asien machten es unmöglich, die alte Weltordnung aufrechtzuerhalten. Kuik Cheng-Chwee von der National University of Malaysia erklärte, dass ASEAN von Washington zunehmend dafür kritisiert werde, nicht Partei ergreifen zu wollen. Die USA versuchten, die Länder der Region in eigene Formate zu pressen und die zentrale Rolle der ASEAN bei der Interaktion zu umgehen. Russland, so mehrere Diskussionsteilnehmer, habe seine Hinwendung zu Asien vor etwa 10 Jahren begonnen. Heute wickele Russland 70% seines Handels mit asiatischen Ländern ab. Trotz des derzeit noch geringen Handelsvolumens mit Südostasien sei das Potenzial enorm. Ebenso anwesend waren Vertreter Japans. Atsushi Sunami von der Sasakawa Peace Foundation sagte beispielsweise, ASEAN spiele eine zentrale Rolle bei der Stärkung und Stabilisierung einer multipolaren Welt. Zum Abschluss der Tagung wurden zahlreiche Memoranden unterzeichnet.

Dass die Diskussion in Moskau um eine strategische Hinwendung zum Wirtschaftspotenzial der rasch aufstrebenden Schwellen- und Entwicklungsländer Südostasiens an Bedeutung gewinnt, zeigt auch ein im November dieses Jahres veröffentlichtes Positionspapier der Stiftung Roscongress. Darin werden die wichtigsten Fakten über ASEAN zusammengetragen und Perspektiven für eine engere Zusammenarbeit mit Russland aufgezeigt. Sie lauten im Wesentlichen wie folgt: Zwischen 2010 und 2023 wuchs das Bruttoinlandsprodukt der ASEAN um durchschnittlich 4,5 Prozent pro Jahr. Die Region ist gemeinsam mit Indien und China der Motor des Wirtschaftswachstums im asiatisch-pazifischen Raum. Bis 2030 wird die Region zur viertgrößten Wirtschaftsregion der Welt aufsteigen. Insgesamt leben dort heute rund 680 Millionen Menschen. Das Wirtschaftswachstum wird sich in den kommenden Jahren durch steigende Exporte und eine wachsende Binnennachfrage weiter beschleunigen. Das gemeinsame Bruttoinlandsprodukt steigt von 1,3 Billionen US-Dollar im Jahr 2022 auf 4,1 Billionen US-Dollar im Jahr 2035. Vietnam und die Philippinen werden dann zu den bedeutendsten Schwellenländern der Welt gehören. Malaysia ist auf dem Weg, die fortschrittlichste Volkswirtschaft im asiatisch-pazifischen Raum zu werden. Die Hälfte der Bevölkerung im ASEAN-Raum ist übrigens jünger als 30 Jahre und stellt eine beachtliche Erwerbsbevölkerung dar.

Die Beziehungen zwischen Russland und ASEAN reichen bis in die Zeit nach dem Ende der Sowjetunion zurück. Im Jahr 1991 nahm Russland Beziehungen zur ASEAN auf und wurde 1996 Dialogpartner. Der erste ASEAN-Russland-Gipfel fand 2005 ebenfalls im malaysischen Kuala Lumpur statt. Weitere Gipfeltreffen folgten 2010 im vietnamesischen Hanoi, 2016 erstmals im russischen Sotschi und 2018 in Singapur. Beim vierten ASEAN-Russland-Gipfel in Brunei wurde ein umfassender Aktionsplan und die Strategische Partnerschaft ASEAN-Russland 2025 erarbeitet. Die Zusammenarbeit erstreckt sich seither auf die Bereiche Wirtschaft, Energie, Landwirtschaft, aber auch Wissenschaft, Technologie und Innovation sowie auf die Bekämpfung der grenzüberschreitenden Kriminalität und des Drogenhandels. Zuletzt wurde im September 2024 die Vision der Beziehungen zwischen ASEAN und Russland erneuert. Es gibt eine aktive Roadmap für die Zusammenarbeit bei Handel und Investitionen und für die Zusammenarbeit zwischen ASEAN und der Eurasischen Wirtschaftsunion EAEU. Vor allem im Energiesektor gibt es eine vertiefte Zusammenarbeit mit Fokus auf Erdöl, Erdgas, Kernenergie, und erneuerbare Energien. Landwirtschaft und Ernährungssicherheit sind ebenfalls Kernbereiche der Zusammenarbeit.

Die Studie von Roscongress geht detailliert auf das Potenzial der Zusammenarbeit zwischen Russland und der ASEAN ein. Thailand gilt als globales Fertigungszentrum, Laos als Standort für Wasserkraft, Singapur als solider Finanzplatz. Weiter heißt es: Indonesien hat wichtige Nickelkomponenten, Malaysia eine gut entwickelte Produktion von Elektronikteilen, während Vietnam mit dem VinFast sein erstes an der US-Börse notiertes Elektroauto produziert. In Thailand ist die Automobilindustrie auch eine der Prioritäten der nationalen Investitionsförderung. Der Export von elektronischen Geräten (Smartphones, Flachbildfernseher usw.) kennzeichnet einen Großteil der Region, darunter Malaysia, Singapur, die Philippinen, Thailand und Vietnam. Im Gegenzug kann Russland landwirtschaftliche Produkte und Nahrungsmittel, und vor allem Düngemittel liefern. Aufgrund des raschen Wirtschafts-, Bevölkerungs- und Produktionswachstums ist Südostasien zunehmend auf mehr Energieressourcen angewiesen. Nach Angaben der Internationalen Energieagentur (IEA) wird ASEAN bis 2035 ein Viertel des weltweiten zusätzlichen Energiebedarfs benötigen. Russland wird einen entscheidenden Beitrag zu den technologischen Innovationen der Region im Bereich der Energiewirtschaft leisten.

Dass die Russische Föderation die Zusammenarbeit mit ASEAN inzwischen ausgesprochen ernst nimmt, verdeutlichte auch die 9. Plenarsitzung des Eastern Economic Forum am 5. September 2024. Der Mammutkongress wird jährlich von der Stiftung Roscongress auf dem Campus der Fernöstlichen Föderalen Universität (FEFU) auf der Russki-Insel in Wladiwostok veranstaltet. Anwesend waren in diesem Jahr 7100 Teilnehmer und 700 Redner. Unter den Teilnehmern waren der Vizepräsident der Volksrepublik China, Han Zheng, und der Premierminister von Malaysia, Anwar Ibrahim. Der russische Präsident Vladimir Putin gab Ibrahim die Gelegenheit, eine Eröffnungsrede zu halten und Fragen zu beantworten. Dabei wird deutlich, dass die 10 ASEAN-Staaten ihr komplexes Beziehungsgeflecht untereinander und ohne Einmischung von außen regeln wollen. Gleichzeitig sucht man sich im Sinne der Multipolarität seine Partner selbst aus und wehrt sich gegen den Druck westlicher Mächte, bei geopolitischen Konflikten einseitig Position zu beziehen. Der Westen, einschließlich der USA, ist bei ASEAN als Geschäftspartner gern gesehen, aber in der Politik hat man sich an die lokalen Gepflogenheiten zu halten, ganz im Sinne der Blockfreiheit.

Die Breite der Diskussionen und Stellungnahmen auf der Konferenz in Wladiwostok kann hier nicht zusammengefasst werden. Stellvertretend seien folgende Äußerungen des malaysischen Premierministers erwähnt: "Als zukünftiger ASEAN-Vorsitzender wird sich Malaysia nicht nur auf die Stärkung der bestehenden ASEAN-Mechanismen und -Institutionen konzentrieren, sondern auch Synergien mit anderen Regionen und wichtigen Dialogpartnern suchen, um Entwicklung und Wohlstand zu fördern." Auf die Frage nach den Prioritäten bestätigte Ibrahim die typische ASEAN-Haltung: „Wir lassen uns von keiner Macht etwas diktieren. [...] Unsere Aufgabe ist es, dafür zu sorgen, dass wir unseren Menschen dienen, dass wir wirtschaftlich dynamisch sind, und wir wollen eine neue Tradition und Diplomatie zeigen, die mit den meisten Ländern, einschließlich Russland, in Kontakt tritt. Einige westliche Länder mögen ein Problem mit Russland haben, sie werden damit leben müssen."